HEYNE BÜCHER
SACHBUCH

Holger Kalweit

Urheiler, Medizinleute und Schamanen

Die Wiederkehr
archaischer Lebenstherapie

WILHELM HEYNE VERLAG
MÜNCHEN

HEYNE SACHBUCH
Nr. 19/228

Ungekürzte Taschenbuchausgabe
im Wilhelm Heyne Verlag GmbH & Co. KG, München

Printed in Germany 1992
Umschlagfoto: Silvestris Fotoservice, Kastl/Obb.
Umschlaggestaltung: Atelier Adolf Bachmann, Reischach
Druck und Verarbeitung: Ebner Ulm

ISBN 3-453-06015-6

Vorwort zur Taschenbuchausgabe

Vor 27 Jahren lernte ich auf den Hawaii-Inseln durch Zufall einen Schamanen kennen. Dieser Kahuna war, wie man in Hawaii sagt, ein Meister im Laufen über glühende Lavasteine. Ich war seinerzeit 18 Jahre alt, sehr unbefangen und abenteuerlich, und der Begriff Schamane war mir unbekannt. Dieser Mann wurde ganz beiläufig mein erster Lehrer. Er enthüllte mir die im Hula-Tanz verschlüsselte geheime Geschichte der Welt, woraus meine immer noch anhaltende leidenschaftliche Auseinandersetzung mit den Ursprungsmythen der alten Völker resultiert. Ich reiste später zu verschiedenen Stämmen in Mexiko, den USA und nach Tibet. Die schamanische Welt verschmolz mit meiner eigenen. Obwohl ich später Ethnologie studierte, verließ ich die akademischen Wandelgänge physisch und geistig sehr schnell, der eurozentrische Theorienwirrwarr bietet keinen realistischen Einstieg ins Schamanentum.
Einige Schamanen, denen ich begegnete, wurden gute Freunde. Ich verspüre keinen Drang, sie als bloße ethnologische Informanten auszubeuten, und vermeide daher, ihre Welt direkt zu schildern. Gleiches betrifft meine Eigenerfahrungen. Die modernen Introspektionsergüsse schwächen die innere Kraft; im Gegensatz zu unserer Wortkultur besteht Schamenentum in der Kunst des Schweigens.
Der Archetyp des Zauberers hat wieder Eingang in unsere Kultur gefunden, denn er kann nie ganz unterdrückt werden. Und so fragen mich auf meinen Vorträgen und Workshops immer wieder Menschen: »Wie kann ich selbst Schamane werden?« oder »Wo kann ich Schamanen treffen?«. Ich antworte: Die zentrale schamanische Erfahrung ist ein Erlebnis nahe dem Tode, zumindest ist es eine Kri-

senerfahrung, die an den Rand der Verzweiflung führt. Schamanentum ist nicht wie in einer Schule zu erlernen.
Leicht übersehen wird auch die kulturelle Eingebundenheit eines Schamanen. Ein tibetischer Schamane lebt ganz anders als ein indianischer. Wer von Eskimo-Schamanen lernen will, muß selbst fast ein Eskimo werden. Wir können die kulturellen Traditionen, in denen ein Schamane verwurzelt ist, nicht einfach übernehmen; lediglich die Prinzipien der psychischen Erfahrung und Heilweisen, die weltweit die gleichen sind, können wir verstehen lernen.
Andererseits ist das Gerede, Schamanen seien fremdartige Menschen oder gehörten einer vorgeschichtlichen Kultur an und wir könnten ihre Welt nicht nachvollziehen, barer Unfug. Das Gehirn und das Bewußtsein aller Menschen sind gleich, lediglich die Kulturmechanismen unterscheiden sich. Prinzipiell kann jeder von uns schamanische Erfahrungen machen, wohl aber kaum Schamane »als Beruf ausüben«, dazu gibt es in unserer Kultur kaum Vorbedingungen. Dennoch gibt es auch bei uns viele Menschen mit schamanischen Erfahrungen. Im vorliegenden Buch werde ich deren Erlebnisse mit denen von Schamanen vergleichen: Sie sind identisch.
Wird das Schamanentum in den noch existenten zirka 2000 Stammeskulturen überleben oder aussterben, werde ich oft gefragt. – Der Stamm der sibirischen Burjaten erzählt von seinem allerersten Schamanen Khara Gyrgen folgende Geschichte: Der Weltherrscher bestrafte ihn für die übermütige Anwendung seiner Kräfte. Er sollte so lange auf einem Felsen auf und ab springen, bis die Felsmasse zu Staub zertreten sei. Aber nicht der Fels, sondern sein Körper wurde dabei abgetragen. Nachdem er seine Beine, seine Eingeweide, den Oberkörper und schließlich auch sein Gesicht bereits verloren hat, tanzt heute nur noch eine Schädeldecke. Parallel zum Abbau des Urschamanen verfielen die Kräfte der Schamanen. Zerfällt einst

auch das Schädeldach, dann geht es mit dem Wissen der Schamanen zu Ende. Wir leben also heute in dieser Endzeit …

Ich hoffe, daß dieses Buch, das durch einige, zum Teil auf meinen Reisen entstandene Fotos für die Taschenbuchausgabe erweitert wurde, vielen Lesern einen sowohl inhaltlichen als auch optischen Zugang zur Welt der Schamanen verschaffen kann.

Holger Kalweit *Oktober 1992*

Inhalt

Für meinen Vater,
den die Heilung nicht mehr erreichte.

Bewußt zu sein
ist eine Krankheit,
eine wirkliche,
richtiggehende Krankheit.

Fedor Dostojewski

Einleitung: Heilige Medizin

Drei Dinge hat unsere Kultur vergessen: Heil, Heilung, und das Heilige. Sie haben die gleiche sprachliche Wurzel und das gleiche Ziel: Gesundheit, Unversehrtheit, Vollständigkeit, Rettung, Glück, Erlösung, Zauber.
Heilung hat wenig mit Chirurgenskalpell und Antisepsis zu tun. Heil erreicht nur der innerlich Gereinigte – und das heißt: sich Entschlacken vom Schlechten, durch Leiden gehen. Das hat nichts zu tun mit dem sanften Ethos unserer verweichlichten Kultur, hier geht es um physische und psychische Transformation auf allen Ebenen. Der Heiler, der Heilige, der Geheilte – alle erfuhren eine geistige Umformung, ihr Wesen wurde gebogen, zerbrochen, entwertet und schließlich makellos neu geformt. Nun treten sie ein in eine heile Welt, die frei von Krankheit ist und gereinigt durch Leiden. – Das ist das erste schamanische Paradox.

- Heil heißt umfassendes Wahrnehmen aller Seinsebenen.
- Heilen heißt zuerst die Kultur, dann den Menschen und schließlich die Krankheit heilen.
- Heilig sein heißt viele, alle Daseinssphären in sich spüren.

Diese Triade Weisheit, Glück, Zauber ist uns verlorengegangen.
Der Medizinmann heilt nicht zuerst den Patienten, sondern zunächst sich selbst, später heiligt er dann alles andere. – Das ist die »Vision des Wissens«, die Vision eines neuen Ärztetyps. Davon spricht dieses Buch – davon, wie Urheiler das Seiende erfahren, sich den Energien des Lebens verschreiben, mit ihnen schwingen; sie wollen nicht wie wir gekünstelt Neues finden, sie wollen lernen, in Einklang mit den Naturgesetzen, dem kosmischen Logos.
Schamanen waren die frühesten Schöpfer des Wissens, und sie werden die zukünftigen sein. Daher ist dieses Buch keine Beschreibung von archaisch Vergangenem, es ist eine Vorahnung

künftiger Heilweisen, wie sie bei uns wieder zu Ehren kommen werden. – Was können wir also von Schamanen lernen, als Ärzte, Psychologen, Therapeuten – als Menschen?
Urmedizin und archaische Heilung gehen den inneren Weg, sie sind auf der Suche nach Ganzheit und Gesundheit jenseits des Ego. Die Medizin des Schamanen kennt keine Pillen und Spritzen, beseitigt nicht Symptome – das wäre wider die Natur, sie belebt das Leben, heilt unsere Bezüge zur Welt: Denn ist Krankheit nicht Verstopfung der geistigen Poren, Verhinderung umfassenden Weltempfindens – und erst dann Krankheit in unserem verkürzten Sinne?
Unsere bürokratisierte und materialistische Heilkunde, jenes Mensch-Maschine-Modell von aktivem Therapeut und passivem Kranken, das den Patienten zum Objekt herabwürdigt und Heilung in die langen Gänge des Krankenhauses verlegt, hat versagt. Diese Art der Heilung gehört ins mechanistische Zeitalter. Heute aber wagen wir bereits den Übergang zur »organischen« Medizin, zur »Geistheilung« durch persönliche Transformation, durch Bewußtseinswandel auf allen Ebenen.
Suchen wir dabei nach klassischen Vorbildern, es gibt sie, die Meister des Heils: Schamanen, Urheiler, archaische Mediziner, Wissende. Ihre Geheimnisse werden jetzt von unserem erwachenden Bewußtsein entschleiert, doch können wir erst zaghafte Versuche verzeichnen.
In meinem ersten Buch über Schamanen, »Traumzeit und innerer Raum«, habe ich über die Einweihungsformen und den psychischen Prozeß, der einen Menschen zum Schamanen macht, berichtet. Das hiermit vorliegende zweite Buch ist ein Buch für uns, eine Alternative zur gängigen Entheiligung menschlicher Bewußtseinskräfte, aber nicht von der Art heute üblicher Ratgeber – schlag auf, sieh nach – für überstürzte Selbstheilungswillige; statt dessen gibt es Hinweise auf die Komplexität, das Rätselhafte des Heils, es mag sogar selbst heilend wirken: durch Desillusionierung, durch Hinwegätzen eurozentrischer Anschauungen, eitler, ich-bezogener Hoffnungen. Bevor wir heilen, gilt es die falschen Begriffe, ihr heilloses Durcheinander aufzuzeigen, damit Heilung

überhaupt erst möglich wird. Heilung meint hier immer, Schritte über Grenzen zu wagen; die Vorstellung, daß Ich-Befriedigung und Ich-Stabilisierung Endstationen des Lebens sind, aufzugeben, um in Bewußtseinssphären einsteigen zu können, die aus sich selbst heraus Heilung versprechen, sich selbst Heilung sind. Heilung heißt demnach Wechsel der Bewußtseinsebenen, Wechsel des geistigen Raum-Zeit-Gefüges. Der archaische Medizinmann lebt in einem Vielwelten-Universum. Unsere Welt ist eine Welt, das Totenreich eine weitere, und dann gibt es die Welten anderer Wesen in anderen Räumen, in anderen Zeiten. Heilung ist für den Urheiler eine Heilsreise über Raum und Zeit hinaus in anders dimensionierte Gewebe des Seins. Wie aber sehen diese Heilreisen aus? Das Bewußtsein führt sie durch, und wir dürfen heute sagen, Bewußtsein ist eine vom Gehirn unabhängige, selbständige und diesem übergeordnete Einheit: die schaffende Trägersubstanz des Physischen überhaupt. Bewußtsein ist Ursprung und Zukunft des Lebendigen, Ausdruck eines Überraums, einer überzeitlichen, uferlosen Essenz.
Schamanische Therapie heißt Heilung des ganzen Lebens und nicht nur störender Fehlfunktionen und stechender Schmerzen. Heilung bedeutet für den Schamanen Philosophie, Weltsicht. Hier sorgfältig Heilweisen darzustellen ist nur eine Aufgabe, die schamanische Manipulation höher dimensionierter Energien, solcher, die für uns unsichtbar, undenkbar sind, eine andere. Das Eindringen in die Heilweisen des Schamanen ist deshalb für Energieforscher so aufschlußreich, weil sie so auf die Existenz höherer Kraftfelder hingewiesen werden. Nicht genug: Diese Heilenergien werden in naher Zukunft auf allen Gebieten bei uns Verwendung finden und eine neue Lebensqualität schaffen, die jenseits alles bislang Erhofften und Gedachten liegt. – Schon hier sehen wir: Der Schamane ist nicht nur Vorreiter der Wissenschaft, er verkörpert lebendige Wissenschaft als Wissensuchender auf dem Weg in die Zukunft. Die Erkenntnis neuer Energien verquickt sich unentwirrbar mit den Dimensionen des Raums und der Zeit. Der Schamane ist daher ein Zeitreisender, er reist über unsere Zeitgrenzen hinaus in Vergangenheit und Zukunft, in

mögliche Zustände des Seins, in andere Zeituniversen. Die Zeit, so oder so einzige wesentliche Größe alles Seienden, weil sie alles schafft und zerstört, gebiert und sterben läßt, ist Alpha und Omega – unser Wesen ist ein zeitliches, wir sind Zeitwesen. Der Schamane reicht hinein in eine Art »Hyperraum«, dessen Energien und paradoxe Wesensart er gewissermaßen annimmt. Seine Lebensweisheit, seine überpersönlichen Erkenntnisse sind jene des Überraums. Der Überraum bleibt unvorstellbar, was aber nicht heißt: unbetretbar. Schamanische Heilinitiation heißt daher Entwertung aller Werte, Umkehrung der profanen Welt, Abblättern angestammten Ideengutes, Befreiung aus dem Vorgedachten. Deshalb ist Schamanentum eng verbunden mit dem Leiden – Leiden am Zerbröckeln des eigenen Denksystems, um eine neue Welt, eine überräumliche wahrzunehmen.
Schon die bloße Beschäftigung mit Schamanentum leitet eine Heilung ein. Ja, ich glaube, es regt neue Denkweisen in uns an, stellt uns ganz anders geartete Formen zu leben, zu denken vor, lockert, öffnet.
Bevor wir beginnen, noch eine Warnung mit auf den Weg: Schamanen, hießen bei uns »Zauberer«. Wir begeben uns in ein Land der Täuschungen, der wunderbaren Spiegelungen, des Absurden und Paradoxen, des Umgedrehten und Schillernden. Der Standpunkt entweder/oder, ja/nein, hell/dunkel verliert sich hier in der Möglichkeitsform: Alles-ist-möglich. Daher verbinden wir heute Zauber mit Täuschung, Verblendung und Trickkünsten. Tatsächlich sind aber die Illusionen nur Illusionen unseres verkürzten Bewußtseins. Was uns paradox erscheint, ist die Kurzsichtigkeit abendländischer Denkweisen. Dennoch, es ist ein seltsames Land. Wer sich auf die Fahrt dorthin begibt, in dieses funkelnde, flunkernde Reich, mag sich verirren, ertrinken, die Spiegel gaukeln uns das vor, was wir hineinprojizieren – schaffen wir es jedoch und kommen zurück, dann als Abbild jener Welt, von deren Früchten wir gekostet haben. Die Reise dorthin mag eine Heilreise sein – man kehrt wieder als Zauberer; oder eine Irrfahrt – man kehrt zurück als Verzauberter. Heil und Unheil. Das Janusgesicht des Daseins – ein Lauf über Messers Schneide . . .

Die Geburt des Heilers

Seine Seele war die eines Kindes,
sein Geist der eines Philosophen.
Theodora Kroeber über Ishi, den letzten Überlebenden der kalifornischen Yahi-Indianer. (1961, 238)

1 Schamanenschulen und Medizingesellschaften

Die Götter geben den Schamanen zwar ihre wunderwirkenden Kräfte, aber die Technik sie herbeizurufen, müssen die Schamenen erlernen.

Ein koreanisches Sprichwort

Ich komme zu dir, weil ich sehen möchte.

Traditionelle Anrede eines Iglulik-Eskimo, der Schüler eines Schamanen werden möchte. Rasmussen (1931, 7, 111)

Wir können zwar alle seit unserer Geburt sehen – nur bleibt die Frage: Was für ein Sehen ist das? Es ist die Wahrnehmung der Welt durch das Prisma einer begrifflich geprägten Realität, die wiederum eingebettet ist in die Farbenprächtigkeit, aber auch die Farbenblindheit der jeweiligen Kultur. Unsere Welt, gleichgültig durch welche gesellschaftliche Herkunft beeinflußt, ist eine subjektive Schöpfung des menschlichen Geistes. Wir haben all unsere Theorien und Anschauungen entworfen, um eben diese Welt besser zu verstehen; nur glauben viele, diese Theorien seien echte Abbilder der Naturgesetze, Zusammenfassungen dessen, was die Natur uns an Prinzipien zu bieten hat. Dieser naive Realismus, der voreilig die Landkarte für die Wirklichkeit nimmt, ist leider immer noch König in unserem Reich der blinden Seher.

Der Schamane ist ein Mensch der zwei Welten. Sein Gesichtssinn ist verdoppelt, seine Gefühlswelt gespalten, sein Denken läuft ewig auf zwei Geleisen. Für seine erste Geburt ist die leibliche Mutter verantwortlich, bei der zweiten Geburt stehen die Geister, ein kosmischer Lebensspender oder ein Gott Pate.

Diese Kräfte berufen ihn unwiderruflich, sie geben ihm die Stärke, ein neues Leben zu führen – als Schamane, der hinter die Kulissen des Lebens sieht. Doch stellen seine kosmischen, jenseitigen oder überirdischen Eltern nur einen Teil seiner Lehrer und Meister, die anderen mögen alte, erfahrene Schamanen sein, die ihn unterstützen und anleiten, seine Visionen und Hilfsgeister in die Gewalt zu bringen, und die ihm alle Vorstellungen seiner Kultur in Sachen Transzendenz übermitteln.
Die Gestaltung der schamanischen Ausbildung ist so vielfältig wie die Anzahl der Kulturen, daher wollen wir nur einen begrenzten beispielhaften Ausschnitt heranziehen, um einige Prinzipien dabei zu veranschaulichen. Sicherlich gibt es auch Schamanen, die ohne Lehrer das ganze Spektrum paranormaler Sinneskapazität und transpersonaler Einsichten entwickelt haben. Dennoch verfügen die meisten entweder nach der Manifestation ihrer angeborenen oder erworbenen Kräfte, der Offenbarung der mystischen Dimension oder der Geisterwelt über irdische oder jenseitige Lehrer, die ihnen behutsam und Schritt für Schritt die Macht übertragen und sie von einer Stufe zur nächsten auf dem spirituellen Weg begleiten. Viele kennen nur einen oder wenige Meister, von denen sie privat und im Geheimen lernen. Dieses ganz persönliche Meister-Schüler-Verhältnis ergibt sich oft auch zwischen Vater und Sohn.
Nach seiner Ausbildung hält der Schamane jedoch nur einen kleinen Teil jener Marionettenfäden in den Händen, die ihn befähigen, die kosmischen Kräfte zu dirigieren. Jeder Einzelne ist mehr oder weniger begabt und spezialisiert sich dementsprechend; jeder ist individuell ausgerichtet und hat unterschiedliche Stufen der mystischen Bewußtwerdung erreicht, weshalb viele Kulturen streng geordnete Hierarchien des geistigen Status entwickelt haben, durch die sich der Schüler emporarbeiten muß. Der spirituelle Erkenntnisgewinn wird fast überall verstanden als eine Stufenleiter zunehmender Einsicht in die heilige Weisheit.
So verfügen die Hawaiianer über eine hochkomplizierte Rangordnung von Kahunas, Schamanen, die alle sehr spezielle Ziele

verfolgen und als Priester eng mit der Herrschaftsstruktur der Kultur verflochten sind. Während ihrer Ausbildung verrichten sie keine gewöhnliche Arbeit und sind von allem Weltlichen entbunden: sie sind kapu, heilig. Die Übernahme eines sakralen Amtes verlangt nicht nur die Erkenntnis einer anderen Welt, auch die Zeremonien, Gesänge, Rituale und reichhaltigen Überlieferungen liegen in den Händen dieser spirituellen Führer (Fornander 1919).

In gleicher Weise mußten früher die irischen Barden nach sechs Jahren Ausbildung über 100 Haupt- und 175 untergeordnete Geschichten beherrschen und im siebenten Jahr Gedichte mit komplexen metrischen Formen schreiben können; dann kamen die Legenden und Überlieferungen an die Reihe, und nach 15 Jahren, inzwischen waren sie zu mächtigen Magieren aufgestiegen, riefen sie Stürme herbei und bewegten die Winde (Moray 1965, 34).

Bei den Zulu gibt es zwölf Ausbildungsstufen, zwölf »Gefäße« oder Typen von Geistern; nur wenige Sangomas, Schamanen, erreichen jedoch die letzte und höchste Stufe. Die Ausbildung eines Sangomas besteht darin, zu jeder Tages- und Nachtzeit von seinem Lehrer versteckte Gegenstände finden zu können; und später muß der Schüler auf telepathischem Weg erfassen, ob der Lehrer für ihn überhaupt etwas versteckt hat (Boshier 1974).

In ähnlicher Weise muß der Blackfoot-Indianer durch sieben »Zelte« gehen, bis er ein vollkommener Medizinmann ist. Alljährlich hat er sich einer Prüfung zu unterziehen, in der ihn sein Meister befragt und testet, ob er auch alles Wissen richtig einzuordnen weiß und alle geistigen Übungen beherrscht. Den fünf »Zelten« schließen sich zwei »Zelte« »schlechte Medizin« an, in denen er lernt, Flüche auszusprechen und durch Gedankenkraft Menschen zu töten (Long Lance 1928, 22).

Schauen wir uns nun die verschiedenen Schamanenschulen und Ausbildungsformen zum Medizinmann an.

Um in Japan ein Medium zu werden, sind verschiedene asketische Techniken unumgänglich. Im Winter stellen sich die Novizen unter eiskalte Wasserfälle oder überschütten sich täglich, oft bis zu 100 Tage lang, mit kaltem Wasser. Nach einiger Zeit gewöhnen sie sich an die Kälte und tauchen aufgewärmt und erfrischt aus dem eisigen Naß hervor (Blacker 1975, 91ff.). Kälte wird so paradoxerweise ein Mittel, die magische innere Hitze hervorzurufen. Es handelt sich um ein typisches Trancephänomen: Durch Kälte kann innere Wärme erzielt werden, und bei äußerer Hitze bleibt – wie beim Feuerlaufen – die Haut kühl. Diese paradoxe Umkehr der Physiologie ist allgemein Kennzeichen eines ausgebildeten Trancezustandes.

Nara Naka aus dem Gebiet von Tsugaru (Japan) durchlief bei ihrer Initiation 1918 die typischen Stadien des Tranceerlebens. Eine Woche lang lebte sie in einer kleinen, ungeheizten Hütte, die ihr Lehrer errichtet hatte. Sie mußte bestimmte Diätvorschriften befolgen, und die ganze Woche über durfte sie nicht einschlafen. Nachts mußte sie die Texte rezitieren, die sie auswendig lernen sollte. Es war zur Winterzeit, kein Feuer erwärmte die Hütte, zusätzlich mußte sie dreimal am Tag zum Fluß hinuntergehen und über ihre linke und rechte Schulter je 33 Kübel eiskaltes Wasser gießen und dabei bestimmte Beschwörungen sprechen. Sie war tagein, tagaus allein, aber ihr Meister konnte dennoch jederzeit eintreffen, um ihre Fortschritte zu überprüfen; nicht einen Augenblick durfte sie sich daher gehen lassen. Mitte der Woche fiel sie in einen tranceartigen Zustand, erschöpft durch Schlaflosigkeit, Kälte und Nahrungsmangel – da tauchte ab und zu vor ihren Augen die Gestalt des Schöpfers auf. Und Ende der Woche überkam sie mit einem Male eine ungeahnte Stärke, das Gefühl der Zermürbung verschwand und eine scheinbar von außen kommende Kraft drang in sie ein. So war sie gut für den Morgen der Einweihung und der folgenden Prüfung vorbereitet (a.a.O., 145).

Vielen ähnlichen Berichten aus dem Nordosten Japans können wir entnehmen, daß bereits nach einiger Zeit eine überschäumende lebensspendende Kraft den Initianden berührt: Nun verschreibt er sich vollkommen seinem Ziel, Schmerz und Erschöpfung verschwinden ganz, und das Gefühl des Enthusiasmus triumphiert.

Ein koreanischer Schamane muß nicht nur die Wahrsagerei und die Herstellung von Amuletten lernen, sondern auch das Tanzen, das Spielen von Musikinstrumenten, vielerlei Gesänge, die Zubereitung von Opferspeisen und das Anfertigen von Papierblumen und -figuren beherrschen. Je nachdem, welcher Gott auftreten soll, legt er die entsprechenden Gewänder an und bereitet bestimmte Opfertische vor, was ihm bei der großen Götterzahl nicht gerade ein Leichtes ist, und dann tanzt er mit für den Gott charakteristischen Gebärden, wobei er die Schamanengesänge, die oft länger als vier Stunden dauern, unentwegt vorträgt. Auch gilt es eine bestimmte Befragungstechnik, Todum'i, zu erlernen. Sollten nämlich die Götter bei einer Wahrsagung wider Erwarten nicht erscheinen, muß der Schamane den hilfesuchenden Kunden dennoch etwas vermitteln, was ihm allerdings nur gelingt, wenn er zuvor durch geschicktes Befragen ausreichend Kenntnis über die Familiensituation erlangt; dann kann er zufriedenstellende Antworten geben. Die Lehrer des Schamanen, die Gotteseltern, Sinbumo, leiten und führen das Gotteskind, Simjasik, während seiner Ausbildung. Der Schüler unterstützt seine Gotteseltern, wenn sie gemeinsam mit anderen Schamanen Zeremonien durchführen. Später mag er sich dann mit anderen Schamanen zusammentun und bestimmte Aufgaben bei einer komplexen Zeremonie übernehmen, bis er alles Wissen erworben hat und sich selbständig machen kann. Der koreanische Schamane wird, bevor man ihn als solchen anerkennt, einer Prüfung unterzogen, um auszuschließen, daß er von bösen Geistern besessen ist. Gleichzeitig versucht man festzustellen, welche Götter sich durch ihn kundtun, wonach sein Rang innerhalb der Schamanenhierarchie bestimmt wird (Hung-Youn 1982, 33).
Der Novize der australischen Wuradjeri kann erst nach der vollendeten Initiation, nachdem er zu »einem Mann gemacht« wurde, ein Doktor werden. Er sollte bereits während der Kindheit Anzeichen für seine Doktorwürde aufweisen und auch mit einem Lehrer Kontakt pflegen, der ihn ausbildet und ihm seine Kraft überträgt. Diese Aufgabe übernehmen meistens Vater oder Großvater, von denen er die religiösen und mythologischen Vorstel-

lungen lernt, deren strenge Geheimhaltung er allerdings wahren muß. Auf seinen nächtlichen Ausflügen führt der Geist des Lehrers den Geist des Novizen in die andere Welt ein. Und mit zehn oder zwölf Jahren geleitet ihn der Doktor zu einem Versteck, wo er in ihn Bala, ein Hilfstotem, sowie den Geistgefährten Jarawai'jawa hineinsingt. King Dick zum Beispiel wurde von seinem Vater, einem Schamanen, ein Oppossum in die Brust »gesungen«; zwar schmerzte dieser Vorgang nicht, aber er spürte ein leichtes Brennen in der Brust. In anderen Fällen dringt das Geisttier in Rücken, Arme und Beine des Initianden ein. Das Hilfstotem vererbt sich so vom Großvater über den Vater und Sohn bis zum Enkel und bleibt damit über Generationen hinweg der Familie erhalten. Während der Übertragung verdoppelt sich das Hilfstotem, ohne sich dabei zu teilen oder an Kraft zu verlieren, so daß Vater und Sohn gleichermaßen von ihm erfüllt sind. Durch Gesang läßt sich das Totem sichtbar machen, es tritt dann als materielle Form aus dem Körper. Allerdings muß der Schüler die notwendigen Rituale und die Konzentration erlernen, um das Totem aus sich hervorzuholen. Voraussetzung, um überhaupt ein Doktor zu werden, ist daher die Vision des Patrons und traditionellen Beschützers des Stammes. Erst durch ihn erhält der werdende Doktor die Genehmigung, ein »Clever man« zu werden.

Der wirkliche Ursprung der magischen Kraft rührt jedoch von Baiami, dem Schöpfer her, d.h. von Kating-ngari, »von der anderen Seite des Meeres«. Als Baiami die Menschen verließ, rief er alle Doktoren zusammen und forderte sie auf, auch weiterhin ihre Magie zu praktizieren, nur müßten sie dabei, um ihre Kräfte nicht unnötig zu verschwenden, von Streitigkeiten untereinander absehen.

Die Abschlußphase der Ausbildung findet öffentlich statt. Lehrer und Schüler versammeln sich an einem heiligen, Baiami geweihten Platz, wo sie nun endgültig »gemacht« werden sollen. Sie sitzen auf Blättern in einer Reihe nebeneinander. Ihnen gegenüber und auch hinter ihnen befinden sich die Lehrer. Bald beginnt man mit dem Gesang, der Baiami herbeilocken soll. Wenn

Baiami dann in Gestalt eines »Clever man« so lebendig und so leibhaftig wie ein solcher erscheint, müssen sich die Anwesenden von den Lichtstrahlen, die aus seinen Augen fallen, abwenden. Baiami geht nun daran, einen Schüler nach dem anderen zum »Clever man« zu »machen«. Aus seinem Mund sprudelt Kali, heiliges Wasser aus verflüssigtem Quarzkristall, das er über die Schüler fließen und in deren Körper hineinlaufen läßt. Diesen Vorgang nennt man Ku'rini, »das Eindringen in sie«. Die Flüssigkeit läuft sofort in den Leib, ohne daß auch nur ein Tropfen die Erde berührt. Dadurch sprießen dem Initianden bald Federn aus seinen Armen, die später zu Flügeln wachsen. Nach einigen Tagen, bei einer zweiten Zeremonie, zeigt Baiami jedem Schüler, wie er mit den Flügeln fliegen kann, und singt ein Stück Quarzkristall in seine Stirn, was jedem eine Art Röntgenblick verleiht. Dann entnimmt Baiami seinem eigenen Körper eine Flamme und setzt sie, dabei ein Lied anstimmend, auf die Brust des Novizen, in der sie allmählich verschwindet. Anschließend bespricht der Schüler all die überwältigenden Erfahrungen mit seinem Lehrer. Und nachdem alle Initianden das Fliegen erlernt haben und Kristall und Feuer in sie eingedrungen sind, singt die Gruppe zum drittenmal Baiami herbei: Die letzte Phase der Initiation beginnt. Wieder erscheint Baiami wie eine lebende Person vor ihren Augen, aber diesmal legt er eine Schnur über jeden Schüler, die von den Beinen bis zur Brust hinaufreicht. Beim Singen dringt die Schnur in die Körper der Novizen ein. Das ist jene Schnur, die die »Clever men« für mancherlei Kunststücke verwenden und die sie so handhaben wie die Spinne ihr Netz. Ist Baiami wieder verschwunden, üben sich die Schüler in den magischen Schnurkunststücken; doch sind ihre Vorführungen bei weitem noch nicht so ausgereift wie die der älteren »Clever men«. Nachdem die Schüler all das gelernt haben, können sich Warajun, ihre Seelen, und ihre 'Jarawai'jawa, ihre Hilfs- und Geisttiere, frei entfalten und ihre nächtlichen Wanderungen durch Raum und Zeit antreten (Berndt 1946–48, 330 ff.).

Der Name der nordamerikanischen Dunne-za für Prophet ist Naáchi, Träumer. Der Naáchi besitzt eine tief reichende, über das normale Träumen hinausgehende Traum-Kraft. Im Zustand des Träumens gleicht der Schatten des Träumers, die Seele, einem Geist, der umherwandert. Nachts, wenn die Seele den Körper verläßt, so glaubt man, folgt sie den Spuren ihrer ehemaligen Existenz. Daher muß man schon im Kindesalter Kontrolle über seine Träume erwerben, damit die Seele nicht ungewollt den Leib verläßt. Um dem vorzubeugen, werden schon vor der Pubertät Visionssuchen durchgeführt, um Medizin-Kraft zu erwerben, d. h. um Kontrolle über das Schatten-Ego zu erlangen. Jeder Mensch muß seinen Schatten in der Gewalt haben. Doch nur der Naáchi besitzt umfassende Kenntnis auf diesem Gebiet. Er kennt das Geheimnis, mit seiner Seele das Todesreich zu besuchen und bewußt zurückzukehren. Außerdem verfügt er über Lieder, Naáchi yine, die das Reich der Toten und das der Lebenden verbinden.

Die Beherrschung des Traumschattens nennen die Dunne-za Me yine. Das kann nur durch eine Vision erreicht werden, in der das Kind Bekanntschaft mit jenen Riesentieren macht, welche die Menschen in mythischen Zeiten jagten. Der Schatten des Kindes reist seinen Lebensweg zurück und begegnet den großen Vorzeittieren. Ergebnis solch einer Traum-Rückreise ist der Erwerb eines Machtliedes: der heilige Gesang der Riesentiere. In der Vision werden ihm Tabus auferlegt und Hinweise für die Suche nach einem Medizinbeutel gegeben. Doch Macht manifestiert sich erst, wenn die Person erwachsen ist. Über den Besitz verschiedener Riesentiere, die man während der Visionssuche erwirbt, spricht man erst im Alter. Die Dunne-za glauben nämlich, eine vollkommene Beherrschung des Traums und eine erfolgreiche Existenz als Erwachsener hängen miteinander zusammen. Das ist nicht unwahrscheinlich, denn die Visionserfahrung ermöglicht es ihm z. B., mit Hilfe seines Schattens besser zu jagen, indem er träumend jenen Pfad entlangreist, den er beim nächsten Jagdzug nehmen wird. Da sich die Tiere dem Jäger bereits im Traum hingeben, ist die später in der Wirklichkeit stattfindende Jagd eigentlich nur noch eine Wiederholung der Traumjagd (Ridington 1978).

Eine interessante Aufzeichnung liegt uns über einen Ayikomi, einen Medizinmacher, der Seminolen Floridas vor. Mit 15 Jahren begann Josie, sich für Heilweisen zu interessieren. Er suchte befreundete Ayikomi auf und fragte sie nach ihren jeweiligen Kräutern für eine bestimmte Krankheit. So begann seine Ausbildung, die sich über viele Jahre hinzog. Josie erzählt:

Als ich etwa 15 Jahre alt war, ging ich zu einem Doktor und erkundigte mich bei ihm zum Beispiel über den Husten – »Welchen Gesang benutzt du gegen den Husten?« Ich fragte ihn, welche Art Medizin benutzt wird, und er gab mir die Medizin und den Gesang...
Fast zwei Jahre lang verkehrte ich mit ihm auf diese Weise... Ich befragte ihn oft. Der Doktor sah, daß ich etwas wissen wollte. Das war gut so, und er gab mir verschiedene Lieder und Arzneien und unterwies mich in den verschiedenen Krankheiten. Wie man Fieber heilt, das erzählte er mir auch. Er gab sie mir einfach, lehrte mich ohne Bezahlung oder irgend etwas; es kostete mich nichts. So unterhielt ich mich mit den verschiedenen Doktoren: Tommy Doktor, Old Doktor, es gab in jener Zeit viele Doktoren, mit denen ich sprach. Dann, als ich etwa 17 oder 18 Jahre war, erkannte Old Motlow, daß ich die Dinge kennenlernen wollte. Er sagte: »Das ist ganz in Ordnung, faste für einige Zeit, vielleicht allein, vielleicht mit zwei, drei anderen Jungens, und du wirst etwas lernen.« Ich sagte: »In Ordnung«, brachte drei Jungens zusammen, und wir gingen hinaus und kampierten dort alleine ohne irgendwelche Frauen. Wir bauten uns einen kleinen Unterschlupf und blieben dort.

Während des viertätigen Fastens unterrichtete sie Old Motlow. Jeden Morgen gab es Brechmittel für die Schüler – seine Art, sie auf den Unterricht vorzubereiten. Fasten und Brechen, so glaubte man, erhöhe die persönliche, moralische, intellektuelle und religiöse Kraft. Jeden Tag lehrte er sie etwas anderes. Den ersten Tag sprach er über verschiedene Krankheiten und sang dazu die entsprechenden Gesänge. Am zweiten Tag sprach er über die Lebenden, den Ursprung, das Leben nach dem Tod, das Schicksal der Seele und über die Krankheitsentstehung. Den dritten Tag widmete man sich der Wiederholung des bereits Erlernten und Besprochenen, und am vierten Tag erhielten die Schüler weitere geheime und wirkungsvolle Gesänge, Flüche, magische Formeln zum persönlichen Schutz oder für schwarzmagische Zwecke. Die Schule endete mit einer viertägigen Jagd, während der die Schüler unter sich noch einmal alles besprachen. In den kommenden Jahren hielten sie regelmäßig immer wieder diese Schule ab, und nach dem letzten Mal zog Josie zu Tommy Doktor und beobachtete ihn täglich bei seiner Tätigkeit: er schaute zu, wie dieser bei Kranken die Diagnose stellte, indem er sich bei ihren Familien nach Träumen und körperlichen Symptomen erkundigte; lernte die Kräuter kennen, verfolgte das Medizinmachen und übte die Heilgesänge ein, deren Kraft in die Medizin eingehen sollte. Nach dem Tode seines Lehrers übernahm er dessen Praxis und wurde so nach gut sieben Jahren Ausbildung selbständig. Außerdem hatte er von seinem Lehrer eine Medizin erhalten, mit der er anderen, je nachdem, Schaden zufügen oder helfen konnte. Diese Droge – sein Lehrer hatte eine Pflanze zu Medizin verarbeitet und sie ihm verabreicht – verlebendigte sich in seinem Körper und lebt noch immer dort, vermutlich in seinem Herzen, meint Josie. Wenn er heute Arzneien zubereitet, strömt diese besondere Kraft einen markanten Geruch aus, der in den Patienten eindringt und wesentlich zur Heilung beiträgt. Um aber diese Medizin nicht verkümmern zu lassen, muß er jeden Monat einmal fasten und erbrechen. Versagen seine Heilmittel einmal, führt er das auf das Schwächerwerden dieser inneren Kraft zurück; dann erlegt er sich sofort selbst eine Fastenkur auf. Bei seinen Heilungen muß er darauf achten, daß er keine menstruierenden Frauen oder solche, die gerade geboren haben, behandelt; das würde seine »lebende Medizin« und ihn selbst als mächtigen Doktor zerstören. Seine »lebende Medizin« kann er auch zu negativen Zwecken gebrauchen: entweder um die Seele einer Person herbeizulocken, damit er sie, ist sie einmal in seiner Gewalt, mißhandeln kann, oder um eine Flinte von selbst losgehen zu lassen, so daß sie ihren Besitzer trifft, oder um Blitze zu erzeugen, die andere erschlagen, aber auch um Regen zu machen oder um Liebeszauber anzuwenden, wie er es in jüngeren Jahren oft getan hat (Sturtevant 1960, 505ff.).

Nanabush, der große Kulturheroe der Zentral-Algonkin, war

vom Großen Geist beauftragt worden, den Midewiwin-Bund zu gründen. Diese Geheimgesellschaft der Völker der Großen Seen, der Ojibwa, Menomini, Winnebago usw., entwickelte eine streng hierarchisch gegliederte Ausbildung zum Medizinmann. Ihre große Medizinhütte, das Midewigan, ist ein Abbild des Kosmos; ihr Ursprung ist heilig. Die Überlieferungen von der Medizinhütte werden zwar mündlich weitergegeben, sind aber auch in einer Symbolschrift auf Birkenborke aufgezeichnet. Jeder Ojibwa ist bestrebt, Mitglied der Medizingesellschaft zu werden. Es existieren vier Grade von Medizinleuten (in einigen Fällen spricht man von acht), und jeder Grad verlangt bestimmte Einweihungsrituale, die dem Initianden ein genau festgelegtes, für seine Stufe angemessenes Wissen vermittelt. Je höher die Einweihungsstufe ist, um so größer ist auch der dafür zu zahlende Preis. Anfangs erhielten alle Leute mit Heilbegabung oder gewissen Pflanzenkenntnissen Zutritt, doch später wurden sie nur noch nach sorgfältiger Prüfung eingeladen und konnten nur beitreten, wenn sie von einem Mide-Mitglied geheilt worden waren. Der zentrale Zeremonialgegenstand des Midewigan ist die heilige Muschel, eine Nachbildung jener Muschel, die vor langer, langer Zeit die Ojibwa aus dem Osten in den Westen geleitet hat.

Die obersten Medizinleute »erschießen« bei ihren Kulttreffen die Initianden mit einer weißen Muschelschale (Migis), indem sie ihre Körper mit dem Medizinbeutel berühren. Auf gleiche Weise belebt man sie anschließend auch wieder. Wenn sie erwachen, erbrechen sie die Muschel und beginnen nun ein mit neuen Werten bereichertes Leben – sie sind vom Tod auferstanden und wiedergeboren. Wurde ein Teilnehmer viermal »erschossen«, besitzt er alle übernatürlichen Kräfte: er kann fliegen, sich in ein Tier verwandeln, hellsehen, prophezeien, verlorene Gegenstände wiederfinden, Liebesmagie betreiben, er ist feuerfest und kann Krankheiten aus dem Körper saugen.

Die vier Ausbildungsstufen bei den Ojibwa lassen sich folgendermaßen skizzieren:

1. Stufe: Im ersten Jahr lernt der Schüler bei einem Mentor die Pflanzen, Lieder und Gebete kennen und muß für die Midewiwin-

Zeremonie im Frühjahr die Opfergaben beschaffen. Vor der Zeremonie fastet er vier Tage und besucht die Reinigungshütte. Bei der Prüfung selbst darf er keinen Fehler machen. Der vorsitzende Midewiwinini (Medizinmann) »beschießt« ihn dann mit einer Midemigis (Muschel); der Schüler bricht wie tot zusammen, erfährt im Todeszustand eine Vision und bekommt einen heiligen Gesang eingegeben. Dann weckt ihn der Midewiwinini mit dem Atem des Lebens wieder auf; der Novize gilt nun als neugeboren, sein Status und sein Dasein haben sich verändert. Jetzt muß er seine Fähigkeiten öffentlich unter Beweis stellen, und anschließend bekommt er zum Zeichen seiner inneren Verwandlung einen Medizinbeutel überreicht, in dem er jene Gegenstände aufbewahrt, die seine persönliche Kraft symbolisieren.

2. Stufe: Die zweite Stufe gleicht weitgehend der ersten. Aus der Zeremonie des »Erschießens« geht der Kandidat mit einer erweiterten Wahrnehmung hervor: er kann jetzt weiter sehen, als das Auge reicht, Dinge hören, die außerhalb der Hörweite des Ohres liegen, Gut und Böse erfühlen, die Zukunft lesen, über große Entfernungen Menschen berühren und Raum und Zeit überwinden.

3. Stufe: Nach dem »Erschießen« mit der Muschel und dem Erwerb jener übernatürlichen Kräfte kann er ein Jeesekeewinini werden, einer, der höhere Wesen herbeiruft und mit der anderen Welt kommuniziert; er kann dann verborgene Dinge erkennen, und da er die Kraft des Donners, die vom Himmel kommt, verkörpert, vermag er Dinge zu bewegen und zu erschüttern.

4. Stufe: Nun erhält er die Kraft, in anderen die gleichen Fähigkeiten, wie er sie selbst besitzt, zu wecken; darüber hinaus darf er jetzt auch die neuen Bewerber einweisen und prüfen. Er ist seitdem viermal gestorben und wiederauferstanden und viermal geprüft worden. Wie wir sehen, folgt selbst in diesem organisierten Rahmen das ganze Einweihungsritual dem Ablauf eines spontanen Tod/Wiedergeburtserlebnisses. Die Ausbildung gilt nun als beendet, doch muß der Schüler jedes Jahr wiederkommen, um seine Kräfte zu regenerieren. Als Zeichen seiner Würde erhält jedes Mide-Mitglied das Symbol des Bundes: eine Mu-

schel, die ihn gegen Krankheit und Unglück beschützt (Johnston 1979, 105ff.; Hallowell 1936; W. J. Hoffman 1891).
Ein ungewöhnliches Projekt in Rough Rock, Arizona, unterstützt das amerikanische National Institute of Mental Health, indem es Navajo-Indianern eine Ausbildung zum Medizinmann finanziert. Die Leute lernen dabei, wie ehedem auch, bei älteren erfahrenen Medizinleuten. Neben ihrer traditionellen Ausbildung erhalten sie aber auch von westlichen Psychiatern eine gewisse Anleitung. Grund zu diesem ungewöhnlichen Schritt war die, wenn auch späte, Erkenntnis, daß einheimische Medizinleute maßgeblich mithelfen können, die Gesundheitsmisere ihres Volkes zu verhindern. Das Programm wurde entworfen, als die Stammesführer darauf aufmerksam machten, daß die alten Medizinleute ausstürben und die jüngeren Leute die Kosten der teueren Ausbildung nicht aufbringen könnten (Bergman 1973; 1977; Steiger 1974, 161ff.).
Alle Medizinmannschulen und schamanischen Lehrwege enden, wie die angeführten Beispiele zeigen, mit einer mehr oder weniger formellen Prüfung. Natürlich ist schon der ganze Lehrweg, auf dem man verschiedene Stationen hinter sich bringen muß, an sich eine Prüfung, aber eine rituelle Abschlußprüfung – entweder nach einer bestimmten Entwicklungsstufe oder als endgültige Einführung in die Medizinmannlaufbahn, die dem Schüler das Recht gibt, selbständig zu praktizieren – ist immer notwendig. Nur bei jenen Schamanen, die aus dem Jenseits von Verstorbenen ausgebildet werden oder sonst keine Lehrer besitzen, gibt es keine Prüfung.
Im allgemeinen sind bei den magischen Vorführungen, die der Kandidat dabei zu geben hat, die Vertreter des lokalen Medizinmannwesens beisammen und verfolgen kritisch die Fähigkeiten des Neulings, wozu sie sich, wie es scheint, oft selbst in einen anderen Bewußtseinszustand begeben, um so besser die Hilfsgeister oder »Kraftlinien« des neuen Schamanen wahrnehmen und seine rein geistig vorgeführten Kunststücke angemessen beurteilen zu können.
Wenn etwa die Biraren (Tungusen) am mittleren Amur einen

Hilfsgeist erworben haben, folgt eine Probezeit, in der der Schüler durch Gespräche mit einem Schamanenlehrer erzogen wird. Während dieser Zeit nennt man den Schüler, wohl nicht zu unrecht, Asaran, den Verfolgten. Wenn die Zeit reif ist, beginnt die Prüfung seines Wissens. Er wird gefragt, wie die Schamanengeister aussehen, wann und wo sie gelebt haben, welchen Schamanen sie dienten und wann diese Schamanen gestorben seien. Solch eine Prüfung kann bis zu neun Tagen dauern. Besteht der Novize die Prüfung, finden große Tieropfer statt, und die Bäume – Symbole des Durchbruchs der Daseinsebenen – werden mit Blut eingerieben (Wassiljewitsch 1963, 375ff.).
Auch die Maori Neuseelands kennen eine Priesterschule, die Whare wananga (beim Stamm der Ngati Kahungunu). Nach dem Verbot der Maori-Priester, der Tohunga, im Jahre 1907 lag die Religion darnieder, sie blühte jedoch 1963 mit der Aufhebung dieses Verbots erneut auf. In der Whara wananga wird den Schülern durch Karakia, durch Gebet und rituellen Gesang, Macht über das Leben von Menschen, Tieren und Pflanzen gegeben. Bei den Abschlußprüfungen müssen die Bewerber ihre parapsychischen Kenntnisse demonstrieren und mit Karakia einen Stein oder einen Baum spalten und einen Vogel oder Menschen töten (Greschat 1980, 106ff.).

Bevor der werdende Schamane der Tenino im nördlichen Oregon (USA) seine Praxis aufnehmen kann, hat er vor einem Komitee älterer Schamanen seine Begabung unter Beweis zu stellen. Sie führen ihn zu einem steilabfallenden Felsvorsprung, wo er seine Herrschaft über die Geister beweisen muß. Die Tenino glauben, die Seelen Verstorbener, besonders verstorbener Schamanen, seien »hungrig« und strebten danach, einen Herrn zu finden, der sie »füttert«. Während normale Menschen bloß fünf übernatürliche Helfer besitzen, können Schamanen, wie etwa John Quinn, über 55 oder mehr Geister verfügen. Die meisten Hilfsgeister sind Tiere; Grizzlybär, Klapperschlange und Adler geben dem Tenino die meiste Kraft. Jeder Schamane hat einige Hilfsgeister, etwa den Geist, der die Diagnose stellt und der, in den Körper des

Patienten geschickt, den Krankheitsherd lokalisiert, oder den Geist eines verstorbenen Säuglings, mit dessen Hilfe verlorengegangene Seelen eingefangen werden. Die Art und Weise nun, wie der Neophyt seine Geister auf Exkursionen sendet, wieweit er einen lenkenden Einfluß auf sie ausübt usw., können natürlich nur Schamanen wahrnehmen. Ein Scharlatan kann diese Tests nicht bestehen. Das Schamanenkomitee untersucht auch genau den Charakter des Auserwählten – seine Stärken und Schwächen, seine Ehrlichkeit, seine Kontrolle über agressive Impulse und sein moralisches Verantwortungsgefühl. Seine Ernennung hängt dann von einer kollektiven Entscheidung ab (Murdock 1965, 166 ff.).
Zum Abschluß dieses Kapitels möchte ich noch etwas ausführlicher auf die Ausbildungsinstitution für Medizinmänner, über die die Yamana Feuerlands verfügten, eingehen: die Loimayekamus, die Medizinmannschule. Diese Schule ist keine dauernde Einrichtung. Die Veranstaltung findet in mehrjährigen Abständen während der langen Wintermonate statt und zieht sich oft bis zu einem halben Jahr hin. An einem ausgewählten Ort, der störungsfrei zu sein verspricht, schreitet man zum Bau einer großen Hütte. Das Loima-Haus ist kein profanes Gebäude, es ruft große Ehrerbietung und Scheu hervor, hier halten sich die Haucélla, bösartige und gefährliche Geister, auf. Schon das Betreten des Hauses verlangt einen besonders wachen Geist. Nachdem sich die Schüler mehrere Stunden in ihrer eigenen Hütte eingestimmt haben, bewegen sie sich mit geneigtem Kopf, halb geschlossenen Augen und behutsam, einen Fuß vor den anderen setzend, in Richtung des Loima-Hauses. Zwischendurch verharren sie in Reglosigkeit und werfen einen zaghaften Blick auf ihr Ziel. Das langsame Vorwärtstasten zur Medizinhütte – oft ist es nur eine kurze Strecke – kann bis zu fünf Stunden dauern. Jeder fühlt, daß er in der Hütte den Geistern wehrlos preisgegeben ist, und nur eine ernsthafte und ehrfurchtsvolle Haltung sichert ihm die Gunst dieser Wesen.
Der Schüler weiß, daß ihn nun Monate strengster Konzentration und Übung erwarten, während der er all seine Geisteskräfte

zusammenfassen muß. Erfahrene Meister überwachen und leiten dabei die Novizen. Ein Aufenthalt außerhalb des Loima-Hauses ist nicht gestattet, da jedwede Ablenkung unterbleiben soll. Die Verbindung mit der Familie oder Frau ist auf ein Minimum beschränkt. Geschlechtsverkehr ist ebenfalls unterbunden. Die ganze Tagesordnung dient der Verinnerlichung und Kontemplation. Die Schüler sitzen fast ununterbrochen auf ihrem Platz, ohne sich zu rühren, und mit Einbruch der Dämmerung, gegen vier Uhr nachmittags, beginnt der gemeinschaftliche Gesang, der erst viele Stunden nach Mitternacht endet. Nach einer kurzen Schlafpause werden die Übungen bei Morgengrauen wieder aufgenommen, das heißt die Schüler bleiben ruhig an ihrem Platz, bis die Sonne den Zenith überschreitet. Jetzt nimmt die kleine Gesellschaft einige Arbeiten auf, wie das Sammeln von Brennholz und Muscheln. Drei Stunden später nehmen alle wieder ihre bewegungslose Position ein. Die Mahlzeiten sind dürftig, sie bestehen höchstens aus drei Miesmuscheln täglich. Zeigt ein Schüler gute Fortschritte, wird seine Nahrungsration auf zwei oder gar eine Muschel herabgesetzt, denn je weniger er zu sich nimmt, desto zügiger schreitet seine geistige Entwicklung voran. Fasten ist bekanntlich ein beliebtes Mittel zur Verwirklichung veränderter Bewußtseinszustände, da die Entkräftung des Körpers eine Schwächung der psychischen Gewohnheitsstrukturen bewirkt.

Die Schüler sitzen mit von sich gestreckten Beinen auf dem Boden. Der aufrechte Rumpf preßt einen sich im Nacken befindlichen Holzklotz gegen die Hüttenwand. Auf die Dauer ist diese Stellung sehr anstrengend und artet bald in eine unbeschreibliche Qual aus. Unter Umständen dürfen die Beine vorübergehend zum Schneidersitz angewinkelt werden. Für den Schüler wird die Unbequemlichkeit noch dadurch gesteigert, daß er seine Position auch während des Schlafes nicht aufgeben darf; lediglich die Beine können an die Brust gezogen werden, der Holzklotz verbleibt dagegen immer im Nacken.

Der Gang der Ausbildung versucht, die Alltagserfahrung des Lehrlings aus ihrem Fundament zu heben – alle Handlungsmuster, die Gewohnheiten stabilisieren, werden aufgebrochen. Fasten, Bewegungslosigkeit, Schmerzen, anhaltendes monotones Singen, die dauernde Angst vor den Haucélla-Geistern sowie die lange Isolation vom alltäglichen Treiben des Stammes geleiten den Schüler in eine neue Bewußtseinssphäre. Der Lehrling lebt in der magischen Atmosphäre des Loima-Hauses. Körper und Geist befinden sich in einer Art Vakuumzustand, in dem nirgends Halt und Orientierung geboten werden, eine Leere, in der er sich hilflos und verwirrt fühlt. Alle angestammten Sitten, Moralvorschriften, ja der ganze Verhaltenskodex sind ihm genommen worden. Doch langsam dämmert eine neuartige Welt herauf, in der er vorsichtig Fuß zu fassen sucht.

Intention der Medizinmannschule ist die Umbildung des Körpers. Die Aspiranten reiben sich mit Holzspänen, die sie in weiße Farbe tauchen, die Wangen ein. Der Druck auf der Haut bleibt ganz zart. Ziel jedoch ist es, eine Haut hervortreten zu lassen, die feiner als die ursprüngliche ist. Weiteres unausgesetztes, wochenlanges Reiben bringt eine zweite Hautschicht zum Vorschein. Und schließlich gilt es, eine dritte Haut freizulegen, die derart empfindlich ist, daß sie nur unter großen Schmerzen berührt werden kann. Haben alle Anwärter diese Stufe erreicht, gilt die Schulung als abgeschlossen. Natürlich geht es nicht darum, die Wangen einer Hautverschönerung zu unterziehen. Vermutlich unterstützt das eintönige Reiben den Prozeß der Bewußtseinstransformation. Das Bloßlegen dreier Hautschichten könnte auch für das stufenweise Gewahrwerden des »inneren Körpers«, das heißt der Seele, stehen. Die Methode des Wangereibens erinnert an das Steinemahlen mancher Eskimovölker, die in wochenlanger Anstrengung zwei Steine gegeneinander reiben, bis ihnen ein Hilfsgeist erscheint.

Mit dem Hervortreten einer dritten Hautschicht ist das Ziel aller Bemühungen erreicht: die Bildung eines »zweiten Leibes«. Dieser neue Körper besteht aus einem »leichten Stoff wie Daunenfedern«, sagen die Yamana. Der Körper des Yekamus (Schamanen) wirkt auf den gewöhnlichen Menschen wie

ein normaler Körper; tatsächlich ist der Körperumfang des Zauberers aber um viele hundert Meter größer; nichts was innerhalb dieses Umfeldes vor sich geht, bleibt dem Medizinmann verborgen. Zieht er sich eine Wunde zu, so fließt nur für die beschränkte Sicht des normalen Menschen Blut, denn in Wirklichkeit enthält der Daunenfederkörper des Schamanen kein Blut. Aufgrund seines feinstofflichen Leibes betrachten die Feuerländer den Schamanen nicht mehr als Menschen.
Wichtigstes Ziel der Ausbildung ist es, daß Waiyuwen eines anderen Medizinmannes zu erhalten. Waiyuwen bedeutet Kraft, Energie, Teil des nicht-menschlichen Körpers des Medizinmannes. Der Schüler bittet entweder einen alten, erfahrenen Meister, ihm sein Waiyuwen zu übertragen, oder er beschafft es sich heimlich von einem toten Zauberer.
Die Yamana sagen, daß der Yekamus durch »Träumen« seine Persönlichkeit verliert und dann sein Kespix, seine Seele, zu wirken beginnt. Das Kespix führt alles aus, was der Yekamus von ihm fordert. Durch intensives Singen versetzt sich der Schamane in den Zustand des »Träumens«. Das Singen wird so zu einer unentbehrlichen Voraussetzung für die Tätigkeit des Yekamus, nur dadurch aktiviert sich das Waiyuwen und das Kespix. Das Erlernen des »Träumens« ist der innigste Wunsch jedes Aspiranten in der Loima-Hütte. Je fortgeschrittener ein Schamane ist, desto reibungsloser versetzt er sich in den »Traumzustand«. Durch Singen wird nicht nur Kontakt zum Kespix hergestellt, auch das Yefacel, der Schutzgeist, über den jeder Medizinmann verfügt, tritt auf. Darüber hinaus versichert sich der Yekamus auch noch der bösartigen Haucélla und der von Tieren des Meeres stammenden Cowanni-Geister.
Rückt der Abschluß der Medizinmannschule näher, ohne daß ein Kandidat zur Welt der Geister und zu seinem eigenen Kespix Kontakt hergestellt hat, wenden die Lehrer eine rigorosere Methode an. Der Meister sagt dann zum Schüler: »Ich werde versuchen, dich zu erwürgen!« Er nimmt einen Lederriemen, legt ihn dem Schüler um den Hals und würgt ihn mit aller Kraft, bis er umfällt. Daraufhin begibt sich sein Kespix zu den Geistern. Nach

dieser Tortur wird der Schüler keine Schwierigkeiten mehr haben, seine Seele auszusenden.
Am letzten Abend in der Medizinmannschule, zu dem auch viele Zuschauer geladen sind, wird besonders viel und heftig gesungen, um die Cowanni-Geister herbeizurufen. Die Schüler schikken ihre Kespix aus, um die Kespix von Heringen, Pinguinen, Walen, Schwertfischen, Strandvögeln, Seelöwen oder anderer Meerestiere in die Loima-Hütte zu locken, wo sie ein großer zeremonieller Empfang erwartet. Wenn die Kespix der Tiere in Kanus ankommen, verteilen die Schüler deren Paddel und Harpunen im Publikum, und alle ahmen nun ihre stürmische Bootsfahrt nach und untermalen das freudige Spektakel mit Gesang. Sobald ihre Bewegungen ausklingen, reisen die Cowanni wieder aufs Meer hinaus, und heftiges Getrampel der Schüler vertreibt die Haucélla zurück ins Erdinnere. Damit findet die Loima-Yekamus ihren krönenden Abschluß (Gusinde 1931–1974, Bd. 2, 1399ff.).

Die in diesem Kapitel nur knapp angerissenen Ausbildungsverfahren für Medien, Heiler und Schamanen vermitteln uns leider nur eine allzu grobe Skizze einer transpersonalen Psychotherapie. Man darf hoffen, daß in nächster Zeit Parapsychologen und transpersonale Anthropologen detaillierte Studien über die psychischen Abläufe sowie die dabei angewandten Bewußtseinstechniken vorlegen, so daß wir eines Tages zu einer wirklichen transpersonalen Theorie und Darstellung des höheren Bewußtseins bei Schamanen gelangen werden. Die hier angedeuteten Verfahren und das dahinterstehende Menschen- und Weltbild scheinen jedenfalls unermeßlich reicher zu sein, als die westliche Psychologie es jemals zu träumen wagte. Wir können davon ausgehen, daß die Anthropologie der Zukunft mit einem genuinen Verständnis für die »andere Welt« und nicht mit jener antiquierten »Scharlatantheorie« die höheren Potentiale des Menschseins am Beispiel von Schamanen untersuchen wird.

2 Heilkräfte aus der Todesdimension

Ein langer Weg zu gehen
Ein langer Weg zu klettern
Ein langer Weg in den Himmel

Gesang des indianischen
Gitksan-Schamanen Isaac Tens
(Barbeau 1958, 48)

Der Winnebago-Indianer Thunder Cloud glaubte, schon mehrmals auf der Erde gelebt zu haben und nun ein drittes Mal hier zu sein. Er wurde in diesem Leben als heiliger Mann wiedergeboren, als Reinkarnation des Nord-Geistes. Bei einer Heilzeremonie für seinen Schwager erzählte er diesem sein Berufungs- und Jenseitserlebnis und seine überirdische Ausbildung zum Schamanen, die durch eine vorangehende lange Fastenkur ausgelöst worden war:

Schwager, so lernte ich Menschen heilen: Ich wurde zu einem Geisterdorf hinaufgehoben, zu jenen, die im Himmel wohnen, einem Medizinmanndorf und dort wurde ich folgendermaßen ausgebildet. Ein abgestorbener und verrotteter Stamm, fast gänzlich von Unkraut überwuchert, wurde in die Mitte der Hütte gelegt. Diesen Stamm sollte ich behandeln als sei es ein kranker Mensch. Ich hauchte den Stamm an, und die Geister der Hütte unterstützten mich. Zwei-, drei-, viermal. Schließlich verwandelte sich der Stamm, der tot zu sein schien, in einen jungen Mann, der sich nun erhob und wegging. »Mensch«, sagten die Geister, »du bist wahrhaftig ein heiliges Wesen.«
Schwager, aus der Mitte des Ozeans kamen die Geister zu mir von einem dort gelegenen Schamanendorf. Auch sie übertrugen ihre Kräfte auf mich und ließen mich dann gleichfalls meine Heilfähigkeiten vorführen. Sie forderten mich auf, Wellenberge, die sie hervorgerufen hatten und die so hoch wie der Ozean waren, zu beblasen. Ich blies und sie verebbten, wurden still wie die Wasserlache in einer flachen Untertasse. Das tat ich dreimal, und dreimal war ich erfolgreich. Dann türmten die Geister die Wellen zu einer wilden

Flut auf, und ich sollte auf sie blasen. Ich versuchte es, und dieser Ozean von Wellen, so gewaltig er auch war, beruhigte sich und wurde glatt.

»Mensch«, sagten sie, »so wirst du immer handeln. Es wird in der Tat nichts geben, was du nicht vollbringen kannst. Gleichgültig welche Krankheit einen deiner Landsleute befällt, du wirst ihn heilen.«

Schwager, bei Blue Clay Bank (St. Paul) ist die Heimat des tanzenden Grizzly-Bär-Geistes. Von diesem Ort kamen sie und segneten mich, sie sagten, sollten je irgendwelche Schwierigkeiten auf mich zukommen, sie würden mir zu Hilfe sein. Sie sagten, ich könnte ihnen so viel Tabak opfern, wie ich es für angebracht hielte, sie würden es immer annehmen und auch rauchen. Sie gaben mir einige Lieder sowie die Fähigkeit, sie zu sehen – ein heiliges Schauspiel. Ihre Klauen, heilige Dinge, gaben sie mir. Zum Schluß tanzten diese Grizzly-Bär-Geister und zeigten ihre Kräfte. Sie rissen ihre Bäuche auf und machten sich dann heilig, heilten sich selbst. Oder sie schossen Bärenklauen aufeinander ab, dann standen sie da und erstickten fast am Blut. Dann machten sie sich heilig, heilten sich (Radin 1945, 2ff.).

Thunder Cloud erlernte das Heilen, das, wie wir sehen, nichts anderes ist als das Einhauchen des Lebensatems. Die Geister dieses Jenseitsdorfes segneten ihn durch ihre Kraft, die Grizzly-Bär-Geister schenkten ihm einen heiligen Gesang und geistiges Sehen. Wir begegnen dem uralten Motiv der Selbstverstümmelung und anschließenden Selbstheilung: die Grizzly-Bär-Geister führen die Kunst des wirklichen Heilens vor. Der echte Heiler kann sich bedenkenlos verwunden; ist er heilig, heilt seine Wunde von selbst. Damit legte er eine Probe seiner Fähigkeiten ab, den Beweis seines ärztlichen Könnens – etwas, das der modernen Medizin völlig abhanden gekommen ist. Der Heiler der Stammesgesellschaft erfährt die Krankheiten, die er heilt, oft erst am eigenen Leib: er übernimmt die Beschwerden seiner Patienten und heilt dann *sich selbst*. Das ist das Wesen des archaischen Heilers, der wirklich durch eine Vertiefung der inneren Bewußtheit mit seinem Körper und der Krankheit, mit sich selbst und dem Patienten verbunden ist. Für diese außerordentliche Empfindsamkeit bringt unsere moderne Kultur kein Verständnis auf, ihr ist die »lodernde Realität«, die im Bewußtsein des Naturheilers vorherrscht, verlorengegangen.

Ein alter australischer Wuradjeri-Doktor erzählte dem Forscher Alfred Howitt (1887, 48f.) die Geschichte seiner Berufung zum Wulla-mullung. Als kleiner Junge führte ihn sein Vater in den Busch und drückte ihm zwei Quarzkristalle in die Brust, die darin verschwanden; gleichzeitig verspürte er eine angenehme Wärme. Er mußte auch Wasser trinken, das – angereichert mit Kristallen – süßlich schmeckte. Nach diesem Einweihungserlebnis sah er Dinge, die seine Mutter nicht wahrnahm. Er begann Jir, Geister, zu erblicken. Während der Stammesinitiation in seinem zehnten Lebensjahr mußte er eine Zeitlang allein im Busch leben. Sein Vater besuchte ihn, zeigte ihm ein Stück Quarzkristall und forderte ihn auf, selbst solch ein Kristall aus seinem Körper hervorzubringen. Obwohl er Angst hatte, gelang es ihm. Von einem Toten, in dessen Grab er mit dem Vater hinabstieg, besorgte er sich einige Kristalle. Im Grab trafen sie Gunr, die Tigerschlange, das Budjan, das Individualtotem von Vater und Sohn, an dessen Schwanz eine Schnur befestigt war, von der Art, wie sie die Doktoren aus ihrem Inneren hervorbringen. Der Vater ergriff die Schnur, und sie folgten der Tigerschlange; sie wurden von ihr durch Baumstämme hindurch und in die Erde hineingezogen und gelangten schließlich ins Innere eines hohlen Baumes. Später, in einem Erdloch, rieben sich viele Schlangen am Körper des Schülers, damit er ein tüchtiger Wulla-mullung werde. Der Vater sagte, sie wollten nun zu Baiame, dem Himmelsgott, hinaufsteigen. Sie setzten sich auf den Faden des Doktors, an dessen Ende Wombu, Baiames Vogel, wartete. Durch die Wol ken hindurch reisten sie gen Himmel. Dabei passierten sie eine Stelle, die sich ständig öffnete und schloß. Der Vater meinte, dies sei eine notwendige Einrichtung: würde der Geist eines Doktors hier zusammengequetscht, sei es auf der Erde bald schlecht um ihn bestellt. Bald trafen sie auf Baiame, einen alten Mann mit weißem Bart. Auf seinen Schultern ruhten zwei große Quarzkristallsäulen, die in den Himmel ragten; ihn umgaben lauter Tiere und Vögel sowie seine Anverwandten. Seit dieser Begegnung gelang es dem Sohn, Dinge aus sich hervorzubringen. Doch später, als er sehr krank wurde, verlor er diese Fähigkeit wieder.

Diese Jenseitsreise von Vater und Sohn enthüllt eine große Anzahl transpersonaler Motive. So, wie sie später an der magischen Schnur des Vaters in den Himmel fliegen, zieht zunächst die Tigerschlange sie ebenfalls an einem Seil in die Erde, und wie es scheint durch allerlei Hindernisse hindurch, den hohlen Baumstamm, die Erdhöhle usw. – das sind bedeutsame Einweihungssymbole. Von hoher poetischer Ausdruckskraft ist die Episode in der Höhle, in der sich mehrere Schlangen, die Herren der Erdkräfte, an dem Initianden reiben – eine vollendete Allegorie für den Erwerb regenerativer, schöpferischer Leistungen und darüber hinaus ein Lobpreis auf die Fruchtbarkeit der Erde, unserer Lebensgrundlage. Noch hat die Himmelsreise nicht begonnen, zunächst – begleitet von Baiames Vogel, dem Seelenvogel – fliegen sie in die Wolken und überwinden die gefährliche Passage – Ausdruck der eigenen Angst und Unsicherheit; dann gelangen sie ins Reich des Schöpfers, der offenbar gleichzeitig auch ein Herr der Tiere ist, wird er doch von ihnen umringt. Die Berührung mit der Quelle des Lebens verwandelt den Schüler vollkommen, er wird zum Schamanen, sieht fortan die Geister, das Unsichtbare, und holt Kristalle aus sich hervor.

Doch gibt es nicht nur die Möglichkeit, an einer Schnur in die Totenwelt und das Reich des Schöpfers zu fliegen. Bei den australischen Unambal, Worora, Ungarinyin und Forrest River-Stämmen reiten die Medizinmänner auf der Regenbogenschlange in den Himmel, bei den Kulin-Stämmen fliegen sie wie Adlerfalken, bei den Kurnai klettern die Corroboree-Dichter über eine Leiter ins Jenseits (Petri 1952) und die Dieri-Medizinleute klettern an einer Schnur oder einem Haar in die wunderbare Himmelswelt und trinken dort ein Wasser, von dem sie die Kraft erhalten, ihre Feinde zu vernichten (Elkin 1977, 108). Ein Schamane der sibirischen Ostjaken besingt seine Jenseitsreise: Er schildert wie er sich auf einem Seil, welches für ihn heruntergelassen wurde, zum Himmel hinaufhangelt, wie er die Sterne, die ihm im Weg stehen, beiseiteschiebt, wie er im Himmel mit einem Boot fährt und später damit einen Fluß mit solcher Geschwindigkeit erdabwärts segelt, daß der Wind durch ihn hindurch bläst (Mikhailovskii 1895, 67).

Ein ganz anders geartetes Erlebnis erfahren wir von Catherine Ogee Wyan Akweet Okwa, einer Medizinfrau der Ojibwa. Im Alter von 12 oder 14 Jahren wurde sie von ihrer Mutter angehalten, durch Fasten spirituelle Kraft zu erwerben. Viele Tage blieb sie allein in einem kleinen Unterschlupf aus Fichtenzweigen und schälte dort Bast. Sie erzählt:

In der Nacht des sechsten Tages glaubte ich eine Stimme zu hören, die mich rief und sagte: »Armes Kind! Deine Lage tut mir leid, komm, folge mir auf dem Wege, den ich dir weise!« Ich glaubte, die Stimme käme aus einer gewissen Entfernung vor meiner Hütte, sie leitete geradeaus und, so schien es mir, nach oben. Nachdem ich ihr ein kleines Stück nachgegangen war, stand ich still und sah zu meiner Rechten den Neumond, der von einer Flamme gekrönt war, wie von einer Kerze, die rundumher ein sehr helles Licht ergoß. Zur Linken aber erschien mir die Sonne, nahe dem Ort ihres Untergangs. Ich ging weiter und sah zu meiner Rechten das Antlitz Kanggegabesqua oder der unsterblichen Frau, welche mir ihren Namen nannte und mir sagte: »Ich verleihe dir meinen Namen und du magst ihn weiter verleihen! Ich verleihe dir auch alles, was ich habe, unsterbliches Leben! Ich verleihe dir auch langes Leben auf Erden und die Gabe, das Leben anderer zu erhalten! Geh, man ruft dich nach oben!« Ich ging weiter und sah einen Mann mit einem großen runden Körper, und Strahlen gingen von seinem Haupte aus wie Hörner. Er sagte: »Fürchte dich nicht, mein Name ist Monedo Wininеß, der kleine Menschengeist. Ich verleihe diesen Namen deinem ersten Sohn. Er ist mein Leben. Gehe zu dem Ort, dahin du gerufen wirst!« Ich verfolgte den Weg weiter, bis ich sah, daß er zu den Wolken führte und stillstand und sah die Gestalt eines Mannes am Wege stehen, dessen Haupt mit einem hellen Schein umgeben war und dessen Brust bedeckt war mit Onedonten. Er sagte zu mir: »Sieh mich an! Mein Name ist O Sha wan e geeghick, der lichtblaue Äther! Ich bin der Schleier, der den Zugang zum Himmelsraum verdeckt. Steh und horche auf mich! Sei nicht erschrocken! Ich will dich ausstatten mit den Gaben des Lebens und dich mit Kraft ausrüsten, daß du zu widerstehen und auszuhalten vermagst.« Alsbald sah ich mich von zahllosen glänzenden Strahlen umgeben, die auf mich einzudringen schienen, wie Nadeln, ohne mir jedoch Schmerzen zu verursachen, und die dann zu meinen Füßen niederfielen. Dies wiederholte sich mehrmals und jedesmal fielen sie zu Boden. Er

sprach: »Warte ab und fürchte dich nicht, bis ich alles gesagt und getan habe, was ich vorhabe!« Dann fühlte ich verschiedene Instrumente, zuerst gleich scharfen Messern, dann gleich Nadeln in mein Fleisch dringen, aber keines verursachte mir Schmerz, sondern alle sanken, wie die Nadeln zu meinen Füßen nieder. Dann sprach er: »Es ist gut!« Er meinte die Probe mit den Nadeln; und fuhr fort: »Du wirst viele Tage sehen! Schreite etwas weiter vorwärts!« Ich tat es und stand an der Schwelle des Eingangs. »Du bist angelangt«, sagte er, »und kannst die Schwelle nicht überschreiten. Schaue um dich! Dort ist ein Begleiter für dich! Fürchte dich nicht, seine Schulter zu besteigen, und wenn du wieder in deine Behausung gelangst, darfst du wieder zu dir nehmen, was den menschlichen Leib erhält.« Ich wandte mich um und sah eine Art von Fisch in der Luft schwimmen, stieg darauf, wie mir geheißen war, und wurde mit solcher Schnelligkeit zurückgetragen, daß meine Haare durch die Luft flatterten. Sobald ich in meiner Hütte anlangte, wich das Gesicht.
Am sechsten Morgen meiner Fastenzeit kam meine Mutter und brachte mir ein Stück geräucherte Forelle. Aber meine Empfindlichkeit für Geräusche war so stark und mein Geruchsvermögen so reizbar, daß ich sie lange, lange bevor sie kam, hörte, und als sie eintrat, nicht nur den Geruch des Fisches, sondern auch ihren eigenen kaum ertragen konnte ...
Denn meine Enthaltsamkeit hatte meine Sinne so verfeinert, daß alle animalische Nahrung für mich einen ekelhaften und unangenehmen Geruch hatte. Sieben Tage nach meiner Fastenzeit sah ich, als ich im Wigwam lag, plötzlich einen runden dunklen Gegenstand vom Himmel herabkommen, ähnlich einem runden Steine. Als er in meine Nähe kam, sah ich, daß er kleine Hände und Füße hatte, wie ein menschlicher Leib. Er sprach zu mir: »Ich gebe dir die Gabe, in die Zukunft zu schauen; du mußt sie gebrauchen für dich selbst und die Indianer, deine Verwandten und Stammesgenossen!« Dann verschwand er, und als er fortflog, erhielt er Flügel und sah einem rotköpfigen Waldspecht ähnlich.

Ausgestattet mit den »Gaben des Lebens«, geheiligt durch ihre Begegnungen mit Manitou, der unsterblichen Frau, Lichtstrahlen und einer eigenartigen Zerstückelung unterworfen, wobei ihr messerscharfe Instrumente und Nadeln ins Fleisch dringen, erwacht sie wieder in ihrer kleinen Hütte. Ihre Sinne sind nun durch die lange Fastenzeit und Einsamkeit geschärft und übersensibel. Da verleiht ihr der Himmel in Form eines anthropomorphen Steins noch die Gabe, die Zukunft zu lesen. Catharine Ogee

wurde alsbald eine bekannte Medizinfrau, durch die die Geister wahrsagten. Dazu setzte sie sich in eine eigens dafür errichtete, mit Häuten bedeckte Medizinhütte. Diese kleine Hütte bog und schüttelte sich unter dem Ansturm der Geister, mit deren Hilfe sie die Fragen der Anwesenden, die sich draußen versammelten, beantwortete (Kuhlenbeck, in: Kiesewetter 1909, 28ff.).
Ich habe diese Jenseitsreisen angeführt, um die Auswirkungen des Totenreiches auf die menschliche Psyche zu verdeutlichen. Wer das Jenseits durchwandert hat, kommt als Verwandelter zurück. Im Totenreich erhält der Schamane seine Machtgegenstände oder wird zumindest auf Möglichkeiten hingewiesen, wie er sie auf der Erde finden kann. Seine Heilkräfte wie auch seine paranormalen Fähigkeiten erhält er ebenfalls im Todesreich. Die Nah-Todeserfahrungen moderner westlicher Menschen lassen diese Merkmale vermissen, nur bei medial veranlagten Menschen des Westens erkennen wir wieder die Ähnlichkeit mit Schamanen, auch sie werden vorwiegend im Jenseits ausgebildet. Welche Faktoren hier einen Unterschied bewirken, vermögen wir augenblicklich noch nicht einzuschätzen, doch spielen beim Schamanen die vererbte psychische Disposition sowie die Umwelt, die solche Erfahrungen anerkennt, eine Rolle. Westliche Heiler und Medien müssen sich gegen den Widerstand der Außenwelt durchsetzen, Schamanen in Stammeskulturen wird jeder Schritt in diese Richtung erleichtert, und sie werden von Verwandten oder Spezialisten ausgebildet. Der Jenseitsaufenthalt verwandelt die biologische Konstitution des Menschen, er wird wissend und sehend, seine Philosophie vom Leben und seine Verhaltensweisen ändern sich grundlegend.
Ich möchte hier noch einen Völkerkundler zu Wort kommen lassen: Patrick Gallagher, der 1982 einen Aufsatz mit dem Titel »Die Nah-Todeserfahrung eines Kulturanthropologen« veröffentlichte. Gallagher war durch einen Autounfall tödlich verletzt worden. Die Ärzte hatten ihn praktisch aufgegeben und deuteten seiner Familie an, er werde, falls er wieder zu Bewußtsein komme, weder sprechen noch sich bewegen können. Gallagher wachte tatsächlich wieder auf, war jedoch halbseitig gelähmt.

Später erlangte er überraschenderweise die Sprache wieder, und heute ist er weitgehend geheilt und unterrichtet wieder. Nur eins veränderte sich einschneidend: er gab viele gewohnte kulturelle Verhaltensweisen auf und lebt nun ganz dem Augenblick. Er schreibt:

Die erste Vision, die meines eigenen toten Körpers, war wesentlich klarer als wenn man Fernsehen schaut. Mein Körper lag leblos auf dem Bauch. Ich schwebte in der Luft, aber nicht in einer Art Raum, so wie es oft berichtet wird. Ich betrachtete meinen Körper von oben, aus einem diagonalen Winkel mit großem Interesse aber ohne irgendeine Bestürzung. Ich kann mich nicht erinnern, ob ich bekleidet war oder nicht. Bald danach aber bemerkte ich, daß ich mich auch anderen Dingen zuwenden konnte als dem verwaisten Körper. Nicht nur von der Schwerkraft war ich befreit, auch von allen anderen menschlichen Beschränkungen. Ich konnte fliegen, ich fühlte mich verwandelt.
Als nächstes erschien ein dunkles Gebiet vor mir ohne Licht, das den Eingang eines Tunnels bildete. Ich flog da hinein und bewegte mich sehr, sehr schnell vorwärts ... endlich sah ich in der Entfernung ein rundes Licht. Als ich weiter dahinraste, erschien mir das Licht eher wie die Sonne am Horizont ... Am Ende des Tunnels bot sich mir eine unglaubliche Erscheinung: ein leuchtendes, gelb-orangenes Wesen von vollkommener Schönheit; das schien ein wunderbarer Ort zum Leben zu sein.
Als ich den Tunnel verließ, trat ich in ein wunderbar strahlendes Land ein, einen unendlichen Raum, eine unendliche Zeit ... Es war ein vollkommener Raum. Darin sah ich erstaunliche Geschöpfe: Löwen und andere Wesen, alle herrlich geformt, von vollendeter Grazie und Schönheit jenseits aller Vorstellung. Ich sah auch eine Anzahl Menschen, einige davon waren bekleidet, einige nicht. Die Kleidung, die transparent schien, war Schmuck, nicht aber jene Art Schmuck, wie er uns vertraut ist; es schien, als bewege sich die Hand durch die Kleidung hindurch, ohne Widerstand irgendwelcher Art. Die Menschen, alle von anmutiger Schönheit, waren jene, für die ich mich seit langem interessierte: mein Vater (der seit 25 Jahren tot war), Sigmund Freud und Charles Darwin (über die ich jahrelang geschrieben, gelesen und gelehrt hatte). Jeder dort schien ein Wissen, so strahlend und verklärend wie das Licht selbst, zu besitzen. Und auch ich besaß es. Natürlich hatte ich nie zuvor solche Erscheinungen erfahren, an sie geglaubt oder sie für wahr gehalten, doch nun waren sie da, so als hätte ich sie immer gehabt ... Ich hörte auf

zu fliegen, mein Interesse verlagerte sich auf neue Phänomene. Ganz nach meinem Belieben, wie auch die anderen, wandelte ich umher. Ich wußte, alles was es zu tun galt war, sich einer interessanten Person zu nähern, um wie von selbst und ganz unmittelbar ihr Wesen zu verstehen. Worte können solch ein universelles Wissen nicht vermitteln.

Gallagher ist kein Schamane geworden, aber er scheint sich doch sehr geändert zu haben. Er gab das Konkurrenzdenken auf, hortete keine Besitztümer mehr, verlor die Angst vor dem Tod und verschrieb sich ganz dem Augenblick. Er wußte nun, daß das Licht immer in uns strahlt und wir von Geburt aus strahlende Wesen, ausgestattet mit vollkommenen Wissen, sind und nur die irdischen Bedingungen uns all das nicht zu Bewußtsein kommen lassen. Zum Abschluß dieses Kapitels möchte ich die Geschichte von Nikolaj Markov, einem sibirischen Schamanen, wiedergeben, die uns eine weitere Dimension des Heiligen und des Heilens erschließt:
Beim Brennholzsammeln am Ostufer der Lena zog sich Markov eine Erkältung zu. Zu Hause bekam er Fieber. Er fühlte sich wie ein Rad hin- und hergerollt; im Kopf drehte es sich. Plötzlich bemerkte er, wie er auf dem Eis der Lena steht und der Schamane Süödärkä vor ihm auftaucht, der ihn auffordert, mit ihm auf eine Tanne zu klettern. »Ich werde dich zum Schamanen machen«, sagt Süödärkä. »Ich führe dich über dreimal neun Oloch nach oben.« Auf einmal ertönte ein Krachen über ihnen, und der vor vielen Jahren verstorbene Schamane Küstäch landete auf der Tanne. Küstäch forderte den Süödärkä auf, dem Markow sein Schamanengewand zu geben, was dieser ohne Widerstand tat. Nun wollte Küstäch ihn über dreimal neun Oloch nach oben erheben. Süödärkä berichtet:

Dann schritt auch ich – so kam es mir vor – in den Fußstapfen des Schamanen über die Lenainseln und befand mich plötzlich neben Küstäch . . . Jetzt begannen wir beide uns tanzend in das obere Land zu erheben, zuerst, als ob es über die Erde wegginge . . . Und jetzt versuche ich den Schamanen zu überholen, bald von links, bald von rechts. Ich frage ihn: »Hast du nicht die Kraft, schneller zu gehen als so?« Mir scheint es, daß er sich langsamer bewegt, als ich es könnte.

Der Schamane antwortete: »Ich kann nicht schneller. Wenn du willst, gehe vor und halte dich vor dem Feuer meines Blickes!« Ich überholte den Schamanen. Weit voraus strahlten zwei Feuer. Wir fahren dahin, wir tanzen.
Es scheint, daß wir fliegen. Bald bin ich am neunten »Oloch« angekommen. Bis jetzt flog ich durch ein dunkles Land; nun aber befand ich mich plötzlich in paradiesisch-lichter Landschaft. Von da und dort kamen Leute und fragen: »Wohin bist du unterwegs?« Ich sage zu ihnen: »Mich führt der Schamane Küstäch zum dreimal neunten Oloch, damit er mich an seiner Stelle zum Schamanen mache. Dort will er die Zustimmung seiner Leute einholen.« Diese Leute loben mich und sagen: »Da bist du auf dem rechten Weg – du trefflicher Mann!«
Ich wende mich zurück und sehe: da kommt auch der Schamane Küstäch heran. Seine Augen leuchten und blitzen wie Feuer, Tiegeln gleich. Er kam heran und setzte sich neben mich. Dann wandte er sich an die Versammelten und sagte: »Dieses seit langem von mir genährte Kind wollte der Schamane Süödärkä mir wegnehmen. Ich ergriff es und hier habe ich es bei mir. Seid ihr einverstanden, daß ich ihn zum Schamanen mache?« Die Leute antworteten alle: »Reist nur weiter! Wie sollten wir einen Menschen nicht gut heißen, der dich selbst übertrifft?«
Tanzend setzen wir unseren Weg fort. Wiederum durchflogen wir neun Oloch und gelangten zu einem reinen und lichten Lande. Es glich unserer Erde; ringsum waren Schnee und Wege. Wiederum kamen von allen Seiten Leute herbei, alle von ausgesucht hohem Wuchs. Erneut fragen sie, wohin wir reisen. – Der Schamane antwortet ihnen: »Hier ist ein Mensch, der auf der mittleren Erde geboren ist. Ich will ihn statt meiner einsetzen.« Die Leute sagen zu ihm: »Da mußt du mit zu dem Ort eilen, wo du geboren bist.« Wieder begannen wir uns über neun Oloch zu erheben.

Als sie schließlich beim dreimal neunten Oloch, einem wunderbar hellen Land, bei der Behausung von Küstäch anlangten, verkündeten die versammelten Menschen:

Sünden und Übertretungen mehrten sich auf der mittleren Welt bis zu unglaublichen Ausmaßen. Dort ist bis zum neunten unteren Oloch dichte Finsternis ausgebreitet. Die mittlere Welt wurde durch und durch verdorben und verseucht.
Kehrt ihr beide zurück und verweilt auf der Stufe des neunten Oloch. Wir werden eine große Zahl Schamanen dorthin senden. Sie

werden auf der neunten Stufe die mittlere Erde von Sünden und Vergehen reinigen und sie erneuern. Denn deren Gesicht ist so zerstört... (Ksenofontov, in Friedrich/Buddruss 1955, 124ff.).

So kehrten sie zurück auf die unterste Stufe über der mittleren Welt; diese war dunkel und von dichtem Rauch verhüllt. Von oben kamen viele Schamanen, sie weihten mit ihren Gebeten die mittlere Welt, reinigten ihre Kruste von Verderbtheit. Diese Schamanen kamen auf die mittlere Erde, um Krankheiten zu heilen. Bevor Markov jedoch wieder ganz in die mittlere Welt eintauchte, zwangen ihn die Schamanengeister, um diese Welt herumzufliegen. Er beschreibt nun Amerika, wo es große Schiffe gibt, und China; dann erwachte er wieder in der irdischen Welt. Während seiner Himmelsreise lag er darnieder und flüsterte dauernd vor sich hin. Den Hausgenossen verriet er nun, daß er jetzt das Amt des Schamanen Küstäch übernehmen werde, um die Sünden der Menschen von der Erde hinwegzunehmen. Im Himmel lägen Schamanengewand und eine Trommel für ihn bereit. Seine Sippe jedoch vereitelte seinen Versuch zu schamanisieren, d.h. sich sein Gewand vom Himmel zu holen und ein herbeigeholter Schamane zog die geistige Kraft wieder aus ihm heraus. Seine Laufbahn als Schamane wurde so vorzeitig beendet.
In diesem Bericht finden wir wieder die Schamanengeister, die es sich angelegen sein lassen, für schamanischen Nachwuchs im irdischen Bereich zu sorgen. Ihr Interesse für unsere Welt scheint mit dem Tod nicht zu verlöschen, sie bleiben ihren Sippen verhaftet oder helfen auch sippenfremden Menschen die Weihen eines höheren Bewußtseins entgegenzunehmen. Daß es dabei zu Differenzen zwischen verschiedenen Schamanengeistern kommen kann, zeigt dieses Beispiel. Ein weiteres klassisches Motiv offenbart sich in den drei Weltebenen, die Stufe für Stufe durchflogen werden müssen, und in jeder von ihnen halten sich Menschen auf. Was sich verändert, ist die Helligkeit, sie erreicht auf der höchsten Stufe ungewöhnliche Strahlkraft.
Die Reise über die Schwelle von Raum und Zeit ist nur großen Schamanen vorbehalten. Die Seele muß dazu den Körper verlassen, und das ist nur durch tief wirkende Konzentrationsverfahren

zu erreichen. Für westliche Menschen, für die es keine Seele, kein Totenreich und kein Überleben des Todes gibt, ist diese Anschauung kaum begreiflich. In meinem ersten Buch über Schamanen bin ich auf diese Fragen ausführlich eingegangen. Hier sei nur so viel gesagt: Todes- und Sterbeforscher haben inzwischen Tausende von Nah-Todeserfahrungen moderner Menschen, die durch Unfall oder schwere Krankheit ihren Körper verlassen haben, gesammelt. All diese Berichte von reanimierten Patienten weisen die gleichen Muster und die gleichen Motive auf, wie sie auch die schamanische Jenseits-Odyssee kennzeichnen. Das läßt sich nicht mehr abtun oder verschweigen. Wir stehen vor einem Phänomen des Geistes, das noch lange braucht, bis es von unserer Wissenschaft anerkannt und verarbeitet werden wird. Es ist das urtümlichste Erlebnis, zu dem der Mensch imstande ist, das ursprünglichste, auf das seit Jahrtausenden Menschen aufmerksam gemacht haben und das den Kern vieler Religionen bildet, auf alle Fälle den Kern aller Stammesreligionen.

Ich habe gezeigt, wie die Reise des Bewußtseins ins Totenreich eine geistige Verwandlung nach sich zieht und einige Menschen – sozusagen über Nacht – aus dem »Himmel« mit ungewöhnlichen Heilkräften »herabsteigen«. Die moderne Todesforschung und die Erforschung außerkörperlicher Zustände tritt heute in die Fußstapfen des Schamanen: Ziel ist es, durch systematische, kontrollierte Versuchsbedingungen dieses Etwas, die Seele, das Bewußtsein, den Bioplasmaleib, wie immer wir es nennen wollen, vom Körper abzuspalten. – Wann werden wir es erreichen, Menschen absichtlich und bewußt ins »Totenreich« reisen zu lassen? Eins steht fest, und das vermitteln uns alle Berichte von »Zurückgekehrten«: Die Reise ins Totenreich ist die ultima ratio aller Therapie, der Ursprung des Heils, der Heilkraft, das höchste Ziel aller alten Religionen und ebenso unserer modernen transpsychischen, transphysikalischen Bewußtseinsforschung.

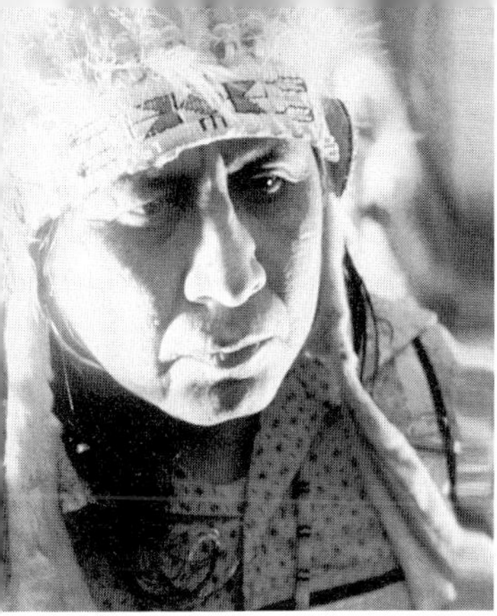

Links: Archie Fire Lame Deer, Medizinmann der Lakota-Indianer.
© Holger Kalweit

Rechts: Mongolische Schamanin. © Amelie Schenk

Unten: Blitzschamane der Quechua-Indianer, Peru, beim Lesen des Coca-Orakels.
© Holger Kalweit

Blitzschamane der Quechua-Indianer, Peru.

Ladakhischer Schamane bei der Heilung. © Holger Kalweit

Schamane der sibirischen Nanay (am Fluß Amur) mit Helfer (links).

Foto: Pjotr Simkevic, um 1895, © Museum für Völkerkunde, Berlin

3 Weiße Schamanen

Sehen Stammeskulturen, aber auch asiatische Hochkulturen die menschliche Bewußtseinsumwandlung als heilig und erstrebenswert an, so nimmt in unserer Kultur das innere Berufungs- und Wandlungserlebnis einen besonderen Verlauf, den einzigen, den eine aller urtümlichen Bindung und spirituellen Weltsicht enthobene Kultur bieten kann: den negativen Weg. Meistens leben westliche Medien und Heiler in einer Umgebung, die ihre Erfahrung als geistige Widernatürlichkeit, als Geisteskrankheit ansieht und die medialen Beziehungen auf eine normal-psychologische Ebene der Halluzination hinunterziehen will. Bezeichnend dafür ist die Geschichte des berühmten amerikanischen Mediums Olga Worralls. Sie schreibt:

Zu dieser Zeit – ich war drei Jahre alt – offenbarte sich meinen Eltern, daß sie in der Tat ein Kind mit der erschreckenden und lästigen Begabung besaßen, diejenigen zu sehen und zu hören, die gestorben waren...

Erschwerend hinzu kam, ich beschrieb Leute, die meine Eltern in ihrem Heimatland gekannt hatten und die – wovon meine Eltern nichts wußten – inzwischen gestorben waren. Diese Erscheinungen verunsicherten meine Eltern stark... Ich war das einzige Kind von elf, das Dinge sah, die niemand sonst sehen konnte, und Voraussagen machte, die verlacht wurden, die aber zu ihrer Bestürzung und ihrem Schrecken eintraten.

Meine Gesichte verstorbener Wesen bewogen meinen Vater, die Messe für diese abgeschiedenen Seelen lesen zu lassen, damit sie Frieden fänden, aber sie zeigten sich mir auch weiterhin und schienen keineswegs böswillig. Kerzen wurden entzündet und Gebete gesprochen, um mich von dieser störenden und verwirrenden Eigenart zu befreien. Statt Befreiung davon entwickelte sich diese Begabung nur um so stärker und wurde für mich zunehmend bedeutsamer.

Nach einiger Zeit sahen meine Eltern ein: sie konnten mich nicht verändern oder meine Abartigkeit, Dinge nachts zu sehen, beseitigen. Sie nahmen mich als das, was ich war – als ein Rätsel (Worrall 1965, 85).

Die Verzerrung und Entstellung der transpersonalen Erfahrung im Rahmen unserer Alltagskultur zeigt sich auch in der Haltung des Mediums gegenüber ihrem eigenen Erleben: sie wehrt und sträubt sich gegen die Transformation, versucht sich in nichtssagenden Allerweltserklärungen, übernimmt gängige psychologische und psychiatrische Deutungsmuster und verschließt sich nach Möglichkeit jeglicher von der Norm abweichenden Bewußtseinsveränderung. Diese Abwehr tritt in allen Kulturen auf aus Angst, überwältigt und verschlungen zu werden, steigert sich mittels der westlichen Krankheitslehre jedoch ins Gigantische. Diejenigen Bedauernswerten, die, in psychiatrischen Gewahrsam genommen, sich in den Fangnetzen der psychologischen Sachverständigen verheddern, haben wenig Aussicht, eine erlösende Erklärung für ihre Verwandlung zu erhalten. Bezeichnenderweise glauben viele, sie seien die einzigen Menschen, denen dergleichen geschieht, sie fühlen sich hilflos, verloren und klammern sich an jede theoretische Erklärung, die ihnen gerade in den Sinn kommt – das aber verschlimmert den Zustand nur noch mehr. Hat die Person Glück und kommt in Berührung mit esoterischen Traditionen oder Spielformen eines magisch-natürlichen Weltverständnisses, dann dämmert eine erste Ahnung herauf, wodurch die geistige Symptomatik bald in positivem Licht erscheint. Natürlich ist das ein holpriger Weg, den die Psyche zu gehen hat, ein Weg der Entheiligung intuitiven Wissens, ein Spießrutenlauf durch feindliche, sarkastische Welten, die jede überbewußte Erfahrung in den Sumpf der Neurosenlehre und Geistesstörung ziehen. Die meisten Berichte spontaner geistiger Selbstverwirklichung enthüllen die Furcht, verrückt zu werden, eine Vermutung, die durch die Außenwelt reichlich Nahrung erhält. Führen Eltern, Verwandte oder Ehepartner die Person zum Neurologen, ins EEG-Zimmer, zum Psychoanalytiker und wissen diese aus dem engmaschigen Raster der Konvention heraus keine angemessene Diagnose zu stellen, fällt der Mensch wieder auf sich selbst zurück. Verschiedene Fälle zeigen nun, wie diese Menschen unbewußt Heilformen entwickeln, die intuitiv einer geistigen Tradition folgen und wie von selbst aus der Seele emporsteigen. Der Einweihungsweg wird im Westen als degeneriert gebrandmarkt, der des Schamanen dagegen ist geduldet, ja erwünscht, findet Unterstützung von seiten aller Stammesmitglieder, und der Lehrer hilft dem Schüler, seine Erfahrung mittels der kulturellen Symbole zu entschlüsseln. Die Symbole unserer Kultur für mentale Umwandlung dagegen sind negativ: Krankenhaus, Schizophrenie, Gehirnwellenuntersuchung, betäubende Psychodrogen, Ausschluß aus der Gesellschaft. Wie viele verkannte Schamanen, Medien und Heilige füllen die Irrenhäuser des Rationalismus, wie viele Kräfte sind in der langen Geschichte der Psychiatrie verstümmelt und enthauptet worden, wie viele Menschen hat die Psychologie durch die Erniedrigung der Psyche zu geistlosen Robotern entwürdigt? Schon im Ansatz verhindert das geistige Klima unserer Kultur schamanische Erfahrungen, verkehrt und entweiht sie zu neurotischer, psychotischer Gaukelei. Doch die seelische Verwandlung läßt sich durch gesellschaftliche Tabuisierung nicht ausrotten. Die spirituelle Erfahrung ist eine übergeschichtliche, überkulturelle Erscheinung und kommt in einzelnen Personen jederzeit wieder zum Durchbruch. Einige dieser »westlichen Schamanen« möchte ich hier zu Wort kommen lassen. Ich zeige damit: Zwischen Schamanen und medial oder übernormal begabten Menschen unserer Kultur besteht kein Unterschied. Das geistige Wandlungsgeschehen, die Ausweitung des inneren Gesichtskreises bleiben immer die gleichen.

Vorgeburtliche Stille

Die nun zu schildernde Auflösung einer rätselhaften Krankheit durch eine Trommeltherapie stammt nicht aus einem schamanischen Berufungserlebnis. Carl Levett, ein amerikanischer Psychologe, hatte durch eine geistige Erfahrung bei einem indischen Meister schmerzhafte körperliche Symptome entwickelt. »Plötzlich brach eine Serie unkontrollierbarer Vibrationen und elektrischer Ströme machtvoll aus mir hervor. Es war, als sei ein Felsen in die Mitte eines ruhigen Weilers geschleudert worden.« Diese Energie wollte sich offenbar von seinem Körper losreißen. Eine muskuläre Verkrampfung in der Magengegend entstand. Die Spasmen verschlangen seine Kraftreserven, und dem Rat seines Lehrers, sich nicht gedanklich daran zu klammern, den Energiefluß einfach anzunehmen, vermochte er nicht Folge zu leisten. Zu den unmöglichsten Zeiten mußte er nun besondere Nahrung zu sich nehmen; doch vermied er das Essen soweit wie möglich, da die Schmerzen danach zunahmen. Zufällig, um sich etwas Ablenkung zu verschaffen, kaufte er eine Trommel, auf der er täglich spielte. Nach einiger Zeit stellte sich während des Trommelns ein seltsames Erlebnis ein:

Eines Tages, während ich übte, erschrak ich; mir wurde klar, das Trommeln kam nicht von mir, sondern woanders her. Ungläubig vergewisserte ich mich, doch es blieb dabei. Das Trommeln ging weiter, vollkommen rhythmisch, doch gänzlich ohne mein Zutun. Unmittelbar darauf krampfte sich mein Körper zusammen und Energieströme drangen tief aus meinem Inneren hervor und wurden zu einem »flüssigen Leuchten«, das jede Zelle meines Körpers sättigte. Alle Vorstellungen, die ich von mir besaß, verschwanden, als ich mich in diesem strahlenden Fluß auflöste. Plötzlich merkte ich: die Krämpfe hörten auf. Eine Stimme in mir schrie: »Keine Schmerzen mehr! Sie sind weg! Du hast sie besiegt!«
Als das Trommeln wilder wurde, versuchte mein sich überall einmischender Verstand, mir klarzumachen, daß das unmöglich sei – obwohl meine Hände eindeutig angeschlossen waren an einen endlosen harmonischen Strom von Energie. Nicht durch Logik oder vergangene Erfahrungen, sondern durch ein reines, überzeugendes und wirkliches Gefühl *wußte* ich. Unglaublich, aber es trommelte eine allwissende, unvergängliche, unzerstörbare Kraft. Ich fühlte keinen Widerstand, nur vollkommene Hingabe. Der Trommelschlag wurde gedämpfter, als die Energie vorübergehend verebbte, doch bald stieg sie erneut an, bewegte sich jedoch allmählich zurück in meinen Mittelpunkt. Ich ahnte, was auf mich zukam, ich wußte, ich würde machtlos sein es aufzuhalten – die Krämpfe kehrten wieder.

Im Rhythmus der Trommel, durch das klassische Instrument schamanischer Trance, löste sich seine Verkrampfung, ganz wie es sein Lehrer vorausgesagt hatte. »Er wurde getrommelt« oder »es trommelte aus ihm heraus«. Er läßt sich zum erstenmal vom Rhythmus treiben – das Gefühl des »Fließen-Lassens« entsteht, eine ekstatische Gipfelerfahrung (Csikszentmihalyi 1957):

Offenbar befand ich mich auf dem richtigen Weg, denn als der Energiestrom zunahm, lief ein Prickeln und Frösteln durch meinen Körper. Schockwellen strömten durch Nase, Mund, Ohren, Augen und Genitalien – und schließlich auch durch die Poren meiner Haut und nahmen, stoßend und drängend, ihren Weg durch Myriaden innerer Spalten und Risse und feuerten meine steifen Muskeln und Gelenke zu selbständigen und koordinierten Bewegungen an. Als Ersatz für meine Unfähigkeit, mich völlig gehen zu lassen, tauchten Bilder gleich Diapositiven auf, Bilder von Sprüngen, Hürdenrennen, vom Hinuntergleiten in Schluchten; Motive von Sonneneruptionen und römischen Lichtern, auseinanderschießende, zerknallende Spiralen und funkelnde Farben; mein Wesen wurde zu winzigen Goldklümpchen pulverisiert, die in langen Reihen vorbeidefilierten.

Das Trommeln, der Rhythmus entkrampft seine Muskulatur, gleichzeitig treten im optischen Bereich visuelle Entladungen auf: Anzeichen einer Befreiung und Lösung auf allen Ebenen. Der Energiefluß durchbricht den Charakterpanzer, zersetzt seine Hemmungen und läßt sie in einem Feuerwerk muskulärer, visueller und geistiger Energiefunken, in einer Ekstase explodieren: Ein Paradefall der Befreiung eingefrorener Energien . . .

Ich dachte daran, die Energieintensität auf ein erträgliches Maß hinunterzuschrauben, was mir erlauben würde, durch ein langsames aber sicheres Vorgehen schließlich das strukturierte Ich zusammenbrechen zu lassen. Ich experimentierte mit dem Wiederholen verschiedener Sätze, setzte dabei mein Trommeln fort und gab mich schließlich mit: »Mein Leben ist in deiner Hand« zufrieden. Die Silben folgten vollkommen dem Trommelrhythmus:

Mein Leben
Mein Leben
Mein Leben ist in deiner Hand.

Ich wurde eins mit dem Wasser – den Gezeiten, den Wellen; dem Regen, brennendem Durst, erhaltendem und ernährendem Leben. Ich war die Sonne – ein geschmolzener Feuerball, das Sonnensystem aufwärmend; das Tageslicht, der Mondschein. Ich war Luft – der

Atem des Lebens, ununterbrochener Kampf; der Wind des Ozeans. Und dann war ich die Erde – Mineralien, Steine, Sand; Erde, Pflanzen; ein Zwerg in einem unendlichen Universum.
Ich verlor mich im Inneren dieser Elemente, das brachte mich zum Wesen des Seins. Doch da mußte noch mehr sein. Ich wußte, es wäre unfruchtbar, an etwas zu denken, das mir entgangen war, trotzdem versuchte ich es. Es gibt keinen Ausweg, dachte ich. Als ich das aufgab, hörte auch das Denken auf. Plötzlich stand es kristallklar vor mir: Ich hatte Angst, mein strukturiertes Ich dem Zustand des Nichts zu opfern.

Und dann brach es aus ihm hervor: ein Gesang, der mit den Schwingungen der Trommel zu einer Einheit verschmolz. Das ist der klassische schamanische Machtgesang, der Gesang der Freiheit des Überbewußten über das Bewußte. In vielen Initiationsberichten finden wir diesen Machtgesang, wie ich ihn getauft habe, wieder. Der Rhythmus des Liedes ist Ausdruck innerer Entspannung, gleichmäßig fließender Energieströme, pulsierenden Lebens. Im Lied wird sein augenblickliches Dasein auf eine allesumfassende Formel verdichtet. All diese Machtlieder zeichnet eine großartige Schlichtheit aus, Ergriffenheit. Wir stehen hier nicht vor überhöhter Dichtkunst oder barocken Versen, geschliffenen Reimen. Dagegen gibt Levetts »Mein Leben ist in deiner Hand« den Kern einer neuen Philosophie und Körperweisheit wieder. Bei diesen Worten verbindet er sich mit allen Naturgewalten und Manifestationen des Lebens und verwirklicht das, was Gustave Flaubert seinem »Heiligen Antonius« in den Mund legt:

Ich möchte fliegen, schwimmen, bellen, blöken, brüllen, hätte gern Flügel, einen Rückenschild, eine Rinde, möchte Rauch schnauben, einen Rüssel tragen, meinen Körper winden, mich teilen und in alles eingehen, mich in Gerüchen verströmen, mich entfalten wie die Pflanzen, fließen wie Wasser, schwingen wie ein Ton, schimmern wie Licht, jede Form annehmen, in jedes Atom eindringen, mich in den Grund der Materie senken – Materie sein.

Im Vordergrund von Levetts ekstatischer Reise durch die Formen und Gestalten des Seins steht eine Ego-Auflösung, die noch viel größer ist als jene, die ihn durch den Rhythmus alles Lebendigen trägt – die vollkommene Vernichtung im Nichts . . . Dann bricht er seine Formenspiele ab, und die Angst vor der endgültigen Auslöschung bringt die letzten Reste egoistischen Selbstgefühls hervor. Doch beginnt er immer wieder von Neuem, wagt den Vorstoß ins Unbekannte, Schritt für Schritt tastet er sich vor...

... nach einer Weile des Trommelns bemerkte ich eine tiefe Stille, die den Raum erfüllte. Der Kontrast zwischen dem wilden Trommelschlag und der Ruhe, die unmittelbar folgte, rief eine unheimliche Leere in mir hervor. Es zog mich in diese Stille hinein. Wieder trommelte ich in höchstem Tempo und mit aller Lautstärke, hielt inne und wartete. Je länger ich wartete, um so tiefer und durchdringender wurde die Stille. Ich erreichte den Tiefpunkt der Reinheit und sprang in ein amorphes Feld. Ein eisiger Schauer durchlief mich. Ich nahm an, der Tod würde im Hintergrund schweben, ich verlor alles Gefühl für Räumlichkeit. Dann hörte ich einen schwachen Ton, der langsam lauter wurde, sich teilte und Worte formte:

ee, ell, ey, ee
pee, bell, bey, bee
pre-belly baby! (vorgeburtliches Baby)

Ich befand mich im Ursprung des Lebens, ein Fötus im Mahlstrom. Der Strudel bewirkte das Abfallen aller Schichten meines Wesens und enthüllte den Samen. Die Bewegung ließ nach und die Zeit kam am Nullpunkt zum Stillstand. Schwerelos trieb ich dahin. Es gab keine Gedanken, nur ein Gefühl reiner Formlosigkeit. Ein Pulsieren wie ein Herzschlag schwebte in meiner Nähe. Obwohl Geräusche und Bewegungen diesen fließenden Raum umgaben, blieb ich frei von deren Einfluß und in tiefer Ruhe. Ohne Vorwarnung stürzte ich in eine Leere ohne Oben und Unten. Dann explodierte ich, meine Atome flogen in alle Richtungen. Im nächsten Augenblick befand ich mich erneut in reiner Stille mit Ausnahme von Lichtspuren wie von Sternschnuppen.

Endlich, nach zwei Jahren Schmerz und Qual, löst sich das Leiden durch den Abstieg zum Ursprung des Lebens auf. Zuvor jedoch hat er die Vision einer Frau, die – eingehüllt von einer pulsierenden Aura – langsam zu einer Art Weltenmutter herauswächst, und er verwandelt sich zum »Pre-belly Baby«, zum vorgeburtlichen Kind: Die kosmische Mutter gebiert einen kosmischen Vater; beide umarmen sich in großer Zuneigung, verschmelzen miteinander, und Levett gleitet in den Bauch der Großen Mutter; ein starkes magnetisches Kraftfeld saugt seine

Krampfzustände hinweg – die Hingabe, das Sich-Verlieren an die transpersonalen Figuren eröffnet ihm ein unsagbares Gefühl von Freiheit.
Steigen seine Kollegen, Schamanen und Heilige aller Völker, zur Mutter der Tiere, zum Archetyp der Großen Mutter hinab, so Carl Levett zu seinem eigenen Lebensursprung, zurück ins fötale Dasein. Die Hüllen seiner Ego-Geschichte fallen ab, und die Mitte seiner Existenz, der Ur-Samen, enthüllt sich, während die Zeit stehen bleibt und heilige Zeit einsetzt.
Als er mit dem Trommeln aufhörte, setzte sich das Erlebnis der Stille weiter fort und vertiefte sich bis an die Grenze des Todes. Die Koordinaten der physischen Welt verschwinden, und wieder löst sich aus dem Nichts ein Ton, der zu einem neuen Gesang auswächst: das Lied als akustischer Ausdruck primordialer, pränataler Existenz. Die Trommel hat ihn nahe am Tod vorbeigeführt und seine verhärtete Persönlichkeitsstruktur Schicht für Schicht abgebaut. In gleicher Weise zerstückeln die Geistwesen den Schamanen in der Unterwelt, um ihn mit einer vollkommeneren und kräftigeren Psyche zu beschenken. Mit dem Aufhören der Zeit beendet auch sein Ich das Leben, es explodiert und atomisiert sich – was übrigbleibt, ist »reine Stille«.

Die Selbstheilung

Sarah Cartwright erkrankte mit 23 Jahren. Sie hatte bereits vier Kinder geboren und war nun ein Invalide. Ihr Nervensystem war geschwächt, sie war nicht mehr Herr über ihre Gefühle, und die geringfügigsten Anlässe führten zu hysterischen Anfällen. Alle ärztliche Hilfe versagte. Fünf Jahre lang konnte sie nur sehr beschwerlich gehen und ihre Beine nicht über die kleinste Schwelle heben. Ihre plötzliche Veränderung und Selbstheilung nach dem Leiden beschreibt sie folgendermaßen (Cartwright 1884):

Etwas Neues und Fremdartiges trat zu jener Zeit plötzlich in mein Leben. Eines Abends, ich saß ruhig lesend am Tisch, wurde meine rechte Hand leicht taub, die Muskeln zogen sich zusammen, und langsam ergriff meine Hand Schiefertafel und Griffel, und ohne zu wissen was, schrieb ich. Die Schrift sah wie die meine aus, doch die Worte ergaben wenig Sinn. Ich stellte ein Rezept aus mit den botanischen Namen verschiedener Pflanzen. Ich war nicht unbedingt überrascht, wunderte mich aber beiläufig, was die Namen bedeuteten, als meine Hand zum Stift griff und begann, zügig und vollständig Blätter, Blüten und Wurzeln von Pflanzen zu zeichnen und darüber hinaus auch noch die dazugehörigen Namen aufzuschreiben. Ich weiß jetzt, daß es ein Gegenmittel für meine Krankheit und ein Heilmittel für nervöse Schwäche war.

Eines Tages schrieb sie automatisch nieder, sie solle in ein dunkles, ruhiges Zimmer gehen:

Aus Neugierde hielt ich mich daran und bekam, als ich das Zimmer betrat, augenblicklich einen elektrischen Schlag vom Scheitel bis zur Sohle, der jeden Nerv in meinem Körper zum Vibrieren brachte. Diese Erfahrung wiederholte sich täglich. Dann hörte das Schreiben auf, und ich machte eine Entdeckung: Ich konnte die Treppe des Platzes hinauf- und heruntergehen ohne ein Zeichen von Schwäche, unter der ich so lange gelitten hatte.

Sie verschwieg ihre eigenartige Selbstheilung und versuchte sich von dieser »äußeren Intelligenz« loszusagen, doch zwangen die »Kräfte« sie gegen ihren Willen, andere Menschen zu heilen, bis sie notgedrungen einen regelrechten Vertrag mit der »Kraft« einging und sich ergeben in ihren Dienst stellte, wofür diese versprach, sie in allen Lebenslagen zu beschützen. Bald entwikkelte sie Hellsichtigkeit und ihre Karriere als Heilerin begann.
Sarah Cartwrights Krankengeschichte und spontane Heilung folgen dem vertrauten Muster schamanischer Berufung: schweres, jahrelanges Leiden, keine Besserung und Hilfe durch die konventionelle Medizin, dafür aber Hilfe von einer undefinierbaren, nicht-humanen Quelle, die erstaunliche und von niemandem mehr erwartete Heilung, der Versuch, sich von den übermenschlichen oder unbewußten Kräften zu befreien, die Forderung der Kraft, einen bestimmten Lebensweg einzuschlagen, und die Kapitulation vor der unnachgiebigen Forderung, die Fügung ins

Schicksal, Beginn einer neuen Laufbahn und Einwilligung, die latenten extra-sensorischen Fähigkeiten anzuerkennen und der Menschheit dienstbar zu machen, und schließlich die Entwicklung weiterer paranormaler Fähigkeiten ... In einer Stammeskultur hätte Sarah Cartwright die Berufung zum Schamanen nicht umgehen können. In unserer Kultur wurde sie eine Geistheilerin.

Die Triade Krankheit, Selbstheilung, Entwicklung von Heilkräften ist ein universelles transpersonales Muster, von dessen Ergründung wir noch weit entfernt sind. Offenbar bewirkt Krankheit eine Freilegung grundlegender psychischer Erkenntnisformen, welche die normalen Äußerungen des Intellekts und Gefühls bei weitem überschreiten. Es manifestieren sich außersinnliche Wahrnehmungs- und Erfahrungsformen, die seit archaischen Zeiten Faszination auf den Menschen ausgeübt haben und die dazu Anlaß gaben, das Universum als erfüllt von einem dem Menschen nicht faßbaren Agens zu verstehen.

Geistermedizin

Ein seltenes Beispiel dafür, wie ein psychischer Heiler zum Volkshelden aufsteigen kann, ist die Geschichte Arigos oder José Pedro de Freitas:

Zunächst war Arigo ein einfacher Minenarbeiter, der sich in einem kleinen Bergstädtchen Brasiliens politisch engagierte. Sein Werdegang als Heiler begann mit einer Reihe von Halluzinationen, in denen sich ihm ein jenseitiger Geisterarzt aufdrängte und ihn ermahnte, sich seinen Forderungen zu beugen, sonst lasse er ihm keine Ruhe mehr.

Eines Nachts sah er im Traum einen Operationstisch, um den mehrere Chirurgen standen und operierten. Unter den Medizinern befand sich ein Mann, der mit dem gleichen Akzent sprach wie jener, dessen Stimme Arigo schon so lange plagte. Die Halluzination nahm volle Größe an, als sich der Arzt mit der bekannten Stimme als ein Dr. Adolpho Fritz, der 1918 im Ersten

Weltkrieg gefallen sei, vorstellte. Er sagte, er habe Arigo schon lange beobachtet und ihn aufgrund seiner Herzensgüte und Freundlichkeit erwählt, sein Werk fortzusetzen. Wolle er, Arigo, Frieden finden, so müsse er fortan den Kranken helfen und dabei einfach ein Kruzifix in der Hand halten. Wahrhaftig schien ihm die Gestalt gegenüberzustehen, ihr Befehl erlaubte keinen Widerspruch. Überwältigt ergriff Arigo die Flucht, schreiend sprang er aus dem Bett und rannte nackt auf die Straße.

Danach unterzog Arigo sich einer psychiatrischen Behandlung, doch Anzeichen von Störungen ließen sich nicht finden. Auch ein Exorzismus der katholischen Kirche befreite ihn nicht von seinen Ohnmachten und Erscheinungen. Bald nahm er sie für naturgegeben hin, denn sie wurden so übermächtig, daß er sich nicht mehr dagegen wehren konnte. Nun wollte er herausbekommen, was geschehen würde, gäbe er den Forderungen dieses Dr. Fritz nach. Er unternahm einen Heilversuch. Einem bekannten Stadtkrüppel riß er die Krücken fort und befahl dem Mann, zu laufen. Augenblicklich konnte dieser wieder seine Beine gebrauchen. Selbst von seinem Erfolg erstaunt, versuchte er sich nun an seinen Freunden. Während er offenbar ohne sein bewußtes Zutun diese Befehle gab, stellten sich schlagartig Heilungen ein.

Die Kirche zog ihn schließlich zur Rechenschaft und erreichte, daß er erneut verschiedenen Psychiatern vorgestellt wurde, womit sie Arigo entgegenkam, denn die Schmerzen und Trugbilder quälten ihn nun mit aller Stärke. Auch machte er sich Sorgen, wie es mit dem Restaurant, das er leitete, und seinen politischen Verpflichtungen weitergehen sollte.

Bald war der Widerstand Arigos gebrochen: Wie von selbst begann er, Kranke zu heilen, seine Behandlungen zeitigten sofortigen Erfolg. Nur wenn er heilte, ließen die Visionen und Kopfschmerzen nach. Jahre später, trotz eines Gefängnisaufenthaltes und den dauernden Anfeindungen der Kirche, aber mit Unterstützung der Einwohner seines Heimatortes und der vielen tausend Kranken, denen er inzwischen geholfen hatte, richtete er eine regelrechte Praxis ein. Die Behandlung dauerte oft nur wenige Sekunden, wobei er mit einem rostigen Messer in Halbtrance operierte und dabei einen veränderten, beinahe arroganten Gesichtsausdruck und einen deutschen Sprachakzent annahm. Er behauptete dann, jener Dr. Fritz zu sein. Nicht er, Arigo, sondern der deutsche Doktor würden operieren und die Rezepte verschreiben, die er, kaum hinschauend, fast automatisch auf das Papier kritzelte. Diese Rezepte entsprachen den üblichen ärztlichen Anforderungen und gaben Medikamente an, die teilweise erst seit kurzem auf dem Markt waren. Auf jeden Fall überschritt die medizinische Terminologie, die Arigo im Trance- oder im Besessenheitszustand verwandte, weitgehend sein Wissen im Normalzustand. Bei seinen medial-chirurgischen Eingriffen benutzte er außer einem alten Federmesser keine anderen Hilfsmittel, auch legte er weder auf Betäubung noch Antisepsis Wert, und unter seiner Hand spürten die Patienten weder Schmerzen noch bluteten sie. Oft operierte er, ohne überhaupt hinzusehen und unterhielt sich dabei gerne mit anderen Patienten, selbst wenn er schwierige Eingriffe an Kopf und Augen durchführte. Arigo praktizierte fast 20 Jahre lang und behandelte in dieser Zeit Tausende von Patienten. Inzwischen zu einer spiritistischen Überzeugung gelangt, gegen die er sich als guter Katholik lange gewehrt hatte, glaubte er nun wirklich, durch ihn wirkten jener verstorbene deutsche Dr. Fritz und eine Schar jenseitiger Helfer. Neben dem Doktor unterstützten Arigo noch mehrere Hilfsgeister, unter anderem ein Mönch aus dem 13. Jahrhundert.

Verschiedene amerikanische Ärzteteams untersuchten Arigo, beurkundeten ihm auch seine Heilerfolge und schlossen jegliche Art von Betrug aus, konnten aber den Mechanismus des Heilgeschehens nicht ergründen. Arigo nahm weder Geld noch Geschenke für seine Hilfsdienste an; er ging weiterhin seiner geregelten Arbeit als Nachtwächter nach, und obwohl er wöchentlich bis zu 1500 Patienten aus der ganzen Welt behandelte, schien er nie erschöpft zu sein. Arigo kam 1971 bei einem Autounfall, den er präzise vorausgesagt hatte, ums Leben. Das war gerade zu jener Zeit, als der damalige Präsident Brasiliens, Kubitschek, ein persönlicher Patient und Freund Arigos, einen

Nationalfond und ein nationales Komitee zu seiner Unterstützung eingerichtet hatte (Fuller 1974).
Bei dem brasilianischen Heiler Arigo erleben wir, wie bei vielen Schamanen, die anfängliche Verweigerung, mit der Geisterwelt einen Bund einzugehen, auf drastische Weise. Schließlich erlahmt seine Widerstandskraft, und er fügt sich in die Rolle eines willenlosen Instruments der Jenseitswelt. Arigo nahm nie für sich selbst in Anspruch, heilen zu können oder sonstige Begabungen zu besitzen; er blieb ein schlichter und bescheidener Mann, der sich verpflichtet fühlte, die Leiden der Menschen zu lindern. Nach seinem Tod gab es Anzeichen dafür, daß einen seiner Brüder die gleichen Symptome befielen, die Arigos Anfang als Heiler so überschattet hatten. Es hieß, Dr. Fritz wolle seine Arbeit im Körper des Bruders fortführen.

Er starb und kam zurück mit zwei Gehirnen

Durch den Sturz von einer Leiter erlitt der Häusermaler Peter Hurkos (1970) eine schwere Gehirnverletzung im Bereich des Hypothalamus, der Zirbeldrüse und des Hirnstamms. Die Folge davon war ein schizophrener, desorientierter Zustand: er verlor seine Konzentrationsfähigkeit und konnte keine Entscheidungen mehr treffen, sein Intelligenzniveau entsprach nur noch dem eines Zehnjährigen. Immerhin gestand man ihm nach verschiedenen Tests neue Fähigkeiten zu. Er konnte: 1. bewußt und kontrolliert telepathisch Gedanken übermitteln; 2. Ereignisse in der Lebensgeschichte anderer Menschen erkennen; 3. Aussagen über Gegenstände und Menschen machen, unabhängig davon, wie weit entfernt sie sich befanden.
Wie Edgar Cayce, der bekannte amerikanische Tranceheiler, war auch Hurkos in seiner Jugend ein zurückgezogenes, introvertiertes und in Phantasien schwelgendes Kind: Hurkos fiel bei seinem Sturz auf den Kopf, Cayce wurde von einem Baseball am Kopf getroffen. Beide konnten später während der Trance fremde Sprachen sprechen. Wie Cayce, der mit Milch in der Brust

geboren wurde, liegen auch Hurkos Geburtsumstände außerhalb der Norm: er wurde mit einem »caul«, einer Art Schleier, über dem Kopf geboren, der sofort geöffnet und entfernt werden mußte, damit das Neugeborene atmen konnte. In Holland, Hurkos' Heimatland, spricht man von einem »Helm« oder »Fließ«. Der »Helm« hat in der medizinischen Folklore viele Bedeutungen, er symbolisiert ein Geheimnis: Allgemein hat der mit einem »Helm« geborene für die holländische Volksüberlieferung die Kraft, in die Zukunft zu blicken. Fast wäre er durch diese Geburtskomplikation gestorben – er überlebte, blieb aber die ersten sechs Monate seines Lebens blind und bevorzugte daher in jungen Jahren meistens schattige Orte und die Dunkelheit. Obwohl sich seine ungewöhnliche Befähigung eindeutig erst nach dem Unfall bemerkbar machte, schildern seine Eltern und Freunde ihn als ein eigenartiges Kind, das immer allein war und Dinge sah, die anderen unsichtbar blieben.
Den Schleier um den Kopf des Säuglings hatten die Ärzte nach mehreren Stunden entfernen können, über den Augen war die Operation aber erst nach 6 Monaten erfolgreich; dennoch litt Hurkos sein Leben lang immer an irgend welchen Augenschwierigkeiten.
Nach dem Fall von der Leiter lag Hurkos bewußtlos im Krankenhaus und blieb anschließend für viele Dinge ohne Gedächtnis, so für Namen, Daten und Gesichter; seine Familie erkannte er nur noch an den Stimmen. Auch heute behält er keine Namen und Telephonnummern, nicht einmal seine eigene Nummer. Seinen Unfall schildert er wie folgt:

In dem Augenblick, in dem ich herunterfiel, sah ich mein ganzes Leben in Sekundenschnelle an mir vorüberziehen – und plötzlich war alles schwarz. Später wollte ich wieder dorthin zurück, woher ich gekommen und wo es so schön gewesen war. Dort gab es wunderbare Blumen und Musik und alles war ganz anders. Selbst eine Tulpe sah anders aus, viel schöner als eine gewöhnliche Tulpe. Ja, ich sah Blumen und Berge, phantastische Berge (218).

Sein Nah-Todeserlebnis weist den typischen Lebensrückblick auf, das Gefühl plötzlicher Dunkelheit, worin wir ohne weiteres

ein Tunnelerlebnis sehen dürfen, und die Schau einer strahlenden Landschaft, wie wir sie so oft beschrieben finden.
Hurkos hörte sonderbare Geräusche, glaubte kein eigenes Bewußtsein mehr zu haben, sah Bilder auftauchen und hörte Stimmen – die er nun mit allen Mitteln loszuwerden versuchte:

Wenn ich den Wasserkrug neben meinem Bett berührte, hörte ich Töne. Wenn ich an die Wand faßte, hörte ich gleichfalls Töne und sah verschiedenste Dinge. Manchmal deckte ich mich mit Kissen zu, um nichts mehr zu sehen und zu hören, doch drangen die Geräusche und Bilder weiterhin zu mir durch. Selbst wenn ich schlief, reiste mein Bewußtsein zu Orten, die ich nie zuvor gesehen hatte . . . (46).

Auch ohne es zu wollen, sah er die Zukunft von Menschen voraus, was ihn besonders beunruhigte. Sein damaliges Leben beschreibt er als einen entsetzlichen Alptraum und sich selbst schildert er nach dem Unfall als jemand mit zwei Gehirnen, seinem eigenen und einem fremden. Auch seiner Umgebung fiel dieser Persönlichkeitswandel auf:

Ich erinnere mich, daß ich nicht sterben wollte, als ich fiel. Dann war alles mit einem Mal schwarz. Als ich erwachte, hatte ich mein eigenes Bewußtsein verloren. So erhielt ich meine neue Begabung. Plötzlich befand ich mich im Bewußtsein einer anderen Person, ich bekam Angst, weil ich nicht wußte, was mit mir geschah. Mein Vater und meine Mutter meinten: »Er ist nicht mehr der alte Peter«, und sagten: »Er starb und kam mit zwei Gehirnen zurück« (13).

Nach der Krankenhausentlassung trieb ihn seine seltsame Begabung aus dem Haus, er wanderte tagelang durch die Straßen auf der Flucht vor sich selbst. Auf Anraten einer inneren Stimme hin begann er zu jener Zeit auch zu malen:

Ich kann nicht das malen, was ich sehe . . . Ich male nur das, was ich während meiner Bewußtlosigkeit sah. Ich kann direkt hier auf dem Fußboden malen. Selbst erstaunt über das, was ich sehe, greife ich zur Farbe. Ich überlege nicht einmal, welche Farbe ich nehmen soll, und ich male die Bilder auch auf dem Kopf – das ist völlig gleichgültig. Ich setze mich auf den Boden und male auch im Dunklen. Dennoch sehe ich . . . (218).

Auf die gleiche Weise lernte er Klavierspielen. Als er das erstemal eine Orgel sah, flüsterte ihm wieder die innere Stimme zu, er solle sich hinsetzen und darauf spielen. Und nun erinnerte er sich an die wunderbaren Melodien, die er bei seinem Absturz gehört hatte:

Ich hatte noch nie in meinem Leben Klavier gespielt. Ich habe nie Unterricht genommen. Aber ich fühle es einfach – und so spiele ich das »Ave Maria« von Schubert und das »Warschauer Konzert«... Begreift mich, ich verstehe nichts von Musik, nur die Stimme gibt mir die Harmonien ein. So wie ich male, so fühle und mische ich auch die Farbtöne... Was ich mit meinen inneren Augen, was ich in meinem Bewußtsein sehe, dem folgen meine Hände... (219).

Eine innere Stimme ist Ursprung all seiner paranormalen Kräfte:

Ich mag nicht gerne darüber sprechen, die Leute glauben, ich sei verrückt... Es ist eine tiefe Stimme (er imitiert die Stimme)..., die Stimme eines alten Mannes, jemand in meinem Inneren (219).

Doch trotz seiner neuen Einsichten versteht er sich selbst nicht, denn er sagt:

Aber was ich herausfinden möchte, ist folgendes: Ist es mein Bewußtsein, welches nachts zu Orten reist, die ich nicht kenne? Warum kann ich mitten in der Nacht aufwachen und Bilder von Gegenden malen, die mein Bewußtsein besucht hat? Es ist mein Geist, der sich fortbewegt, während ich schlafe... (219f.).

Sein Bewußtsein verläßt den Körper und begibt sich zu unbekannten Schauplätzen, nicht anders, als wir es auch von Schamanen hören. Ein Unterschied besteht allerdings: Zu Beginn seiner Karriere als Sensitiver stand Hurkos diesen Phänomenen völlig hilflos gegenüber. Erst durch den Kontakt mit Parapsychologen erhielt er Aufklärung über seine ungewöhnlichen Kräfte. Hurkos' Lebens- und Leidensgeschichte ist ein Paradebeispiel für eine Schamanenberufung. Seine Geburtsumstände, die ein »Zeichen« setzten, seine Kindheit, in der er als Sonderling auffiel, und schließlich sein Unfall, der das ganze Spektrum extrasensorischer Phänomene auslöst, folgt dem klassischen Ablauf schamanischer Psychogenese. Nun durchläuft er eine Phase der Neuorientierung und Selbstfindung in einer Welt voller Rätsel, bis er endlich seine Umwandlung und Neugeburt anerkennt. Sein Unfallerlebnis, gleichzeitig ein Nah-Todeserlebnis, öffnete ihm eine nie geahnte Dimension des Daseins, die er uns in seiner

Malerei vor Augen führt. Hurkos vereinigt in sich die ganze Skala schamanischen Wissens: Hellsehen, Telepathie, Jenseitsreisen und natürlich der Kontakt zu einer inneren Stimme, – der Stimme seines Schutzgeistes. Wie zu erwarten, ist Hurkos kein Priester geworden, er ist in unserer Gesellschaft ein Einzelgänger geblieben. Seine psychische Begabung stellte er der Kriminalpolizei zur Verfügung, und als Testperson trat er eine lange Wanderung durch die parapsychologischen Labors an, die ihm als einzige eine Stütze boten und ein Orientierungssystem für seine scheinbar absurden Fähigkeiten lieferten.

Visionen des Wissens

Meistens drängen sich bestimmte Gedanken in mein Bewußtsein, so klar und scharf umrissen, daß ich das unzweideutige Gefühl habe, jemand sagt etwas zu mir. Manchmal höre ich tatsächlich eine Stimme. Du würdest sie nicht hören, denn ich erfasse sie nur mit meinem inneren Ohr. Andere Male sehe ich wirklich eine Geistgestalt nahe der kranken Person und empfange Botschaften von diesem Wesen, die sich auf die Krankheit beziehen und mir bei der Heilung helfen.

Olga Worrall, die berühmte amerikanische Heilerin. (1965, 41)

4 Heiltrance und Trancelogik

> Es ist, als ob Himmel und Erde eins werden.
> Alles wird strahlend hell.
> Es ist wie die Empfindung beim ersten Geschlechtsverkehr.
> Als laufe man verloren über eine weite Landstraße.
> *Trancebeschreibungen der indischen Saora Elwin. (1955, 476)*

Trance heißt »einen Loa haben«, von einem Gott besessen sein. »Zu verstehen, daß das Ich gehen muß, wenn der Loa eintritt, heißt verstehen, daß man nicht Mensch und Gott gleichzeitig sein kann«, sagt Maya Deren (1975, 235), eine der wenigen Weißen, die beim Voodoo in Haiti lernte, besessen zu werden. Das erste Zeichen der Trance ist für Deren die »Verwundbarkeit« des Ichs, eine Erschütterung der Grundfesten unseres Ichs, die sich auflösen und Platz machen für andere Kräfte. Hier ihre Erfahrung beim Tanzen:

Die Luft ist schwer und naß, nach Luft schnappend fühle ich: es kommt kein Sauerstoff in meine keuchenden Lungen. Meine Schläfen pochen. Meine Beine sind schwer wie Stein, die Muskeln angespannt, die Schmerzen graben sich mit jeder Bewegung tiefer. Mein ganzes Wesen ist ausgerichtet auf einen einzigen Gedanken: ich muß aushalten.
Ich kann jetzt nicht sagen, warum ich nicht aufhörte, außer, daß an der Wurzel all dieser Erfahrungen ein Gefühl der Vorahnung schlummert, daß man am Ende als Sieger oder Besiegter daraus hervorgehen wird. Das muß man in Kauf nehmen. Davor kann man sich nicht verschließen. Ich war in diesem Augenblick so darauf konzentriert auszuhalten, daß ich nicht einmal wahrnahm, als es aufhörte, schwierig zu sein, und ich kann nicht angeben, ob es plötzlich oder allmählich geschah; auf einmal bemerkte ich nur, der Takt, der unerträgliche Aufmerksamkeit gefordert hatte, war eine

Stufe tiefer gerutscht, zur Zeitlupe hin, so daß mein Bewußtsein jetzt Zeit hatte umherzuschweifen, in Ruhe zu beobachten – wie wunderbar, die Trommeln zu hören, sich zu ihnen zu bewegen, all das so anstrengungslos zu tun und, wollte man es, zu verfeinern, die Bewegung der Arme eleganter auszuführen, oder die Ferse kontrapunktisch zu bewegen, oder jene Bewegung diesmal zur Seite zu machen.

So wie manchmal in Träumen, so kann ich mich hier selbst beobachten, kann mit Freude wahrnehmen, wie der Saum meines weißen Kleides mit dem Rhythmus spielt, ich kann beobachten wie in einem Spiegel, wie ein Lächeln einsetzt mit einem Weicherwerden der Lippen und sich unmerklich in ein Strahlen verwandelt, das mit Sicherheit schöner als alles ist, was ich bisher gesehen habe. Wenn ich mich drehe, ist es, als sage ich zu einem Nachbarn: »Schau! Sieh, wie wunderbar das ist!« und dabei bemerke, daß die anderen sich ja in einiger Entfernung befinden, sich bereits zurückgezogen haben in den Kreis der Zuschauer, es ist dann so, als werde ich vom Blitz getroffen, und ich weiß, daß nicht mehr ich selbst es bin, den ich beobachte. Und doch, ich bin es, denn wenn dieser Blitz mich trifft, werden wir zwei wieder vereint, auf dem linken Bein, das wie in der Erde verwurzelt ist. Jetzt nur Schrecken. »Das ist es!« Auf diesem Bein ausruhend spüre ich eine eigenartige Taubheit, die von der Erde her eintritt und im Knochenmark selbst aufsteigt, so langsam und satt wie Saft, der in einem Baumstamm emporquillt. Ich sage Taubheit, doch das ist nicht richtig. Um genau zu sein – obwohl es auch für mich nur Erinnerung ist, doch anders ist es nicht zu begreifen: Ich muß es weiße Dunkelheit nennen, das Weiß ist Herrlichkeit, die Dunkelheit Schrecken. Es ist der Schrecken, der gewaltiger ist, und mit einer letzten Anstrengung reiße ich das Bein los – ich muß mich weiterbewegen! Muß mich bewegen! Und den Tanzrhythmus der Trommeln wieder aufgreifen, um mich an etwas zu klammern, etwas, das meine Füße davon abhält, auf der gefährlichen Erde zu verharren. Kaum habe ich mich in die Bewegung hineingerettet, da verdoppelt sich mein Selbstgefühl erneut, wie in einem Spiegel, teilt sich zu beiden Seiten einer unsichtbaren Schwelle, außer daß jetzt die Wahrnehmung desjenigen, der beobachtet, flimmert, die Lider flattern, die Abstände zwischen den Wahrnehmungsaugenblicken weiter werden. Ich sehe den Tanzenden an diesem und im nächsten Moment an einem anderen Ort, in eine andere Richtung blickend, und was immer zwischen diesen Augenblicken liegt, ist verloren, vollkommen verschwunden. Ich fühle, daß diese Lücken sich vergrößern werden, und daß ich schließlich ganz verloren sein werde in diesem toten Raum und dieser toten Zeit. Mit einem lauten Schlag vereinigt uns die Trommel erneut auf dem Punkt des linken Beines. Die weiße Dunkelheit beginnt heraufzuschießen; ich reiße meinen Fuß los, doch diese Anstrengung katapultiert mich, wie es scheint, durch einen weiten Raum, und ich lande auf einer festen Unterlage aus Armen und Körpern, die mich halten. Und diese haben Stimmen, gewaltige, drängende Gesangsstimmen, deren Melodie mich beruhigt. Mit jedem Muskel reiße ich mich frei, gleite wieder durch den weiten Raum und komme erneut nicht eher ins Gleichgewicht, bis nicht mein Bein wie angewurzelt feststeht. So geht es weiter: das Bein festgeklebt, dann wieder losgerissen, der lange Fall durch den Raum, erneutes Verwurzeln des Beines – für wie lange, wie oft, das weiß ich nicht. Mein Schädel ist eine Trommel; jeder große Schlag rammt dieses Bein wie die Spitze eines Pfahls in die Erde. Der Gesang dröhnt in meinem Ohr, in meinem Kopf. Der Ton wird mich ertränken! »Warum hören sie nicht auf! Warum hören sie nicht auf!« Ich bekomme das Bein nicht los. Ich bin gefangen in dieser Trommel, diesem Brunnen der Töne. Es gibt nichts weiter außer diesem. Es gibt keinen Ausweg. Die weiße Dunkelheit rauscht die Venen meines Beines empor, wie eine Sturmflut steigend, steigend. Eine Kraft, der ich nicht gewachsen bin, die ich nicht aushalten kann, sie wird meine Haut sicherlich zum Bersten bringen! Es ist zu viel, zu hell, zu weiß für mich; das ist Dunkelheit. »Gnade!« schreit es in mir. Ich höre das Echo in den Stimmen, schrill und unheimlich: *»Erzulie!«* Die weiße Dunkelheit überflutet meinen Körper, erreicht meinen Kopf, verschlingt mich. Ich werde hinuntergesaugt und explodiere gleichzeitig nach oben. Das ist alles. (S. 243ff.)

Das ist ihr Tranceerlebnis: plastisch, künstlerisch, psychologisch. Eine von innen kommende Gefühlslandschaft breitet sich vor uns aus. Maya Deren ist Filmemacherin und Künstlerin – vielleicht deshalb. Welches sind nun die dem Tranceverlauf eigentümlichen Abschnitte? Zunächst ist da die »Verwundbarkeit«, die Auflösung der Ich-Welt-Grenze, dann Schmerz und Pein, die aber bei zunehmender Wahrnehmungseinengung und Konzentration durch den Rhythmus der Trommeln und die Bewegungen des Körpers wieder verschwinden. Das führt zu einem Zustand der Spontaneität, der Freiheit, der unwillkürlichen, zwanglosen Bewegung – nicht Deren tanzt, sie wird getanzt. Nun springt die Zeit von Bild zu Bild – in Zeitlupe. Die Abschnitte zwischen dem Wahrgenommenen werden größer; doch was passiert in diesem Zwischenraum? Leere, das Nichts, das Nicht-Ich, zeitloser Raum – Angst, Panik vor der Selbstaufgabe überschwemmt sie. Jetzt: Verdoppelung, sich selbst von außen betrachten, Spaltung von Bewußtsein und Körper. Das bedeutet: Jetzt geht alles wie von selbst, kein erkünstelter, bewußter Tanzschritt mehr, weder Anstrengung noch Erschöpfung – der Körper hat das Wort. Die Entpersönlichung setzt sich weiter fort – noch immer aber ist »Ich« da. Wieder Angst, jetzt sogar Terror, das Ich soll loslassen, endlich ganz aufgeben, abdanken. Terror ist Dunkelheit. Freude ist strahlend weiß. Dualität von Angst und Freude? Aber die Ambivalenz löst sich nun auf: der entscheidende Schritt zur Selbstaufgabe, zur Erfahrung der »weißen Dunkelheit« – Weiß ist Erhabenheit und Dunkelheit Schrecken – sie vereinen sich auf dem Höhepunkt zur Trance. In dieser Leere herrscht Erinnerungslosigkeit, hier bewegt sich der Körper am erhabensten, er und das Selbst wollen gänzlich frei sein von Tabus und quälenden Gaukeleien der Ichwelt. Außen und Innen sind nun eins: »Mein Kopf ist eine Trommel.« Die wirkliche, im Menschen schlummernde Kraft, bricht durch: »Gnade, es schreit in mir.« Die Kraft übernimmt die Herrschaft, der Körper als bloßes Instrument. Diese Energieeruption schleudert ihr Ichgefühl hinweg. Sie explodiert innerlich – der Durchbruch zum veränderten Bewußtseinszustand – eine Neugeburt. ... Später, ihr Erlebnis erinnernd, schreibt sie:

> Ich sehe alles auf einmal ohne die Verzögerung der Abfolge, jedes Detail ist gleich bedeutend und gleich klar, bevor die Unterscheidungskraft mir den Augenausdruck aufdrängt und den Schatten der Nasenlöcher, die ein Gesicht sind. Selbst jetzt, wenn ich schaue, ist es, als wolle ich für immer diese ursprüngliche Welt erinnern, als würden diese Formen bereits zu Bedeutungen und hörten auf, bloße Formen zu sein ... (S. 246).

Kennzeichnend für die Trance ist der Zerfall der Dingwelt. Was sind Dinge anderes als künstlich aus dem ganzen Sein herausgehobene, beschriftete, von uns mit verhältnismäßiger Sinnhaftigkeit belegte Daseinsausschnitte, die nicht wirklich bestehen, sondern nur bedingt für uns. Wort, Handlung, Denken, Empfinden – sie lösen sich auf und setzen sich erneut zusammen, dann aber ohne Trennungslinien. Verlassen wir die Welt relativer Begriffe, steht plötzlich die leuchtende Welt, mit leuchtenden Wesen, leuchtenden Formen vor uns. Warum der unkonditionierte Zustand die Welt als strahlend erscheinen läßt, wie alle Menschen es berichten, die veränderte Bewußtseinszustände in der einen oder anderen Form erlebt haben, weiß ich nicht anzugeben. Zeit und Raum, die Kausalität zerfließen jedenfalls, Abfolge wird ausgelöscht. Alles nimmt Deren auf einmal wahr, zeitunabhängig. Hier gerät sie in die Nähe, aber auch nur die Nähe wirklicher Erleuchtung, Unio mystica. Trance als Vorform der Erleuchtung.

Larry Peters, ein Ethnologe, versuchte, die Trance von seinem nepalesischen Lehrer Bhirendra zu erlernen. Sein Meister und die anderen Schüler hatten sich durch ihr Trommeln bereits in geistige Ekstase versetzt, wilde Zuckungen durchliefen ihre Körper und im Schneidersitz hüpften sie teilweise über einen halben Meter hoch. Peters berichtet:

Wir wiederholten die Übung mehrere Male; ich begann bewußt zu zittern und ließ mich dann langsam gehen, bis ich Teil des Taktes wurde. Nach einem Dutzend oder mehr Versuchen verselbständigte sich das Zittern in meinen Beinen. Sie zitterten von selbst, doch war ich mir dieses »Nicht-tuns« bewußt. Nach einigen Augenblicken begann mein gesamter Körper sich zu schütteln und ich hüpfte durch den ganzen Raum. Meine Aufmerksamkeit war auf meine Körperbewegungen gerichtet, meine Augen blieben geschlossen. Aber sobald ich mir der Umgebung bewußt wurde, merkte, daß noch andere Dinge um mich herum geschahen, hörte das Schütteln auf, automatisch zu sein, und verlor sich in Erschöpfung.

Zurückschauend auf das Trommeln in dieser Nacht, schien es, als spielten wir so schnell wie möglich, alle den gleichen Rhythmus – bam-bam-bam, bam-bam-bam – im Dreiertakt, bis der Takt schließlich noch schneller wurde. Das bewußt erzeugte Zittern schien von dem Augenblick an von selbst aufzutreten, in dem Bhirendra einen lauten Extratakt zwischen den meinen einfügte. Er veränderte den Rhythmus und bewirkte, daß er sich beschleunigte. Ich bin mir sicher, er tat das absichtlich. Er benutzte diese Methode bei all seinen Schülern. Er führt zwei oder drei dieser Trommelmanöver aus, bevor das Trommeln und Schütteln sich verselbständigt. Ein-

mal schüttelte ich mich, bis mich eine flüchtige Angst überkam, ich könnte die Kontrolle verlieren und überwältigt werden, wodurch ich meines zitternden Körpers wieder bewußt wurde. Es war ein unangenehmes Gefühl, nicht wirklich traumatisch, aber dennoch erschütternd. Danach schlug mein Herz heftig, und ich erkannte, wie stark mein Widerstand war, sich dieser Erfahrung hinzugeben. Ich hatte mich nicht vollkommen gehen lassen.
Bhirendra übernahm volle Kontrolle über das Ritual; er bestimmte den Rhythmus, sein Trommeln echote von den Wänden. Ich folgte seinem Rhythmus, während mein Körper hin und her schaukelte. Ich verlor mich in der Musik und begann mich zu schütteln. Bhirendra unterbrach meinen Rhythmus, indem er einen Extraschlag oder zwei in meinen Rhythmus einfügte, und mein Trommeln beschleunigte sich. Er wiederholte das drei-oder viermal, und dann verlor ich die Kontrolle über meine Bewegungen. Mein Herz schlug wild, ich vergaß das Zittern und Trommeln und fühlte, wie sich mein Körper erhob. Eine unglaubliche Energie war vorhanden. Anfänglich schien das Zittern von meinen Genitalien auszugehen. Ich fühlte, wie die Trommel sich in die Luft erhob, begleitet von meiner Energie. Das Gebiet nahe dem Solar plexus begann zu zittern, dann meine Brust und Schultern, schließlich mein Kopf. Als ich mir dieser Bewegungen bewußt wurde, erfüllte mich Furcht. Ich fühlte eine Hitzewelle durch meinen Körper streichen. Dann spaltete sich das Bewußtsein vom Körper ab. Ich beobachtete meinen zitternden und in die Luft springenden Körper, als sei mein Bewußtsein davon getrennt (1981, 10–11, 13–14).

Serge Bramly (1978) sprach mit der brasilianischen Macumba-Priesterin Maria-José. Sie gab ihm ausführlich Auskunft über das Verhalten in Trance. Ihre Darstellung ergibt ein abgerundetes Bild des Trancegeschehens. Die Trance-Medien bringen den Göttern ihren Körper dar, damit diese sich darin niederlassen können; sie streifen sich den Körper über wie ein Reiter das Zaumzeug über das Pferd. Das eigene Bewußtsein des Mediums ist ausgeschaltet und dient dem Gott gewissermaßen als Übermittlungsstation. Zu Beginn einer Trance hat das Medium oft das Gefühl, wieder ein Kind zu werden: es stört die Zeremonie durch Streiche, rempelt die anderen Tänzer oder das Publikum an. Dann muß es zur Ordnung gerufen werden. Das ist sozusagen das Kindheitsstadium der Trance. Nach der Trance bleibt beim Medium ein angenehmes Gefühl zurück – der Kopf war eine

Zeitlang leer und konnte sich regenerieren, der Gott hinterließ seine Kraft. Bei anderen Formen der Trance erschöpfen sich die Medien völlig, dann sind sie oft tagelang krank, niedergeschlagen und fühlen sich aller Energien beraubt. Wird bei Heilungen die eigene Energie verwendet, tritt anschließend ein Erschöpfungszustand auf; das Medium gleicht dann einer verbrauchten Batterie. Wenn jedoch ein Geist oder ein Gott durch einen Menschen arbeitet, entsteht kein Energieverlust. Es gibt scheinbar unterschiedliche Möglichkeiten, mit Energien zu arbeiten – mit der eigenen oder einer fremden.

Während der Macumba-Trance rauchen die Medien sehr viel und trinken mehrere Liter Branntwein. Erstaunlicherweise werden sie nicht betrunken, auch würden sie im Normalzustand solche Mengen Alkohol nicht vertragen. Anscheinend ist hier ein Mechanismus im Spiel, der den Alkohol neutralisiert. Ähnlich verhält es sich mit verschiedenen Tranceerscheinungen wie der Zunahme körperlicher Stärke, der Erhöhung der sensorischen Funktionen: Man hört, sieht und riecht alles viel besser, unbewußte Inhalte sind leichter zugänglich, bei Anstrengungen tritt kein Kraftverlust auf, das Denken und Fühlen intensiviert sich, die Lernkapazität ist erhöht. – Für den Macumbaanhänger aber trinken die Götter und nicht die Medien den Alkohol.

Die Aufgabe von Maria-José ist es, die Trance der Medien zu lenken und deren Götter – die oft ihre Kraft überschätzen, wodurch den Medien schnell ein Leid geschehen kann – zu beruhigen. Dazu schreitet sie ein und bricht die Trance ab. Fällt etwa eine uneingeweihte Person in Trance, ordnet sie andere Gesänge oder einen anderen Trommelrhythmus an, um die Person von dem in sie gefahrenen Gott zu befreien.

Der Rhythmus ist entscheidend für die Trancestimulierung. Maria-José sagt: »Unsere Götter reagieren vor allem auf den Rhythmus. Ändert sich dieser, ändert sich auch das Verhalten der Götter. Die Trommeln treten bei den Göttern für uns ein. Sie sind unsere überzeugendste Stimme. Unsere Instrumente sind keine gewöhnlichen, keine weltlichen Trommeln. Wir betrachten sie als Lebewesen. Die Trommeln werden gefüttert, sie verzehren

die Opfergaben, und man darf mit ihnen als Frau während der Regel nicht in Kontakt kommen, das nimmt ihnen die Kraft, es verfälscht die Stimme der Trommeln« (46).
Tritt das Medium aus sich heraus, d. h. reitet der Gott auf ihm, wird es zum »gefügigen Reittier«. Ein neues Medium entsteht. Die Götter suchten es aus. Sie überfallen es während des Schlafs oder in Trance. Gelegentlich greift sich auch ein Medium, in das ein Gott gefahren ist, eine Person aus dem Publikum heraus, trägt sie auf den Schultern um den Zeremonialsaal und bringt ihr einen rituellen Gruß dar, um auszudrücken, daß der Gott sich gern in ihr verkörpern möchte.
Ein Medium erhält, sobald es in sich die Gabe zur Trance spürt, eine regelrechte Ausbildung. Es zieht dann in den Terreiro, das Kulthaus, wo man versucht, die Identität des in sie eindringenden Gottes aufzudecken. Weiß man, um wen es sich handelt, schließen Gott und Medium einen Pakt. Das erinnert an die bei vielen Stämmen praktizierte Hochzeit mit einem Geistehepartner. Bei der Einweihung muß die Novizin durch Blutbäder gestärkt werden, weil sie es noch nicht beherrscht, den Gott richtig in sich aufzunehmen. Sie bleibt die ganze Nacht bewegungslos liegen, bis das Blut getrocknet und der Kontakt zwischen Gott und Medium gefestigt ist. Zuvor muß die Schülerin ganz allein in einem kleinen Raum leben, sie sollte möglichst wenig sprechen im Inneren des Terreiros und keine sexuellen Beziehungen haben. Regelmäßig nimmt sie Gewürzbäder. Das Baden ist wie die »Mutter der Götter«, sagt Maria-José, ein »Mord auf Raten«, die Bäder sind nämlich ihrem in sie fahrenden Gott geweiht, und ihre Person wird durch die Waschungen Stück für Stück ausgelöscht. Wiedergeboren tritt sie daraus hervor, sie ist gereinigt, geheiligt, hat sich der alten Persönlichkeit entledigt und wird nun nach und nach zu »Yao«, einer »Gemahlin ihres Gottes.«
Bald erlebt die Novizin ihre erste Trance. Der Gott und sein »Kind« vereinigen sich. Gebete an den Gott werden gesungen, und ganz in Weiß gekleidet empfängt die Initiandin ihren Gott-Gemahl allein, in der Mitte des Terreiros. Nun bewegt sie sich im Kreis, und tritt der Gott in sie ein, werden Feuerwerkskörper

abgefeuert und es wird applaudiert. Die »Mutter der Götter« führt nun unter den Achselhöhlen der Initiandin eine brennende Kerze entlang, sie will prüfen, ob es sich um eine echte Trance handelt. Ist diese vorgetäuscht, verbrennt sich die Person, ansonsten leckt die Flamme an der Haut, ohne Brandwunden zu hinterlassen. Nun kehrt das Mädchen wieder zurück in den Alltag. Sie hatte während ihrer Ausbildung den Terreiro nicht verlassen. Ihre Familie muß sie zurückkaufen, beziehungsweise die Initiationskosten zurückzahlen – jene Gelder, die für Opfer vom Terreiro während eines großen öffentlichen Festes ausgegeben wurden.
Bramly fragte die »Mutter der Götter«, ob auch ein Ausländer sich initiieren lassen könne: »Ich weiß es nicht«, antwortete sie.

Es hängt von der Person selbst ab. Aber warum eigentlich nicht. Ich weiß nicht so recht. Die Ausländer haben häufig eine Barriere im Kopf. Vorurteile, die sie blockieren, die sie daran hindern, sich völlig gehen zu lassen, sich völlig zur Verfügung zu stellen, ihren Kopf genügend zu leeren, damit sich der Gott darin einrichten kann...
Im allgemeinen werden die Fremden jedoch zu stark von ihrer Erziehung behindert. Unsere Tänze, unsere Opfer erschrecken sie. Außerdem fürchten sie, sich zu erniedrigen, wenn sie etwas akzeptieren, was sie eigentlich als reinen Aberglauben betrachten. Sie konstatieren das Offensichtliche mit den Augen, verleugnen es jedoch mit dem Kopf. Ihr Körper sagt ja, ihr Verstand jedoch wehrt sich dagegen. Sie verschanzen sich ständig hinter dem Gedanken, daß für solche Dinge in einer zivilisierten Welt kein Platz sei. (56f.).

Natürlich steht das veränderte Bewußtsein zum Normalbewußtsein im Widerspruch, eins schließt das andere aus. Daher muß Maria-José sagen:

Die Macumba erklärt nichts, man kann sie nur an ihrer Wirkung messen. Sie wird nicht mit dem Kopf praktiziert, sondern mit dem Körper. Das, was du fühlst, ist wichtiger als das, was du denkst. Lernten die Menschen, nur ihrer Intuition zu folgen, wären sie viel glücklicher. (60).

Und damit kommen wir zum Wesen des veränderten Bewußtseinszustandes, der Macumba, einer Welt, geboren aus einer unbewußten, höheren Weisheit, des Körpers und des Geistes. »Die Macumba ist die Mittelachse, das Zentrum, um das sich das Handeln der Menschen harmonisch ordnet« (60). Und weiter sagt Maria-José:

Alles kann der Wahrsagung dienen. Man braucht nur aufmerksam zu sein. Das Universum ist voller Zeichen. Wenn du lernst, die Dinge richtig zu betrachten, wirst du verstehen, was ich damit sagen will. Die Form der Wolken, der Flug des Vogels, die Geräusche der Natur, die unerwarteten Begegnungen: sie alle verkünden eine Botschaft, in der sich der Wille der Götter kundtut. Das Universum ist ein Ganzes, das logisch aufgebaut ist und sich sinnvoll erhält und weiterentwickelt. (78)

Hier wie überall in Stammesgesellschaften finden wir die Vorstellung eines Universums, in dem jedes über jedes Auskunft geben kann und das ganze Sein im Grunde ein gewaltiges Zeichensystem ist. Die Trance ist der erste Schritt, dieses Zeichensystem zu entschlüsseln. Entschlüsselung heißt aber, die Programme unserer Kultur, unseres Denkens und Fühlens abzuwerfen, sie wie einen alten Handschuh von den Fingern zu ziehen:

Der Mensch lebt in einem vorgefertigten Universum, nicht wahr? In einem irrealen Universum, das ihm seine Kultur, seine Erziehung aufgezwungen hat. Er läßt sich in dieses Gerüst zwingen und bildet sich ein, daß es sich um seine eigene Gedankenwelt handelt. Es hat es wirklich nötig, regelmäßig auf sein innerstes Wesen zurückverwiesen zu werden. (127)
Im Gegenteil: das Denken tötet das Leben, mein Sohn. Es entzieht den Dingen die Kraft. Frag unsere Anhänger. Sie erklären nicht, was sie tun oder empfinden. Es ist auch nicht nötig, alles zu erklären. Viele Gedanken gehen mir durch den Kopf. Aber ich glaube nur, was ich ausprobiert habe. Unsere Religion wird praktiziert, nicht studiert. Aus diesem Grund verstehe ich dein Buch nicht. Es gleicht einem Gesang, von dem man nur den Text kennt. Und ich sage dir: die Rhythmen sind das Wesentliche. (173)

Wird der Trommelrhythmus mit der Gehirnwellenfrequenz synchronisiert, so ist es, wie neue Forschungen zeigen, leichter, einen veränderten Bewußtseinszustand zu erreichen: daher die universelle Bedeutung von Trommel, Rhythmus und Gesang in Stammeskulturen. Hinzu kommt natürlich, wie Larry Peters'

Beispiel zeigt, der Mut, sich vollkommen fallen zu lassen. Es ist unsere archaische Angst davor, die uns immer wieder daran hindert. Die Geschichte der Menschheit, so könnte man sagen, ist ein Kampf zwischen diesem Sich-Fallen-Lassen und den straffen Zügeln des Wachbewußtseins, das Sicherheit durch Vernunft herstellen möchte. Wollte man sie unter diesem Gesichtspunkt betrachten, müßte die Geschichte neu geschrieben werden.

Eine weithin verwendete Form, sich in Trance zu versetzen, ist das Einatmen von Wacholderrauch, wie es in Hunza, einem kleinen Königreich im Karakorum, noch ausgeübt wird. Trance aber, wird sie, wie in Hunza, zum Höhepunkt geführt, geht über in eine andere Erfahrung, die außerkörperliche Erfahrung. Der Bitan, der Schamane, Ibrahim aus Altit erhielt seine Schamanenkraft bereits mit 15 Jahren auf der Hochweide von Tschikiso Rounantsch. Er verließ mit seinem Geist den Körper und reiste zu den Feen, zur großen Mutter, der Herrin der Natur, unserer inneren Natur. Von ihr erhielt er die Schamanenkraft, er trank sie in Form blauer Milch aus einem blauen Glas. – Wieder die Farbe Blau, sie taucht häufig im Zusammenhang mit dem Krafterwerb und ungewöhnlichen Energien auf:

Als ich meine »Bitanschaft« erhielt, erfuhr auch der Mir davon: in Altit ist einer Bitan geworden. Unser König gab darauf den Befehl: Laßt den neuen Bitan in Altit tanzen. Ich tanzte, und während vor meinem Auge vorher drei Feen erschienen waren, sah ich an dem Tage, an dem ich in Altit tanzte, sieben Feen. Nach drei Tagen tanzte ich auch in Berischal. Drei Tage später holte man mich an den Hof des Fürsten. Von da an hatte ich überhaupt keine Unterhaltung mehr mit den Leuten ... Als Neumond war und die Schutzgeister kamen, konnte ich mich nicht mehr halten. Mein Geist verließ den Körper und eilte zum Berg. Fünf Tage blieb ich dort mit den Feen zusammen. Sie gaben mir ein blaues Glas mit blauer Milch. Ich trank die Milch. Nach dem fünften Tag war in Baltit ein großes Fest und dann eines in Surias. Ich merkte nichts davon. Dann aber gab mir die große Mutter die Erlaubnis zurückzukehren. Ich kam mit all den Feen. Die eine war Galzali, die andere Sabaramgul. Sie legten mich unter den Walnußbaum an der Quelle von Altit. Als mich meine Verwandten und Freunde sahen, freuten sie sich sehr. Ich war nun zurückgekommen und nicht mehr verloren. Ich ging mit ihnen nach

Hause; aber ich konnte nichts essen. Immer noch war ich bei den Feen und meine Sinne bei ihnen.
Es ist nämlich so, daß die gewöhnlichen Leute die Feen nicht sehen können. Wer sieht sie aber? Zunächst der Bitan und nach dem Bitan der Paschu, der Seher. Zwischen den Menschen und den Feen ist ein Schleier. Wenn wir das Fest machen, die Trommel rühren, die Flöte zum Sprechen bringen und wenn von Wacholderzweigen und Gulgul-Flechten Rauch gemacht wird, dann kommen die Feen. Und danach, wenn man uns Wasser auf das Gesicht gießt, dann gehen sie.
Am Tag vor dem Fest ißt der Bitan nichts mehr. Er nimmt nur ungezuckerten Tee. Der Tee ist von der Tilpusching-Blume, die es auf einer Hochweide gibt. Wir atmen den Rausch von Tilpusching, Wacholder und Supandur, gießen Hirse darauf und verehren die Peri. Wir machen Barayo (Rufen und Bitten). Auf dieses Bitten hin beginnen sich die Feen zu sammeln, noch während der Nacht und in einer Entfernung von sieben Tagesreisen. Wir nähern uns dann gemeinsam dem Versammlungshof. Und wenn unser König das Zeichen gibt und sagt: Auf ihr, tanzt jetzt – dann tanzen wir. So ist das, Sahib. Mein Name ist Ibrahim aus Altit. (Schaefer 1978, 157f.)

Im März 1975 forderte der Tham, der Vater des Kronprinzen Ghazanfar Ali, Ibrahim auf, für ihn zu tanzen und in die Ferne zu schauen. Zur Weissagung der Zukunft des Königs versammelten sich viele Menschen. Musik empfing Ibrahim. Beifallsklatschen. Trommeln. Die Séance des Bitan ist in Hunza ein Volksfest. Er geht zur Trommel und lauscht ihrem Klang. Vier Gehilfen, die ihn während seiner »Abwesenheit«, seiner Himmelsreise, beaufsichtigen sollen, kommen mit einer Bergziege und einer Pfanne voll Kräutern und Wacholderzweigen. Der Bitan trinkt vom Blut der Ziege, den Rauch der Zweige atmet er tief ein. Dann jagen ihn die Trommeln um den Burghof. Nach sieben Runden, d. h. für ihn sieben Schritte, werden seine Bewegungen langsamer. Ibrahim verliert das Bewußtsein. Seine Gehilfen führen den »Heimgekehrten« nun vor den König. Doch bevor er dem König Auskunft geben kann über seine Reise, singt er ein Lied auf Schina, einer dardischen Sprache, die er normalerweise nicht beherrscht. Diesmal prophezeit er den Tod des Tham selbst, er werde genau im nächsten Jahr am ersten Tag des dunklen Mondes nach No-Ruz verscheiden. Ein Jahr später, im März 1976, stirbt, wie prophezeit, der Mir von Hunza. (78, 162f.)

Prinzipiell unterscheidet sich Trance nicht von einer tiefen Hypnose – das sind lediglich sprachliche Unterschiede. Was das Schamanenlied oder die kulturellen Symbole suggerieren, das greift die Psyche auf und setzt es im Trancezustand in Wirklichkeit um. Da alles suggeriert werden kann, sind Schamanen zu allem fähig. Sie laufen über glühende Kohlen, tauchen die Arme in siedendes Wasser, sind gefeit gegen alle Arten von Schmerzen. Übernimmt ein Tiergeist ihr Bewußtsein, so übernehmen sie dessen Bewegungen und Verhalten; ist der Geist eine schwangere Frau, bläht sich ihr Bauch auf; ist es ein allwissender Gott, wird der Schamane »allwissend«; ist es ein rasender Gott, wird auch der Schamane rasend; treten Geister aus anderen Stämmen in ihn ein, spricht auch er eine andere Sprache.

Die Möglichkeiten der Suggestion sind unermeßlich, sie betreffen alle Lebensbereiche, alle geistigen Eigenarten, alles Verhalten. Die Trance erhöht unsere angeborenen Kräfte und Fähigkeiten, sie bringt das latent Mögliche hervor. So läßt sich eine verschüttete Erinnerung wieder hervorholen, die Lernkapazität in bezug auf Sprachen und die Kunstfertigkeit des Malers erhöhen, ebenso wie die Schlagkraft des Boxers und die Gewandtheit des Fechters. Nicht nur die latenten Kräfte verwirklichen sich, wir erhalten auch Zutritt zu einem Bewußtseinsfeld jenseits des dreidimensionalen Raumes, einem Hyperraum, zu anderen Wirklichkeiten und parallelen Universen.

Ganz von sich aus verfallen auch Kinder auf die Idee, spielerisch Trancetechniken anzuwenden. Bekannt sind das Drehwurm-Spiel, Hyperventilationsspiele, das Zusammendrücken des Brustkorbes des Freundes, bis er keine Luft mehr bekommt, das rhythmische Hin- und Herschaukeln von Babys. Kinder halten diese Spiele im allgemeinen geheim. Doch befragt, was sie dabei erleben, antworten sie:

»Es ist, als ob ich fliege.« »Es macht einen schwindlig und man fühlt sich gut.« »Es ist, als wird man verrückt.« »Es ist so, als schwebt man.« »Ich fühle, wie sich Energie um meinen Körper herum bildet.« »Es macht Spaß.« (Weil 1977). Die Kinder der Eskimo spielen »In-Trance-fallen«. Sie hängen sich an ihren Kapuzen auf, bis der Hals ganz abgeschnürt ist, das Blut nicht mehr in den Kopf dringt, eine Bewußtseinstrübung einsetzt und ihr Gesicht blau und purpur anläuft – dann erst nehmen ihre Spielgefährten sie herunter. Sie sagen, dieser Zustand sei sehr angenehm, deshalb spielen sie dieses Spiel immer wieder (Freuchen 1968, 157f.). In gleicher Weise spielen die Kinder der afrikanischen !Kung, der sibirischen Tungusen und der nepalesischen Magar Trancespiele und ahmen den Schamanen, der ja eine zentrale Figur in der Stammesgemeinschaft ist, in all seinen Handlungen nach. Besonders ausgeprägt sind die Trancen bei balinesischen Kindern, die schon früh an den großen Trance-Dramen und öffentlichen Theateraufführungen teilnehmen. Das bestätigt uns, wie sehr der Drang, veränderte Bewußtseinszustände zu erfahren, angeboren ist und wie natürlich das Bestreben, sich ein multidimensionales Bewußtseinsuniversum zu schaffen, in dem der Wachzustand nur eine Rolle unter anderen spielt. Alternative Bewußtseinszustände sind nicht pathologisch zu bewerten. Jeder Mensch verbringt einen großen Teil seines Lebens im Traum und Schlaf. Hinzu kommen tagträumerische Zustände, Ohnmachten, Absencen, Narkose, Orgasmus, Streß, Ekstasen und natürlich starke Gefühlsausbrüche wie Haß, Wut, Eifersucht, Ärger, Liebe, Verliebtsein, Schock, Erschöpfung und natürlich psychopathologische Zustände: Psychosen, Neurosen usw. Hinzu kommen ferner künstlich durch psychedelische und narkotische Drogen hervorgerufene Zustände. Im Grunde ist es unsinnig, davon zu sprechen, der Mensch verweile die meiste Zeit in einem Normalzustand – ganz im Gegenteil. Einen Zustand aus all diesen verschiedenen emotionalen und geistigen Zuständen herauszudestillieren und als normal zu bezeichnen, entbehrt jeder Grundlage und Möglichkeit. Das menschliche Dasein ist nach allen Seiten hin offen für Bewußtseinserfahrungen aller Art. Wir pendeln dauernd auf einem Bewußtseinskontinuum zwischen unterwachen und überbewußten Zuständen hin und her. Tatsächlich leben wir in einem schillernden Bewußtseinsuniversum: Psyche als Reise durch verschiedene Bewußtseinszonen. Ich glaube, eine Aufgabe des Menschen besteht darin, diese Zustände klar voneinander abgrenzen zu lernen, um so Herr seiner eigenen »Schöpfungen« zu werden, denn wie wir hörten, experimentieren bereits Kinder auf ganz natürliche Weise mit diesen Zuständen, und im Schamanen erkennen wir den Meister des Bewußtseinswandels, den Herrn über das Daseinskontinuum.

Die lappischen Zauberer lassen sich nach einer vereinbarten Zeit von ihren Verwandten aus der Trance herausholen. Es gibt indes viele Geschichten von nicht mehr zurückgekommenen Zauberern: deren Söhne oder Frauen vergaßen es, sie zur vereinbarten Zeit mit dem entsprechenden Spruch zu wecken oder den Spruch richtig wiederzugeben. Einen alten Zauberer vergaß sein Gefährte wachzusingen; als er es später dennoch versuchte, erwachte der Alte kurz und sagte gerade noch: »Aus einem Verstorbenen wird kein Mann mehr, wenn man sich seiner nicht früher erinnert!« Einen anderen Zauberer vergaß man drei Jahre lang, dann erst erinnerte sich der Gefährte der lebensrettenden Worte, nämlich des richtigen Aufenthaltsortes seiner Seele: »in der Windung des Hechtdarmes, im dritten Schlupfwinkel!« Kaum hatte man diese Worte ausgesprochen, zitterten die Beine des Zauberers, und seine Tragik kaum beschönigend rief er: »Ein verfaulter Mann taugt nichts!« (Itkonen 1960, 26f.)

Leider besteht heute die Neigung, veränderte Bewußtseinszustände entweder zu mythisieren oder zu diskreditieren. Beides schadet gleichermaßen. Das ist, ebenso wie die künstliche Trennung von normalem und verändertem Bewußtsein, ein Forschungshindernis, handelt es sich doch lediglich um eine Steigerung aller Wahrnehmungsformen, um eine Abwandlung physiologischer und biochemischer innerer Abläufe. Ein Vorgang, der alles andere als rätselhaft ist – nichts als Körperphysik und Geisteschemie. Ebenso schädlich wie die Ablehnung ist die Vereinnahmung höherer Bewußtseinszustände durch spirituelle Philosophien, Kirchen, Sekten, Gläubige. Veränderte Bewußtseinszustände gehören zur Naturgeschichte des Menschen, sie

sind im Rahmen der Sinnestätigkeit zu betrachten und haben mit Religion und Glauben wenig zu tun. Sie sind eine Erscheinung des Körpers, der Biologie, quasi-chemische, quasi-energetische Vorgänge, gleichgültig, ob sie zur Zeit bekannt sind oder nicht. Auf jeden Fall ist ihre Vereinnahmung durch Ideologien und Glaubenssysteme sehr gefährlich, für den Gläubigen und die Klarheit des menschlichen Geistes schlechthin. Das Wort Religion, das Wort Spiritualität sollte in diesem Zusammenhang nicht auftauchen – das wäre ideologischer Mißbrauch von Naturbedingungen – doch läßt sich dies wohl kaum vermeiden. Wollen wir daher veränderte Bewußtseinszustände, Bewußtsein allgemein untersuchen, dann müssen wir zunächst alle Dogmen, Überlieferungen und Ethiken, die sich im Laufe der Zeit damit verbunden haben, beiseiteschieben. Die geistige Erfahrung, so verehrt, gepflegt und gefördert, ist doch weiter nichts als ein Stoffwechselvorgang, als elektrische Reizung auf organischer und molekularer oder zellulärer Ebene. Selbst die außerkörperliche Erfahrung, die körperunabhängige Geistsubstanz, ist Biophysik, wenn auch auf höherem Niveau. Die Geschichte des Geistes und die Geschichte der Natur fallen zusammen.
So weiß man inzwischen: Endorphine, gehirneigene Morphine, sind verantwortlich für Bewußtseinsveränderungen: sie unterdrücken Schmerzen und bewirken Euphorie (Prince 1982). Der Zusammenhang von religiöser Erfahrung und körpereigenen psychoaktiven Substanzen ist weitgehend erwiesen. In Streß- und Kampfsituationen erhöht sich der Endorphinspiegel: psychischem Chaos wird dadurch psychische Euphorie übergeordnet, und es kommt zur Beruhigung. Starker Streß, Angst, Panik, übermäßige Anstrengung und körperliche Verausgabung regen die Endorphinproduktion an und lösen einen Euphoriezustand aus. Erinnern wir uns der Trance Maya Derens: Auf dem Höhepunkt körperlicher Anstrengung, den sie als Terrorzustand beschreibt, kommt plötzlich der Umschwung: Euphorie. Alles geht nun wie von selbst: Zeitlupeneffekt, Depersonalisation, Trance. Doch Terrorzustand und Euphorie gehen zusammen, eins löst das andere nicht ab, beide bleiben bestehen als »weiße Dunkelheit«.

Anstrengung bis an die Grenzen der Leistungsfähigkeit führt zum Trancezustand; körperliche Erschöpfungszustände und extreme psychische Konzentration sind der Vorhof der Glückseligkeit, Pforten zu geistigen und physischen Großtaten. Hierzu Aldous Huxley:

Aber auf die eine oder andere Weise sind *alle* unsere inneren Erlebnisse chemisch bedingt, und wenn wir uns einbilden, daß einige von ihnen rein »spirituell«, rein »intellektuell«, rein »ästhetisch« seien, dann nur, weil wir uns nie bemüht haben, das innere chemische Milieu zu erforschen (Aldous Huxley 1970, 103).

Huxley weist darauf hin, daß im Mittelalter, als der Winter unfreiwilliges Fasten bedeutete, verstärkt noch durch den Vitaminmangel der Fastenzeit, der 40 verordneten Fastentage vor Ostern, die Körperchemie Ekstasen und Visionen zur Alltäglichkeit werden ließ. Auch die Geißel aus geknoteten Lederriemen setzte viel Histamin und Adrenalin frei, und durch eiternde Wunden drangen giftige Stoffe in die Blutbahn – all das erweiterte das »Reduktionsventil« Gehirn, und fremde, eigenartige Erscheinungen traten auf.
Überanstrengung durch unbequeme Stellungen, Vitaminmangel, Verringerung des Blutzuckers, verkürzte Schlafzeiten, Atemübungen und Gesang, die den Kohlensäureanteil in Lungen und Blutkreislauf vergrößern, erweitern das »zerebrale Reduktionsventil«:

Damit ein biologisches Überleben möglich ist, muß der Geist als Ganzes durch das Reduktionsventil des Gehirns und Nervensystems hindurchfließen. Was am anderen Ende hervorkommt, ist ein solch spärliches Rinnsal von Bewußtsein, daß es uns gerade hilft, auf der Oberfläche unseres Planeten am Leben zu bleiben (Huxley 1970, 17).

Wir haben gesehen, wie bedeutsam besonders das Trommeln für die Trancebildung ist. Aldous Huxley schreibt darüber:

Kein Mensch, gleichgültig wie hoch zivilisiert, vermag lange afrikanischem Trommeln oder indianischem Singen oder walisischen Hymnen zuzuhören und dabei seine kritische und selbstbewußte Persönlichkeit aufrechtzuerhalten. Es wäre interessant, eine höchst erlauchte Gruppe von Philosophen von den besten Universitäten zu nehmen und sie einzuschließen in einen heißen Raum zusammen mit marokkanischen Derwischen oder haitianischen Voodooanhängern und mit einer Stoppuhr ihren psychologischen Widerstand auf die Wirkung des Rhythmus hin zu messen. Würde der logische Positivist länger aushalten als der subjektive Idealist? Würde der Marxist stärker als der Thomist oder der Vedantist sein? Welch faszinierendes, welch fruchtbares Feld für Experimente! Inzwischen ist alles, was wir mit Sicherheit vorhersagen können: Hörten sie nur lange genug dem tam-tam oder dem Singen zu, machte jeder unserer Philosophen bald Luftsprünge und heulte mit den Wilden (Huxley 1952).

Rhythmische Reizung, nicht nur durch Töne, auch durch andere Faktoren, beeinflußt das Bewußtsein. Wir atmen in einem bestimmten Rhythmus, unser Herz schlägt rhythmisch, unsere Gehirnwellen pulsieren rhythmisch, wir laufen und sprechen in einem bestimmten Rhythmus, usw. Das ganze Leben über sind wir psychischen, körperlichen, biologischen und kosmischen Rhythmen ausgesetzt, die unser Dasein wesentlich bestimmen. Rhythmus und Bewußtsein sind eng miteinander verbunden. Die Veränderung der körpereigenen Rhythmen bewirkt eine Umstellung des Bewußtseins. Rhythmenforschung und Tonforschung werden uns eines Tages ein ganz neues Bild des menschlichen Bewußtseins enthüllen. Der Mensch ist im wesentlichen Klang, Schwingung, Melodie, und vielleicht läßt sich einmal eine Skala seiner Bewußtseinsfrequenzen erstellen – das wäre der erste Schritt zu einer grundlegenden Darstellung des Bewußtseins. Hinzu kommt, daß es durch holophonische Töne zu synästhetischen Erfahrungen kommt, das heißt: Musik wird nicht nur zu hören, sondern auch gleichzeitig körperlich zu fühlen, zu sehen, zu riechen sein (Hugo Zuccarelli 1983).
Wie die dargestellten Erfahrungen zeigen, läßt sich der Trancezustand sinnvoll und schöpferisch auf viele Probleme des Alltags anwenden, ja, würden wir Tranceverfahren in großem Maßstab therapeutisch, pädagogisch und psychologisch einsetzen, gingen wir einer Auferstehung der latenten Bewußtseinskräfte entgegen, einer Renaissance der Wissenschaft, denn Trance, d. h. umfassende Wahrnehmungsformen treiben die Forschung, die Er-

kenntnis, das Lösen von Problemen sprungartig voran. Der Trancezustand ist im eigentlichen Sinne die wirkliche Wahrnehmung des Menschen, nur verschüttet durch eine maßlose Verballhornungsstrategie.
William James sagt das auf seine Weise:

Nur wenige Menschen benutzen das Maximum der ihnen zur Verfügung stehenden Energie. Wie können wir uns trainieren, die äußerste Grenze unserer Energie zu erreichen? Wir benutzen nur einen kleinen Teil unserer höchsten Kräfte und Fähigkeiten. Verglichen mit dem, was wir sein sollten, sind wir nur halb wach. Der normale Mensch ist ein Hysteriker, dessen Wahrnehmungsfeld stark eingeengt ist (1962, 221).

Trancezustände erreicht man besonders durch extreme körperliche und psychische Leistungen: Singen, Tanzen, alle Tätigkeiten, die zu Ermüdung, Erschöpfung führen. Ich möchte dazu ein Beispiel aus unserem Kulturkreis heranziehen: sportliche Spitzenleistungen. In ihrem Buch »Psi im Sport« haben Rhea A. White und Michael Murphy eine umfassende Dokumentation psychischer Zustände von Hochleistungssportlern zusammengestellt. Die dabei auftretenden psychologischen Bewußtseinsveränderungen – sie gleichen Tranceerfahrungen in Stammeskulturen in vieler Hinsicht – seien hier im Überblick gewürdigt.
Ein Gefühl höchsten Wohlbehagens tritt auf; Gipfelerfahrungen und das Gefühl des Friedens, der Gelassenheit und Stille überkommen den Spieler mitten im Wettkampf; Losgelöstheit und Freiheit, das Gefühl zu schweben, zu fliegen, die Empfindung der Schwerelosigkeit, der Ekstase und Kraft, der vollkommenen Kontrolle über sich selbst; das Gefühl ganz im Hier und Jetzt zu verweilen; vollkommene Hingabe; Verschmelzen mit dem Spiel, und dabei das Empfinden großer Ehrfurcht vor dem Geheimnis des Lebens; das Gefühl der Einheit mit allem Sein. Während des Spiels und Kampfes verändert sich oft die Wahrnehmung der Größe des Spielfeldes oder der Spieler, die Zeit läuft langsamer, wodurch man besser beobachten kann, z. B. den ankommenden Ball, den feindlichen Hieb beim Boxen; plötzlich mag vor dem inneren Auge das ganze eigene Leben filmartig ablaufen –

Lebensrückschau; Anhalten der Zeit, Auftreten aller Formen außersinnlicher Wahrnehmung, außerkörperliche Erfahrungen und das Gefühl, sich plötzlich ganz in andere Spieler hineinversetzt zu haben. Durch diese veränderten Bewußtseinszustände kommt es zu Spitzenleistungen, zu außergewöhnlichen Kraftakten, Geschwindigkeiten, Gleichgewichtsdemonstrationen und zu etwas, das alle Zuschauer beobachten können: zum Ausdruck der Mühelosigkeit der Leistung. Des weiteren treten auf: Schmerzlosigkeit, z. B. bei Ringern, Boxern, Fußballspielern, wenn sie mit gebrochenen Händen oder Rippen weiterspielen und durch die Konzentration den Schmerz nicht spüren; subjektive Veränderungen der Körper-Imago; das Gefühl, über seinem Körper zu schweben; das Gefühl, feste Objekte durchdringen zu können; Zugang zu den inneren Welten der Musik, des Rhythmus; Synästhesien – Töne werden als Farben gesehen und umgekehrt; Wahrnehmung innerer Körperstrukturen auf Zellniveau; das Gefühl, seinen Körper unbegrenzt ausweiten und dadurch den Gegenspieler, den Ball oder den Speer beeinflussen zu können; Manipulation anderer Spieler, psychokinetisch oder suggestiv durch Anfeuern und Begeistern oder negativ durch psychisches Kaltstellen, die Kraft des bösen oder verfluchenden Blicks, durch Verzauberung, Massenhypnose oder Flüche, die über die feindliche Zuschauermenge ausgesprochen werden, um den Bann zu brechen. Enorme Leistungen beim Ausweichen von Gegnern; Gefühl der Läufer, zu schweben oder auf den Zehenspitzen zu rennen; Gefühl, sich in einer heiligen Zeit in einem heiligen Raum zu bewegen; enorme ununterbrochene Aufmerksamkeit und starke Konzentration bis zum völligen Vergessen der Umwelt; die Suche nach Vollkommenheit, Schönheit, Göttlichkeit in der Bewegung und Leistung (White/Murphy 1983).

All diese transpersonalen Zustände entstehen durch Einengung der Wahrnehmung, wozu Spiel und sportliche Betätigung natürlich besonders anregen. Eine allerdings noch stärkere Form der Konzentration aller psychischen Energien zeigt unser nächstes Beispiel. Wir wenden uns nun veränderten Bewußtseinszuständen mit fast tödlichem Ausgang zu, wie bei Bergabstürzen (Heim

1892) oder bei Todessprüngen (Rosen 1975; Noyes und Kletti 1976):
Dem Tod geht eine Serie von veränderten Wahrnehmungszuständen voraus, die wir als Ego-Tod-Motive auffassen dürfen. Der Ego-Tod, das ist das Abstreifen aller erlernten Begrenzungen, der eingeengten Denkvorgänge und jener Physiologie, die ein gleichbleibendes Maß an nervöser Erregung aufrechtzuerhalten versucht. Für Charles Garfield (1977) ist Ego-Tod gleichbedeutend mit Bewußtseinserweiterung, erhöhter Sensitivität aller Sinnesmodalitäten, Auflösung der Ich-Welt-Grenzen, Zusammenbruch unseres kortikal gefilterten Beurteilungssystems, erhöhter emotionaler Reizaufnahme und Verringerung der Reizschwelle zwischen bewußten und unbewußten Vorgängen. Der Ego-Tod ist eine Zerstörung der Sinnesorganisation, eine Verschiebung der Aufmerksamkeit und Wachheit zu tieferen Ebenen der Psyche. Der Begriff Ego-Tod wirkt an sich verfälschend, das Ego stirbt nicht und löst sich auch nicht auf, sondern es verbindet sich mit der übrigen Welt, stellt Beziehungen zur Umgebung her und überschreitet die Grenzen seines abgekapselten Daseins.
Personen, die eine solche Bewußtseinsveränderung erlebt haben, zeigen weniger Furcht vor der Auflösung der affektiven, geistigen und motivationalen Kontrolle, vor Doppeldeutigkeiten, Paradoxien und paralogischen Vorgängen, dem Unbekannten und dem Tod.
Bei Bergabstürzen erfahren wir eine eigenartige Sequenz von Wahrnehmungsveränderungen. Während der Mensch bei kleinen, unbedeutenden Gefahrensituationen durch Schreck und Angst gelähmt und handlungsunfähig ist, entsteht bei wirklich schwerwiegenden, möglicherweise mit Tod endenden Unfällen kein Schock. Zwar kämpft der Betreffende anfänglich, von großer Angst erfüllt, unbändig ums Überleben, doch angesichts der aussichtslosen Situation wird dieses Verhalten bald aufgegeben und weicht einer tiefgreifenden Resignation.
Selbstaufgabe, Resignation und die Bereitschaft zu sterben scheinen die treibenden Kräfte für die Auslösung aller nachfolgenden Handlungsmuster zu sein. In Anbetracht der Todesgefahr

– der Körper befindet sich im freien Fall –, des Versagens aller menschenmöglichen Mittel ergibt sich das Bewußtsein dem Schicksal – die Angst vor der Egoauflösung verschwindet, die Identifikation mit der eigenen Geschichte und Existenz zerbricht ... Befreit von den wirren Ängsten des Ego kann nun ein sachlicher, emotionsloser Standpunkt eingenommen werden. Der Mensch ist jetzt im Besitz eines klaren Bewußtseins, die Gedankentätigkeit steigert sich wie ein mit Hochgeschwindigkeit ablaufender Filmstreifen, gleichzeitig vervielfacht sich die Präzision des Denkens, Ausgang und Ablauf des Unfalls werden computerartig blitzschnell vorausberechnet, die eigenen Überlebenschancen realistisch kalkuliert, mögliche Reaktionen zur Verhütung durchgespielt, und bei alledem vermag die Person auch noch spontan richtig zu handeln. Statt von Verwirrung ist das Denken von Klarheit, Objektivität und einer außerordentlichen inneren Ruhe und Ernsthaftigkeit erfüllt. Da keine unangemessenen und verkrampften Überlebensversuche unternommen werden, bleibt der Körper ganz entspannt. Ruhe, Gelassenheit und das Gefühl des Friedens setzen sich durch, die Person fügt sich in ihr Schicksal und stemmt sich nicht mehr gegen die unvermeidlichen Folgen des freien Falls. Nach Kenneth Ring (1980) verspüren 60% der Menschen während des Falls ein Gefühl des Friedens, doch können sie ihre Erfahrung anschließend nicht in Worte fassen, zu tief hat dieses wunderbare Erlebnis sie berührt.
In der Gefahrensituation reagiert die Person rasch und entschlußkräftig und – vor allem – unwillkürlich richtig. Das unintellektuelle, spontane Verhalten läßt sich einerseits aus der Erhöhung der Wahrnehmungs- und Denkfähigkeit erklären, wodurch viele Signale in kurzer Zeit verarbeitet werden und zu genauen und unmittelbaren Handlungen führen. Andererseits mag so etwas Unfaßbares wie »Körperweisheit« mitspielen, d. h. ein überoptimales Funktionieren der Sensorik und Motorik, was uns als selbsttätiges, ungeplantes Handeln beeindruckt.
Einige Personen haben das Gefühl, von äußeren Kräften beeinflußt zu werden. Das ist eine unverkennbare Trance-Erschei-

nung. Die Person schaut sich selbst zu und ist erstaunt über den eigenständigen Ablauf ihres Verhaltens. Ohne bewußtes Zutun, unwillkürlich, wie durch äußere Kraft geleitet, vollzieht sich das persönliche Handeln. Dieses Gefühl ist bezeichnend für alle »passiven« Zustände wie Trance, Gipfelerfahrung und Erleuchtung, in ihnen wird die verstandesmäßige, bewußte Überwachung des höheren Ich, des Selbst oder Überbewußtseins durch das Ich aufgegeben. Wir hegen allgemein den unsinnigen Glauben, der Körper arbeite nicht ohne unser wachendes »Tagesbewußtsein«. Tatsächlich arbeitet unsere Psyche mit dem »Nachtbewußtsein«, im Schlaf, im Traum, in der Trance besser, ungehemmter, wirkungsvoller.

Die Wahrnehmung der Raumdimension verändert sich während des Sturzes gleichfalls. Größe und Entfernung von Gegenständen lassen sich nicht mehr angemessen einschätzen. Gleiches trifft auf das Zeitempfinden zu. Ein Zeitlupeneffekt entsteht. Der subjektive Augenblick dehnt sich aus, wodurch es überhaupt erst möglich ist, den Ablauf und die Geschehnisse während des Falls in aller Genauigkeit und Ruhe zu beobachten. Die Zeitverlangsamung ist meines Erachtens ein ganz wesentliches Gefühl bei alternativen Bewußtseinszuständen, Trance und parapsychischen Erfahrungen. Existentielle, in Todesnähe oder in der Nähe des Ich-Zusammenbruchs sich abspielende Erlebnisse führen zu einem Umschwung vom Normal- zum Trance-Bewußtsein. Offenbar besteht ein Zusammenhang zwischen dem Grad der Gefahrensituation und der Eindringlichkeit des veränderten Bewußtseinszustandes und damit aller Trancemerkmale, wie Zeitverlangsamung, Klarheit, Schönheit und Geschwindigkeit der Nachrichtenverarbeitung. Auch besteht eine Ähnlichkeit zwischen der Erhöhung der Wahrnehmung, verursacht durch den Zeitlupeneffekt, und dem sogenannten Lebensrückblick während des Falles. So haben betroffene Personen berichtet, daß sie innerhalb von Augenblicken ihr gesamtes Leben vor sich abrollen sahen. Wie kann das sein? Ich glaube, Lebensrückblick und die Verstärkung der Wahrnehmungsfähigkeit sind unter anderem bedingt durch die Verlangsamung der persönlichen Zeit. Verstreicht für uns die Zeit langsamer, haben wir mehr Muße, den vorbeirauschenden Bilderstrom zu begutachten. Manche Leute sagen, der Lebensrückblick erfolge innerhalb eines Augenzwinkerns. Das geht aber nur, wenn die persönliche Zeitwahrnehmung verlangsamt ist. Die Zeit spielt also eine hervorragende Rolle im Tranceprozeß. Und natürlich entsteht auch die Fähigkeit zur Einschätzung der Situation während des Falles und die Einplanung möglicher Abfangmaßnahmen erst durch die Zeitverlangsamung. Diese wiederum tritt nur durch die hohe Ausrichtung und Einengung der Aufmerksamkeit auf das Geschehen und durch das Ausblenden aller unwesentlichen Reize auf. Werden unnötige Gedanken und Gefühle aussortiert, erhalten wir, metaphorisch gesprochen, mehr Raum im Gehirn, um das Jetzt, den Augenblick hereinzulassen – die Gegenwart erfahren wir dadurch stärker, lebendiger, farbiger; subjektiv haben wir mehr Zeit, uns mit jedem einzelnen Wahrnehmungsobjekt zu beschäftigen. Je weniger Reize uns bewußt sind, desto mehr Aufmerksamkeit können wir auf sie verwenden, wodurch sie uns klarer werden. Das gipfelt in der von Albert Heim beschriebenen Vision übernatürlicher Schönheit – wohlgemerkt: beim Sturz, kurz vor dem Tod! Das gleiche Prinzip begegnet uns bei der Jenseitserfahrung: überirdische Schönheit des Wahrgenommenen, Lebensrückblick, Zeitlupentempo, usw. Viele Schamanen, die das erste Mal ins Jenseits reisen, glauben dort nur kurze Zeit verbracht zu haben. Tatsächlich müssen sie dann hören, tagelang fort gewesen zu sein. Die Zeitdichte ist im veränderten Bewußtseinszustand oft größer. Die Jenseitsreise, die Trance, der Bergabsturz spielen sich, so dürfen wir sagen, in einer anderen Zeit ab. Diese Behauptung läßt sich sehr einfach nachprüfen. Alle Meditationsforschungen haben gezeigt, wie die Eingrenzung der Wachheit und Aufmerksamkeit auf einen Punkt, auf ein Objekt, dessen Farbe, Gestalt und Bedeutung zu erhabener Schönheit verdichtet. Je wirrer dagegen die Wahrnehmung, je mehr Gegenstände ins Blickfeld rücken, desto flacher und verschwommener der Eindruck. Es ist doch ganz natürlich, daß eine Unfallsituation plötzlich zu äußerster Einengung der Auf-

merksamkeit führt. Alle schamanischen Bewußtseinsverfahren richten sich daher auf die Wahrnehmungseinengung, das punktuelle Bewußt-Sein.
Doch damit ist die Psychologie des Falls nicht abgeschlossen. Es kommt schließlich zu einer Spaltung von Bewußtsein und Körper. So schreibt der bekannte Bergsteiger Reinhold Messner in seinem Buch »Grenzbereich Todeszone«, er habe selbst dreimal bei einem Bergunfall ein außerkörperliches Erlebnis gehabt. Im Augenblick der Erkenntnis der Aussichtslosigkeit einer Gegenwehr tritt die Ich-Spaltung ein.

Das sogenannte Körpergefühl ist fast vollständig erloschen, wir stehen außerhalb unseres Körpers, fühlen uns wesenlos, frei aller Erdenbande. Es ist müßig, darüber zu streiten, ob dieser Zustand in der Wirklichkeit möglich ist oder ob wir es nur mit einer phantastischen Auswirkung der Derealisation zu tun haben. Genug, wir stellen diese Tatsache fest, daß in größter Todesgefahr dieses Erlebnis der Trennung von Körper und Seele auftreten kann (1978, 87).

Ein Gefühl der Unwirklichkeit leitet den Unfall ein und manifestiert sich in, wie Noyes (1976) es nennt, einer Depersonalisation, einer Trennung von teilnehmender und beobachtender Person. Nach Kenneth Rings Typologie der Todeserfahrung weisen 38% der betroffenen Personen ein Entfremdungserlebnis vom Körper auf. Dieser Abstand zum eigenen Erleben und zum äußeren Geschehen nimmt offenbar während des Falls zu und erreicht seinen Höhepunkt in einer außerkörperlichen Erfahrung. Durch die Abtrennung des Bewußtseins vom Körper wird der Emotion die Grundlage entzogen. Gefühl und Denken, die sich nun außerhalb des Körpers befinden, brauchen sich logischerweise nicht mit dem in Gefahr schwebenden Körper gleichzusetzen – die Situation kann nun kühl und nüchtern eingeschätzt werden. Viele Personen berichten daher, wie sie ruhig neben ihrem fallenden Körper schwebten und, als dieser unten aufschlug, wenig Mitgefühl für die augenblickliche Lage aufbrachten. Später können sie dann sehr genau die Rettungsaktion, die eintreffenden Helfer usw., beschreiben – eben weil sie »daneben« standen. Viele Fallende verlassen ihren Körper aber auch erst im Augenblick des Aufschlagens.

Trance oder tiefe Hypnose sind heilsam, sie befreien uns von der Maschinerie des Denkens, sie reinigen das Bewußtsein vom zwanghaften, unaufhörlichen inneren Zwiegespräch, vom ruhelosen dauernden Einschätzen und Werten. Interessanterweise fühlen sich, wie viele Forscher bemerkten und wie Shirokogoroff speziell von sibirischen Schamanen berichtet, Schamanen, die längere Zeit keine Séance durchgeführt haben, »schwer in Herz und Kopf«, was sie nur durch den Trancezustand beseitigen können; anschließend fühlen sie sich leicht und angenehm (1935, 364 ff.). Trance heißt Heilung durch innere Erholung vom unendlichen Strom der Außenreize, vom komplexen Denken, vom differenzierten Fühlen. Doch schaltet die Trance nicht wirklich alle Reize aus, im Gegenteil, sie erhöht die Wahrnehmung und bringt die Farbigkeit und Lebendigkeit, das Wunder des Daseins erst richtig hervor – dies aber erst nach einer Phase der Bewußtseinseinengung, und das ist es, was wir als Trance im engsten Sinne definieren können.

5 Die Visionssuche

> Aber die wirkliche Vision kommt aus den eigenen Säften, und sie ist kein Traum, sie ist wirklich. Sie trifft dich scharf und klar wie ein Elektroschock. Du bist völlig wach, und plötzlich steht eine Person neben dir, von der du sicher bist, daß sie nicht neben dir sein kann. Oder jemand sitzt in der Nähe, und plötzlich siehst du ihn weit weg auf einem Hügel stehen. Und trotzdem träumst du nicht; deine Augen sind offen. Dafür mußt du arbeiten und dein Gehirn leermachen.
>
> *Lame Deer, Erdoes, 1981, 72.*

Fay Clark, den Chief Michael Red Cloud, ein Winnebago aus Wisconsin, für zwei Jahre adoptiert und auf die Visionssuche geschickt hatte, erzählte dem Schriftsteller Brad Steiger (1974, 144) seine Erlebnisse.

Ich war noch nicht ganz 13 Jahre alt, als wir zur Vorbereitung mehrere Wochen Unterricht darüber erhielten, was wir zu erwarten hatten und was von uns erwartet wurde. Dann forderte man uns auf, in die Wälder hinauszugehen und einen Platz an einem Fluß zu wählen. Wir wurden angewiesen, kein Essen mitzubringen und Beeren oder sonstige Früchte zu pflücken. Wir sollten uns auch keinen Unterschlupf suchen, sondern uns den Elementen aussetzen, dem Regen und der Sonne. Wir sollten unsere Körper entkräften und regelmäßig wenigstens dreimal täglich für unseren Schutz beten . . .
Wir beteten zu Manitou, dem höchsten Wesen.
Das Hauptziel dieses Ritus ist es, den Körper so schnell wie möglich zu erschöpfen. Eine der Übungen, die mir die Winnebago auferlegten, war, Steine zu finden, die ich und die anderen aufheben und zu einem anderen Platz tragen mußten, um sie dort aufzuschichten;

dann sollten wir sie erneut aufheben und zurückbringen und diesen Vorgang unablässig wiederholen.
Verstehst du, diese Übung zwingt dein Bewußtsein, sich mit einer eintönigen körperlichen Arbeit zu befassen, während das Unterbewußtsein sich auf den Kontakt mit seinem Helfer konzentriert.
Normalerweise sieht man nach einer Weile wilde Tiere, die zunehmend zutraulicher werden. Nach einiger Zeit nähert sich irgendein Tier, so als wollte es sich als Totem oder Helfer anbieten. Es kann ein Vogel sein, ein Backenhörnchen, ein Ziesel, ein Dachs. War man sehr hungrig und hatte Angst, allein draußen in der Wildnis zu bleiben, konnte man das erste Tier, das näherkam, annehmen und sagen, man habe seinen Helfer gefunden. Aber man lehrte uns, hätten wir nur Ausdauer, erschiene Manitou oder einer seiner Vertreter in menschlicher Gestalt und spräche zu uns.
Ich verbrachte zwölf Tage fastend und erwartete meinen Hilfsgeist. Viele Tiere, einschließlich eines wunderbaren Hirsches, kamen und erlaubten mir, sie zu streicheln. Der Hirsch wollte besonders gern bleiben. Aber man hatte mir gesagt, wenn ich eine Lebensform, die sich mir anbot, nicht hinnehmen wolle, solle ich ihr für ihr Kommen danken, ihre Schönheit, Stärke und Intelligenz preisen, ihr aber auch sagen, daß man nach einer noch mächtigeren suche.
Am zwölften Tag erschien eine leuchtende Form vor mir. Obwohl sie im wesentlichen aus Licht zu bestehen schien, konnte ich Gesichtszüge ausmachen und erkennen, daß sie mit einem langen Umhang bekleidet war. »Auf dich habe ich gewartet«, sagte ich. Und sie antwortete: »Du hast mich gesucht, und ich habe dich gesucht.« Dann verblaßte sie. Aber sie war mir ebenso wahrhaftig erschienen wie du mir jetzt.

Für uns ist es schwierig, Sinn und Bedeutung der Visions- und Machtsuche, wie sie besonders von indianischen Stämmen durchgeführt wird, nachzuempfinden. Unserer Psychologie sind solche Exerzitien unbekannt, sie stehen im Gegensatz zur wissenschaftlichen Weltschau, und ihr religiöser Ursprung macht sie doppelt verdächtig, sie muten primitiv an, wild, ja widernatürlich. Leiden und Erschöpfung, die eine Visionssuche begleiten, entsprechen nicht dem sanften Weg unserer modernen Psychotherapie. Der westliche Mensch will sich nicht anstrengen, um seine Probleme zu lösen. Sein sanfter Weg ist der Weg des materiell gesättigten Daseins, das sich im Schutz ökonomischen Wohlstands mit wenig Geistestiefe und Vitalität zufrieden gibt.

Die seelische Radikalkur bringt Verletzendes, Schmerz und Unmenschliches – kein zivilisierter Mensch glaubt, durch Schmerzen Erlösung zu finden, und abgesichert durch Krankenhaus und Ärztestand, verbannt er alles Leiden aus seinem Gesichtskreis. Da es doch all unsere Anstrengung und Intelligenz erfordert, das Leiden aus der Welt zu schaffen, warum sollte es nun wieder eingeführt werden? Besteht nicht die eigentliche Leistung des Westens in der Befreiung des Menschen vom unmittelbaren Überlebenskampf und vom physischen Schmerz, in seiner Herauslösung aus den Naturbedingungen? Naturabhängigkeit erscheint uns heute daher verwerflich, ja archaisch, und jede Berührung mit der natürlichen Umwelt als Abstieg zum Primitiven. Die Anthropologie entwickelte sich ganz in diesem Geiste, sämtliche Theorien und Forschungsstrategien sind davon durchdrungen, und versucht man ihr die Theorie einer Trennung von Umwelt und Mensch zu entreißen, besteht die Gefahr, sie gleich ganz in ihr Grab hinabzuziehen. Unentwirrbar ist sie verflochten mit dem Lob auf das bequeme Leben, den leidlosen Zustand sowie mit der Vorstellung, daß die Kultur Widersacher der Natur ist, und so bleibt ihr nichts anderes übrig, als alles, was nach Unzivilisiertem aussieht, geringschätzig dem Feindbild »Primitivität« zuzuordnen: daher gilt jede Ekstase und Trance als ein Produkt unentwickelter Gehirne, jede spirituelle Regung und mystische Empfindung als ein Akt der Unvernunft und zivilisatorischer Entfremdung. Uns gilt als innerstes Wesen der Kultur die Naturferne; künstliche, also naturabgewandte Kultur wird uns dafür zur zweiten, angeblich besseren Natur...

Vor diesem Hintergrund werden die Anschauungen, mit denen der Ethnologe ins »Feld« zieht, verständlicher. Durch unsere technisierte Kultur ist auch ihm nicht nur die äußere, sondern auch die eigene innere Natur abhanden gekommen. Relikte unserer ursprünglichen Natur deckt man bestenfalls noch in von der Gesellschaft isolierten psychiatrischen Anstalten auf, doch die Psychologie-Industrie fand auch hier Mittel und Wege, das Ursprüngliche in uns zu beruhigen, indem sie als unsere sozialtechnische Befriedungsinstitution die letzten Reste der »wilden« Psyche entstellt, verharmlost und verballhornt. Die Mannigfaltigkeit und die »archaischen« Triebregungen unserer Seele überzieht nun eine dicke Schicht freudianischer und behavioristischer Theorieartefakte, die Reichtum und Entwicklungsmöglichkeit der wirklichen Psyche beschränken.

Geht die Zivilisation einen Weg verfeinerter, indirekter Erkenntnis, so die Stammeskultur einen unmittelbaren, aber auch harten und entbehrungsreichen Weg der Erkenntnis. Was gibt es Unmittelbares als hinauszugehen in die von Menschen unberührte Einsamkeit, sich der biologischen Bedürfnisse des Körpers zu enthalten, zu fasten, zu schweigen, allein, ohne Familien- und Gruppenbindungen den Unbilden der Elemente ausgesetzt zu sein – ein nacktes Kind unter den Sternen. Nicht umsonst sind bei der Visionssuche alle Dinge, die an Kultur erinnern, wie Kleider und materielle Gegenstände, zu entfernen und nur heilige Gegenstände zurückzubehalten. Auch die gewöhnlichen Tätigkeiten werden ausgesetzt. Ohne den Schutz der Familie und des Stammes, immer in der Gefahr von Unwettern, Blitzschlag oder wilden Tieren überrascht zu werden, ist der Initiand gänzlich auf sich gestellt. Von seinen Alltagssorgen befreit, tauchen die wirklichen, die latenten Kräfte der Seele auf, ungehindert vom zivilisatorischen Gestus erfüllen sie sein Bewußtsein.

Vision – schon mit dem Klang dieses Wortes assoziiert die Industriekultur vorsintflutliche, barbarische Archaik. Doch das Prinzip der Visionssuche ist nicht nur die Rückkehr zum »nackten Dasein«; ganz und gar und ohne die verschiedenen intellektuellen Filtersysteme und kulturellen Prismen sollen die uns umgebenden Kräfte aufgenommen werden. Unser Organismus beginnt nun zu arbeiten, und es setzt so etwas wie eine unbewußte Selbstregulation ein: das freie Spiel der unbedrängten Natur unseres eigenen Geistes. Daß Stammeskulturen, die näher am Herzen der Natur und damit gleichzeitig im Mittelpunkt ihres eigenen Bewußtseins leben, zu dieser Methode der »Psychotherapie« gefunden haben, ist kaum verwunderlich . . . Die biochemischen Vorgänge setzen sich in Bewegung, das Fasten zeitigt seine Wirkung; unser Bewußtsein »spinnt« seine eigenen Fäden,

die festsitzenden kulturellen Kategorien lockern sich, fallen von uns ab, und mit dem Hunger, dem Durst, dem Schmerz und dem sich intensivierenden Wunsch nach echtem Kontakt zu einer die eigene Existenz übersteigenden spirituellen Macht zerfallen die letzten physiologischen und sensorischen Konstanzmechanismen, die unsere Wahrnehmung und Gefühle im Gleichgewicht halten; dann entfaltet sich eine neue Welt – eine Vision wird geboren.
Die visionäre Erfahrung ist kein Phantasieprodukt traditioneller Gesellschaften, auch Weiße, die der gleichen Methode folgen, haben ähnliche Erlebnisse. Der Indianerschriftsteller Vinson Brown (1974, 170ff.) beschreibt zum Beispiel seine vier Visionen auf dem heiligen Berg Bear Butte, die er unter der Anleitung von Fools Crow, dem zeremoniellen Häuptling der Ogalala-Sioux, erlebte. Eine seiner Visionen sei hier wiedergegeben.

So konzentrierte ich mich mit aller Kraft auf das Singen meines Gebets, so als ob mein Geist in alle Richtungen ausschwärmen würde, und allmählich hörte die überwältigende Neigung zum Zittern auf ... da legte ich mich auf mein steiniges Bett und versuchte zu schlafen, obwohl das wegen der Steine, die mir ins Kreuz stachen, fast unmöglich war, wie immer ich mich auch drehte. Doch irgendwie schaffte ich es, viermal in dieser Nacht ein wenig Schlaf zu finden, und in jedem dieser vier kurzen Augenblicke des Schlummerns hatte ich eine Vision.
Die erste war vielleicht die merkwürdigste und geheimnisvollste und etwas furchterregend. Ich fühlte einen riesigen Mann neben mir in der Dunkelheit stehen – ein Mann mit gewaltiger Macht. Nach einiger Zeit streckte er seine Arme nach unten aus, schob sie unter meinen Körper und hob mich hoch, als sei ich so leicht wie eine Flaumfeder. Dann trug er mich etwa 50 Meter den Berg hinunter, bis wir die Öffnung einer Höhle erreichten. In dieser Höhle trug er mich etwa 15 Meter hinein, wie es schien, bis wir in einen Raum kamen, der mit Licht erfüllt war. Der Raum war mit für die Sioux heiligen, süßlich riechenden Salbei dick ausgelegt; darauf legte er mich. Als ich mich in diese Weichheit einsinken fühlte, denn dieses Salbei-Bett war viel tiefer und weicher als mein primitives Bett aus Salbei auf der Bergkuppe, fand ich mich von Wärme, Behaglichkeit und Sicherheit umgeben, ein äußerst glückliches und zufriedenes Gefühl nach dem kalten Wind und den scharfen Steinen dort oben. Während

ich dalag, sprach er sechs Worte zur mir: »Hier bist du sehr gut aufgehoben!«

Fools Crow sagte ihm später, seine Visionen seien washtai! washtai! – sehr gut, sehr gut. Die erste Vision erklärte Fools Crow als Geist des Berges, der als Repräsentant des Großen Geistes Browns gereinigtes Bewußtsein anerkannt hätte.
Ein anderes Beispiel ist das des ersten Hüters der Gefiederten Pfeife der Gros Ventre, Whistling Man, dem die Pfeife sagte, daß jeder Hüter sie vier Jahre lang behalten könne, und dann würde sie ihnen sagen, wer sie als nächster bekommen solle. So geschah es mit fünf Hütern, die alle mit den höchsten übernatürlichen Kräften ausgestattet waren. Nach den ersten fünf sollten 16 weitere folgen, von denen die ersten 15 verschiedene und der 16. allmächtige, übernatürliche Kräfte besitzen würde. Dieser Zyklus von 16 Pfeifenhaltern würde noch dreimal wiederholt werden, bis insgesamt vier Hüter mit außergewöhnlichen Kräften die Pfeife bewacht hätten. Der letzte Pfeifenhalter mit Kraft war der 16. Mann des vierten Zyklus, und das war Bull Lodge, der 1880 starb. Danach traten nur noch Hüter mit geringen oder ohne übernormale Kräfte auf. Bevor Bull Lodge starb, rief er sein Volk zusammen und sagte: »Mein Herz ist traurig, es tut mir leid um meinen Sohn, die Gefiederte Pfeife. Es wird nicht mehr lange dauern, dann werden seine Kräfte schwinden. Es werden noch drei weitere Hüter nach mir kommen, und dann wird ihre Aufgabe erfüllt sein.« (Horse Capture 1980) Ehe Bull Lodge starb, erhielt er eine Vision, die Fred Gone dem Ethnologen Verne Dusenberry (1961, 23ff.) erzählte. Eine Stimme sagte zu ihm eines Nachts:

»Du hast noch acht Tage zu leben. Da sind Sieben, die dich beobachten. Vier von ihnen wollten dich bereits von der Erde nehmen, aber drei waren nicht einverstanden, daß du kommst. Nun, diese Drei hatten die Macht, dein Kommen zu verhindern, doch nun haben sie es aufgegeben und eingewilligt, daß du mitgenommen wirst. Du hast noch acht Tage zu leben. Nun bereite dich vor. Sei aufmerksam und warte ab.«

Bull Lodge sagte seiner Familie nichts. Jeden Tag saß er in seinem Tipi und markierte die Zeit mit einem Stück Kohle. Als er sechs oder sieben Zeichen an sein Tipi gemalt hatte, bekam er eine Vision. Weit im Osten, wo die Sonne aufgeht, sah er einen Mann auf einem Bergrücken stehen. Der Himmel wurde golden, und wie der Mann dort stand, hob er sich als Schattenriß gegen die Strahlen ab. Gerade als die Sonne aufging, näherte sich ein Mann. Bull Lodge sah, daß er einen rot bemalten Stab trug und daß er als Pfeifenhalter gekleidet war. Bull Lodge erkannte nun, daß der Mann ein Pfeifenbewahrer war.

»Ich werde dir diesen Stab geben«, sagte der Mann, als er sich Bull Lodge genähert hatte. »Zu deiner Lebenszeit wurden dir dic Dinge, nach denen du verlangtest, gegeben, wenn du darum batest. Du hast die Dinge ausgeführt, wie es angemessen war. Du hast deine Kräfte richtig gebraucht. Nichts wurde dir verwehrt. Jetzt bin ich der Letzte, der zu dir kommt – der Endgültige. Ich werde dich mit dem höchsten beehren – etwas, das die höchste Kraft für den Menschen auf Erden sein wird. Diese Kraft wird die Wiederauferstehung sein.

Von deinen Zeichen am Tipi weißt du, daß du nur noch einen Tag hast. Deine Zeit rückt näher. Sammle deine Familie und überbringe ihr die Nachricht, die ich dir nun erzählen werde. Höre mir gut zu, denn dies sind die Anweisungen, die du deiner Familie geben mußt.»

»Ich muß sterben«, mußt du sagen. »Wenn ich sterbe und ihr mich zurückhaben wollt, müßt ihr folgendes tun: Zuerst müßt ihr vier Schwitzhütten in einer Linie von Ost nach West errichten. Die am weitesten östlich gelegene müßt ihr mit 20 Weidenstangen aufbauen; die nächste mit 18, die folgenden mit 16 Weidenstangen und die letzte – die westliche – müßt ihr mit 14 Weidenstangen aufbauen. Diese Schwitzhütten müssen mit je vier Bisonhäuten bedeckt werden. Dann muß über jede dieser Hütten ein Tipi gestellt werden, und jedes einzelne Tipi muß aus Bisonhäuten gemacht sein. Die Häute über den Schwitzhütten müssen den vier Himmelsrichtungen entsprechend ausgebreitet werden.

Sind die Hütten fertig, die Tipis darübergestellt, muß eine Person die Häute über den Schwitzhütten hochheben, so daß sich Öffnungen im Osten und Westen befinden. Und auf gleiche Weise müssen die Tipis geöffnet werden. Wenn all das getan ist, müssen vier Männer deinen Körper aufnehmen und ihn zu dieser Reihe von Tipis tragen. Wenn die Männer deinen Körper hineintragen, müssen zwei an deinem Kopf und zwei an deinen Füßen sein. Sie müssen dich in die erste Hütte durch den östlichen Eingang hineinbringen und dich auf ein Bett von Räucherwerk legen, das sie für dich vorbereitet haben. Sie werden deinen Körper auf das Bett legen und vorbereitetes

Räucherwerk entzünden. Dann werden die Männer an deinem Kopfende durch die westliche Öffnung und die beiden an deinen Füßen durch die östliche Öffnung hinausgehen, indem sie hinter sich die Öffnungen verschließen.
Nachdem die Männer vier Lieder gesungen haben, müssen sie die Klappen öffnen und in gleicher Weise zur zweiten Hütte im zweiten Tipi gehen und die Zeremonie genau wiederholen. Wenn dort alles vollbracht wurde, werden die Männer deinen Körper in genau der gleichen Weise in die dritte Hütte bringen. Und wieder ist nach der gleichen Weise zu verfahren. Während die Männer dort den dritten Gesang anstimmen, werden sie allerdings ein Rumoren in der Hütte hören. Sie sollen sich nicht fürchten, sondern das vierte Lied singen und dich in gleicher Weise in die vierte Hütte bringen, das Räucherwerk anzünden und die Klappe schließen, und während die Männer singen, werde ich dich rufen.
»Rides Tight, zeige dich!«, werde ich sagen. »Ich werde diesen Ruf jedesmal, wenn die Männer ihr Lied singen, wiederholen. Beim vierten und letztenmal, wenn ich dies ausrufe, wirst du auf der westlichen Seite die Schwitzhütte verlassen. Dann, wenn es die Menschen wollen und diesen Anweisungen folgen, kommst du wieder ins Leben zurück. Das sind die Anweisungen, die du deiner Familie geben sollst. Das ist die Kraft, die ich dir als letzte übergebe – dem letzten großen Bewahrer der Gefiederten Pfeife.«
Noch am gleichen Tag rief Bull Lodge seine Familie zusammen, erzählte ihnen von seiner Vision und gab ihnen die Anweisungen, die er erhalten hatte. In dieser Nacht blieb seine Familie bei ihm. Gegen Mitternacht forderte er seine Familie auf, ins Bett zu gehen – alle außer seinem ältesten Sohn und dessen Frau. Plötzlich brummte Bull Lodge wie eine Bär und zitterte. Als er aufhörte zu zittern, betrachteten ihn sein Sohn und dessen Frau und erkannten, daß er tot war.
Die Familie rief die Leute im Lager zusammen und erzählte ihnen von der Prophezeiung. Es wurde eine große geheime Sitzung abgehalten, um zu entscheiden, ob sie den ihnen gegebenen Weisungen folgen sollten. Zum Schluß entschieden sie, daß es unmöglich sei, seinen Anweisungen Folge zu leisten. Die Bisonhäute waren erschöpft. Der Lebensweg der Gros Ventre ging zu Ende. Bald würde auch die Gefiederte Pfeife ihre Kraft verlieren. Aber es war versucht worden, einem Mann, Bull Lodge, die größte Kraft, die je einem Menschen geschenkt wurde, zu geben – die Wiederauferstehung.

Indianische Kinder werden schon als Sechsjährige auf das Fasten vorbereitet. Ertragen von Schmerzen, Kontakt mit einer geheimnisvollen Übernatur, Einsamkeit und Angst vor den Naturgewalten bringen sie in Berührung mit einem spirituellen Beschützer, der sie sicher durchs Leben geleitet. Die körperlichen und psychischen Entzugserscheinungen verlebendigen eine unbewußte dynamische Schicht in uns, bringen die Lebenssituation und die geheimen Wünsche des Individuums in Form metaphorischer Visionen ins Gesichtsfeld. Die Unterdrückung der Sinneswahrnehmung und der normalen Körperprozesse ist die wirksamste Methode, Körper und Geist auf das Transpersonale einzustimmen, wodurch die innere Weisheit des Körpers und der Psyche aktiviert werden. Wer mit dem inneren Selbst Kontakt aufnehmen möchte, muß zunächst all jene Mechanismen, die ein stabiles, auf die Außenweltvorgänge fixiertes Ich aufrechterhalten, ausschalten. Und die Mittel dazu sind seit jeher: Einsamkeit, Monotonie und Einengung der Konzentrationen durch Gebet und Gesang, wodurch die alltägliche Wirklichkeit verschwimmt, sich auflöst und durch eine visionäre, para-logische, innere Wirklichkeit ersetzt wird. Jedoch neigen wir nur allzu schnell dazu, das visionäre Erleben ganz nach innen zu verlegen. Für den Visionär aber gibt es kein Innen und Außen, beides trifft sich für ihn an einem Punkt – im Bewußtsein; und Bewußtsein wird für ihn zu einer Qualität, die Geist und Materie, Innen- und Außenwelt miteinander verbindet. Was innen ist, ist auch außen und umgekehrt. Die Gegensätze, die unsere normale Realität kennzeichnen, lösen sich hier auf. Für die Visionäre existieren nicht nur innere Erfahrungen, auch jenseitige Wesen hinterlassen in unserer materiellen Welt Spuren und Zeichen, Tiere der Umgebung nähern sich dem Adepten, streifen seinen Körper und sprechen zu ihm. Der Visionär befindet sich mit seiner Umwelt in Harmonie, wodurch die Trennung der Lebewesen und Arten hinfällig und eine Verständigung zwischen verschiedenen Spezies möglich wird.

Arthur Amiotte, zeitgenössischer Sioux-Künstler und Schüler des Sioux-Medizinmannes Pete Catches, erlebte zum Beispiel, wie Adler während seines Pfeifen-Fastens immer wieder über ihm kreisten und ihm das Gefühl gaben, daß sie die Fastenzeremonie einleiteten. Die Verbindung mit allen Elementen der Natur und allen Tieren findet bei ihm immer wieder Erwähnung. Das Verhalten der Natur gegenüber dem Suchenden ist ein Spiegelbild seines eigenen Zustandes. Amiotte, der bei seinem ersten Fasten mehrere Erlebnisse dieser Art mit Wolken, Kühen und Habichten hatte, schildert, wie er ein inniges Verhältnis zu einem Vogel entwickelte:

... ein kleiner brauner Vogel flog nahe heran, setzte sich in eine Pinie, etwa vier Meter von meinem Platz entfernt. Ich sprach zu ihm wie zu dem Schmetterling; es waren auch andere Vögel im Baum – im Norden, Osten und Süden, und sie zirpten wie zur Anwort. Ein Gefühl der Verständigung sowie das, ein natürlicher Teil dieses Ortes zu sein, weckte in mir den Wunsch, für immer dort zu bleiben. Einer der Vögel, ein blauer, blieb noch lange, nachdem die anderen schon fortgeflogen waren, und kam an den nächsten beiden Tagen immer wieder; auch kam er stets allein zu dem gleichen Baum, wo er stundenlang saß und mich beobachtete. Jedesmal bot ich ihm die Pfeife an. Damals wußte ich noch nicht, daß er für die nächsten drei Jahre zurückkehren würde, um in einem Baum östlich von mir zu sitzen und mir im dritten Jahr einen Gesang der Ermutigung zu singen, Worte, die ich bei meinem dritten Pfeifen-Fasten verstehen und beim vierten singen würde (Amiotte 1976, 35).

Der ehemalige Physiker Gerhard Kunze, der eine Zeitlang bei den mexikanischen Huichol lebte, machte ähnliche Erfahrungen, nachdem ihm der Schamane Pedro de Haro gesagt hatte: »Du darfst fünf Tage nichts trinken und nichts essen. Und wenn du dann am fünften Tag Wasser trinkst, erscheint dir die Alte (Urgroßmutter Erde).« »Fünf Tage?« fragte Kunze entsetzt. »Das überlebt doch keiner!« »Das kann man überleben!« versetzte Pedro mit Nachdruck (1982, 86). Kunze ist einer der wenigen Europäer, die den Mut aufbrachten, sich schamanischen Bewußtseinstechniken zu unterziehen; er machte sich auf, die erste Übung des Mara'akame zu absolvieren: Fasten, Einsamkeit, Beten. Auf seiner Wanderung durch das Tal des Rio Verde setzten schon am ersten Tag »Zeichen« und seltsame Begegnungen mit Tieren ein. Als erstes begleitete ihn einen ganzen Tag lang ein weißer Reiher, der immer 100 Meter weit in eine bestimmte Richtung flog, sich dann niederließ und auf Kunze

wartete. Später begleitete ihn ein Adler und wies ihm so lange den gangbarsten Weg durchs Dickicht, bis Kunze seinen Rat mißachtete – da flog er davon. Eine andere Form von Zeichen erhielt er, indem er die Bibel, das einzige Buch, das er mit sich führte, jedesmal, wenn er Hilfe suchte, an einer beliebigen Stelle aufschlug. Wie ein Orakelbuch gaben ihm die aufgeschlagenen Bibelstellen immer eine überraschend treffende Antwort. Später, gegen Ende der Fastenperiode, als er vor übergroßem Durst an einer Quelle das Wasser bloß kosten wollte, stach ihn eine der großen mexikanischen Hornissen ins Bein, das nun schnell anschwoll. Sollte er nun den Weg zurück durchs Tal in die Zivilisation nicht mehr schaffen? Todesangst überkam ihn. Er kniete nieder und betete, nach zwei Minuten ließ der Schmerz nach, und nach weiteren Minuten verschwanden die Schwellung und die Einstichwunde ganz. Hatte ihn die Hornisse vor dem vorzeitigen Abbruch seines Experiments beschützt?
Es ist immer wieder erstaunlich, wie wir schon durch die einfachsten Bewußtseinsveränderungen eine Welt lebendiger Interaktion und Einheit betreten. Die Dinge erhalten eine Bedeutung, die Tiere gehen auf uns ein, ja bilden eine untrennbare Einheit mit unserer Situation, und selbst jede aufgeschlagene Buchseite enthüllt unseren mentalen Zustand: eine Welt der Synchronizität, der Zeichen und Bedeutungen, ein Universum der unio mystica, in dem wir uns nicht verloren fühlen müssen, taucht auf.
Die Vision ist als transpersonale Äußerung universell, in ihrer Bildwahl und Symbolik aber sicherlich kulturell gebunden. Die Essenz des Transpersonalen und Mystischen dagegen ist ohne Symbolik und ohne Form – ihr Wesen ist absolute Reinheit. So versteht es zumindest die asiatische Philosophie. Der Yogin strebt nach vollkommener Gestaltlosigkeit, vollkommener Leere, und der Zen-Buddhismus sucht die formlose Erleuchtung. Die Erfahrung der Stammeskulturen dagegen bleibt meistens dem Bereich der Formen und Bilder verhaftet. Dies bedeutet aber nicht, daß Schamanen nicht ähnliche und gleiche mystische Erlebnisse haben wie fernöstliche Heilige und Yogis. Nur scheint mir, daß Stammeskulturen die gestaltlose Erleuchtung – nach

außen hin – eher symbolisch darstellen, da sie in einer Welt überleben müssen, die konkretere Umweltbezüge verlangt als die Welt der Klöster und Meditationshöhlen.
Ähnlich wie wir in naturgegebenen Formationen – in Wolken, Felsen oder geographischen Gegebenheiten – mit Leichtigkeit Bilder und Gestalten zu erkennen vermeinen, so sehen wir auch im Alkoholrausch oder in drogeninduzierten Zuständen ebenso wie bei Ermüdung und Erschöpfung Muster und Phantome, ja ganze Filme vor uns tanzen – wir halluzinieren. Wird unser Gehirn von äußeren Informationen abgeschirmt, produziert es auf der Basis gespeicherter Erregungsmuster seine eigenen Welten. Aber wir können noch weitergehen und die Ebene der Phantasmagorie überschreiten. Wir landen dann in einer spirituellen Sphäre, die zu erreichen das Ziel aller esoterisch-okkulten Philosophien ist. Hier berühren wir eine Bewußtseinssphäre, in der wir uns mit Verstorbenen, Geistern, Tierentitäten und amorphen Wesenheiten oder dem Schöpferischen, dem Überselbst, verständigen können. Und erst nach einem weiteren Schritt und nach weiteren Anstrengungen treten wir in eine »psychische Leere«, einen Raum ohne menschliche Daseinsentwürfe, ein – das Absolute. Die visionäre Erfahrung ist meistens bildhaft und metaphorisch; sie entspricht daher nicht dem Höhepunkt mystischer Introspektion, sondern eher einer tieferen psychischen Schicht oder transpersonalen Sphäre.
Die physiologische und biochemische Analyse der visionären Erfahrung steht noch aus, erst sie wird uns einen wirklich wissenschaftlichen Zugang zu diesen Phänomen erschließen. Auf Aldous Huxley's (1977, 197) Auffassung, daß während des Mittelalters Visionen wesentlich häufiger gewesen seien, weil während des Winters und der sechswöchigen Fastenzeit infolge von Unterernährung und Vitaminmangel vielfach ein grundlegender, visionäre Erfahrung begünstigender psychischer und biochemischer Wandel eintrat, habe ich bereits hingewiesen (S. 80). Allein aufgrund der verbesserten Lebensbedingungen nehmen Visionen heute unter den psychischen Phänomenen wenig Raum ein. Auch Selbstkasteiung, die ebenfalls weitge-

hend ausgestorben ist, erhöht die Möglichkeit zur visionären Schau, denn dabei werden große Mengen Adrenalin und Histamin freigesetzt, die einen Einfluß auf das Bewußtsein haben. Der heiliggesprochene Jean Vianney des 19. Jahrhunderts bemerkte dazu, als ihm sein Bischof untersagte, sich selbst zu quälen: »Als ich mit meinem Körper tun durfte, was ich wollte, verweigerte Gott mir nichts.«

Als Ergebnis der Begegnung mit dem Heiligen verändert sich das Leben des Visionärs schlagartig: Nun, da er von den tiefen Quellen des Lebens getrunken hat, ja mit Lebenskraft überschüttet wurde und etwas von jener Essenz der Urexistenz gespürt hat, ist er plötzlich ausgestattet mit außersinnlicher Wahrnehmung, Präkognition, der Fähigkeit, seinen Körper zu verlassen, Geister zu sehen usw. Er hat Attribute der sakralen Existenz erhalten und ist nun selbst zum Botschafter, zur Epiphanie des Heiligen geworden, manifestiert durch seine überirdischen Kräfte eine höhere Welt.

Diese transpersonalen Erfahrungen sind der heutigen Psychotherapie unbekannt. Dennoch läßt sich dieser Erfahrungsbereich sinnvoll zur psychischen Heilung und Ganzwerdung einsetzen. Die durch körperliche und psychische Entwöhnung hervorgerufenen Zustände könnten unsere westlichen Heilverfahren ergänzen. Wir stehen vor einem geheimnisvollen Reich der Psyche. Wenn wir uns ihm zuwenden, werden wir vom Schamanen wesentliches lernen.

Da Anthropologen und Psychologen nie an sich selbst ausprobiert haben, zu fasten, zu dursten und lange betend einsam in der Natur auszuharren, erscheint ihnen eine Vision eher als krankhafte Äußerung des Gehirns, als Halluzination oder geistige Verwirrung. Jene Forscher weigern sich also nicht nur, die modernen Forschungsresultate der Bewußtseinspsychologie zu prüfen, sie weigern sich auch, sie an sich selbst zu testen. Die Leugnung einer umfassenderen geistigen Wirklichkeit ist aber so alt wie die Psychologie selbst. Jede neue Entdeckung der Psychologie mußte mit allen Kräften gegen die etablierte Reaktion durchgesetzt werden. Und wenn wir die Geschichte des Widerstandes gegen die Traumdeutung, das Unbewußte oder die Sexualforschung betrachten und sie mit dem heutigen Widerstand gegen das Transpersonale und das Überbewußte vergleichen, dann sehen wir, daß sich an der Angst der Menschen vor dem Reichtum der Psyche nichts geändert hat.

6 Innere Augen, doppeltes Sehen

> Von hier, vom Sand, auf dem ich liege, kann ich geradewegs in den siebenten Himmel schauen und alles wahrnehmen, was in den vier Ebenen der Geisterwelt und den drei Ebenen des Himmels geschieht. Ich wünschte, der Schleier, der das Übernatürliche vom menschlichen Sehvermögen trennt, könnte vor deinen Augen nur für eine Minute weggezogen werden, so daß du das erschauen könntest, was ich sehe. Aber du bist noch zu erdverbunden und steckst zu tief in den alltäglichen Versuchungen und Leiden des weltlichen Lebens.
>
> *Ta Ruahine, eine alte hawaiianische Fischer-Frau, zu Leinani Melville, 1969.*

Joemin, ein zum mythischen Helden gewordener Medizinmann der australischen Kakadu, gewahrte einst an einem Wasserloch, als er sich über dessen Rand beugte, seinen eigenen Schatten. Er tauchte mit seinem Kopf unter Wasser und öffnete die Augen; das nennt man Karareyu poro, das »Waschen der Augen« – dadurch wird eine Person hellsichtig und lernt, in die Ferne oder durch Bäume und Menschen zu sehen (Petri 1952, 205).

In gleicher Weise sprechen die Feuerländer vom geistigen Sehen, Asikaku, und die Hawaiianer von Papalua, vom doppelten Sehen oder doppelten Wissen, die australischen Rai vom inneren Auge, mit dem sie das Unsichtbare wahrnehmen, und die senegalesischen Badyaranké von den »Augen der Nacht«, die zwischen den normalen Augen oder seitlich davon liegen.

Seit jeher werden Schamanen phantastischste Fähigkeiten zugeschrieben, und auch sie selbst zögern nicht, sich der abenteuerlichsten geistigen Erfahrungen zu rühmen. Alle Stammestraditionen berichten bizarre Geschichten von geheimnisvollen Kräften. Unsere Wissenschaft hat sich an dieser bunten Sammlung des Irrealen erfreut, soweit sie diese als Märchen, Mythen oder primitive Geistestätigkeit deuten durfte. Sobald sich aber jemand anheischig machte, diese Kräfte ernsthaft zu prüfen, spürte er den Zorn der wissenschaftlichen Gemeinschaft. Mit unserer Darstellung, die einer praktisch-realistischen Position folgt, hinter der magischen Welt also echte spirituelle und transpersonale Erfahrungen vermutet, gelangen wir sehr schnell an unsere Erkenntnisgrenzen, wenn wir versuchen, Kräfte, die sich aus einer intensiven psychischen Verwandlung ergeben, mit den Mitteln der gegenwärtigen Wissenschaft zu erklären. Die einzigste Forschungsrichtung, die uns Hilfe anbietet, ist die Parapsychologie, doch selbst ihr blieben bisher die biologischen und psychischen Wirkfaktoren der transpsychischen Kommunikation verborgen. Irgendwie scheinen die Forschungsweisen unserer Wissenschaft beschränkt, Angst vor dem Ungewohnten engt sie ein, Selbstüberschätzung verstellt ihr den Blick. Deshalb vermag uns auch die Psychologie der Naturvölker nicht die Pforten zu ihrem geheimen Wissen zu öffnen, denn das Geheimnis, an dem wir bisher gescheitert sind, ist das unsere, unsere eigene forscherische Selbstbeschränkung.

Noch Robert Lowie, der große Ethnologe (1979), bezeichnete alle nordamerikanischen Pawnee-Medizinmänner als »Meister der Taschenspielerei« und ihre Fähigkeiten als Tricks. Doch gibt es in der ethnologischen Literatur kaum substantielle Hinweise, geschweige denn Untersuchungen über die Art und Weise, wie diese »Tricks« ausgeführt werden. Vermeintliche Enthüllungen beschränken sich im allgemeinen auf phantasievolle Vermutungen. Selbst bei so einfachen Phänomenen wie dem Feuerlaufen und seiner bewußten Schmerzausschaltung glaubte man, es handele sich um billige Tricks. Heute können diese Erscheinungen jedoch mit psychophysiologischer Selbstkontrolle erklärt werden. Lassen Sie uns nun einen Blick in das weite Spektrum schamanischer Heroentaten und Kräfte werfen.

Martin Gusinde (1931, Bd. 1, 775ff.) berichtet, wie Adam, ein feuerländischer Selk'nam-Indianer, sich drei Pfeile hinter dem Schlüsselbein in den Körper stieß, um sie an der Körperseite zwischen den Rippen wieder zum Vorschein kommen zu lassen. Ausdrücklich bemerkt Gusinde, diese Fähigkeit habe nichts mit hypnotischer Täuschung oder Scharlatanerie zu tun, sie beruhe auf wirklicher Körperbeherrschung. Die Xon, die Schamanen, stachen nicht nur sich selbst Pfeile durch Arme und Beine, auch anderen Personen bohrten sie spitze Gegenstände durch die Schultern, ohne daß die Betroffenen bluteten oder Schmerzen verspürten.

Gusinde beobachtete einen Xon, der im Ringkampf besiegt worden war, sich seiner Niederlage schämte und sich nun auf magische Weise hervortun wollte. Er ließ aus der Schlüsselbeingegend Eiter hervorquellen, ohne daß eine Wunde zu erkennen war. Andere Xon riefen bei sich durch Konzentration Blutungen hervor und stillten diese wieder nach Belieben. Wieder andere machten Frauen durch einmaliges Bestreichen ihres Bauches unfruchtbar.

Viele anerkannte Ethnographen geben Beobachtungen wieder, die keinen Zweifel darüber zulassen, daß sie Zuschauer psychophysischer Leistungen waren, die jenseits der von der Schulmedizin anerkannten Möglichkeiten liegen. Dazu einige kurze Schilderungen, wie man Schmerzen abstellen, die innere Körpertemperatur erhöhen und den Körper feuerfest machen kann. Franz Boas (1964, 260) beschreibt folgendes Erlebnis bei den Eskimo:

Nachdem die Lampen gelöscht waren, begann der Angakok, der Schamane, seine Beschwörungen. Plötzlich sprang er auf und raste aus der Hütte, dorthin wo eine aufgerichtete Harpune stand. Mit aller Wucht warf er sich in die Harpune. Sie drang in seine Brust und kam am Rücken wieder heraus. Drei Männer hetzten hinter ihm her und zerrten schließlich den Blutenden an der Harpunenleine zu allen Hütten des Dorfes. Als sie wieder zu der ersten kamen, zog er sich die Harpune selbst heraus, legte sich auf seine Bettstatt, und ein anderer Angakok schläferte ihn durch monotone Gesänge ein. Nach geraumer Weile erwachte er wieder und zeigte den Leuten, daß er unverletzt war, trotz seiner zerrissenen Kleider und blutenden Wunden.

Teb-Tengri, jener Zauberer, der Genghis Khan den Titel Dschingis Khan verlieh, mit dem dieser in die Geschichte einging, soll die Kontrolle über den magischen Flug und das Feuer besessen haben. Er behauptete von sich: »Gott spricht mit mir und ich gehe hinauf in den Himmel.« Bei klirrender Kälte lief Teb-Tengri nackt durch die Wüste, und im Winter setzte er sich aufs Eis eines zugefrorenen Flusses. Mit der Hitze seines Körpers schmolz er das Eis, und Dampf stieg von seinem Körper auf. Eine ähnliche Macht über seine Psyche wird auch Qutula, einem Großonkel Genghis Khans, zugeschrieben. Wenn er an einem Feuer schlief und die Glut der auseinanderfallenden Baumstämme auf seine Haut fiel, kratzte er sich höchstens etwas, so als hätte ihn bloß ein Insekt gestochen (Boyle 1972, 181 f.).

Die alagirischen Burjäten erzählen von ihrem Schamanen Machunaj, er habe die Fähigkeit besessen, sich auf seinem Schlitten ohne Pferde fortzubewegen. Als die Irkutsker Regierung das Schamanentum verbieten wollte, mußten sich alle Schamanen versammeln. Sie sollten ihre Kräfte demonstrieren. Machunaj ließ 70 Fuhren Heu auffahren, setzte sich in die Mitte mit seiner Zaubertrommel und ließ Feuer legen. Als das Heu restlos verbrannt war, stieg Machunaj unversehrt aus der Asche. Nun erlaubte die Regierung den Schamanen, weiterhin ihre Tätigkeit auszuüben (Nioradze 1925, 102).

Bei den Luiseño-Indianern konnten die Medizinleute ganze Federbüsche ins Feuer legen, ohne daß sie verbrannten. Ein Schamane, Turiyo, warf seinen Federbusch ins Feuer, man roch die versengten Federn und sah, wie sie verbrannten. Turiyo umkreiste das Feuer, schaute sich dann um und sah seinen Federbusch nicht weit entfernt auf der Erde liegen. Die Luiseño entfachten auch große Feuer, so groß wie ein Haus, und die alten Männer sprangen hinein und verharrten mehrere Minuten in den Flammen. Es roch nach versengten Federn, sie selbst aber taten sich nichts (DuBois 1908).

Die nordamerikanischen Penobscot-Schamanen (Speck 1919) töten und verwunden Tiere, indem sie einfach mit den Fingern auf sie zeigen. Sie können sich, sind sie auf der Flucht, vor

Feinden unsichtbar machen, Fußabdrücke in festem Gestein hinterlassen, dickes Eis mit Leichtigkeit anheben, durch feste Hindernisse, etwa Türen, hindurchgehen, schwere Felsen wegrollen, lange unter Wasser bleiben, Tiere als verkleidete Menschen erkennen, ihren Körper schrumpfen oder wachsen lassen, und natürlich besitzen sie auch die Fähigkeit zur Levitation, Präkognition, Telepathie und zum Hellsehen.

Eskimo-Schamanen können unter Wasser laufen, Federkiele in Felsen stecken und selbst durch harten Fels gehen, Fische vom Meer ans Land treiben, um sie so leichter einfangen zu können, mit Tieren sprechen, Schneemassen, die den Weg zu Lande oder im Fjord blockieren, beseitigen oder Packeis in glattes Eis verwandeln. Die Eskimo glauben, daß sich der Schatten, die Seele, vom Schamanen lösen und sich ganz unabhängig von ihm fortbewegen könne; dabei komme es vor, daß der Schamane transparent werde und selbst normale Menschen durch ihn hindurchzusehen vermögen. Allgemein glaubt man, der Schamane sei fähig, in andere Menschen hinein bis auf ihr Skelett zu sehen und ihr Wesen zu erkennen. Der »Röntgenblick« des Schamanen wird in Eskimo-Kulturen besonders stark betont. Eskimoschamanen sagt man auch die Kunst nach, sich in Sekunden einen Bart wachsen lassen und aus Schnee Blut herausdrücken zu können, sich fesseln zu lassen und im Nu wieder freizukommen oder eine zerschnittene Schnur wieder zu verbinden, wenn man sie sich in den Mund steckt. Schamanen verwunden sich auch selbst, nur um zu zeigen, wie sie sich anschließend selbst heilen. Zu diesem Zweck erstechen sie sich, wie bereits gesagt, mit ihren Harpunen, erschießen, verbrennen sich oder schneiden sich einen Finger ab. Bei den Copper-Eskimo tritt der Schamane mit den Geistern in Verbindung und vermag so im Dunkeln zu sehen und kommende Dinge vorauszusagen sowie den Dunst, der von menstruierenden Frauen oder Schwangeren ausgeht, zu riechen. Er liest die Zukunft und nimmt die Geheimnisse, die Sünden, den Charakter und die Gedanken anderer Menschen wahr. Er sieht die Seelen der Toten und hört ihre Gespräche, er weiß um die Verstecke des Wildes. In der Tat, er sieht, hört und weiß alles (Winnipeg 1979).

Schamane der sibirischen Tungusen.

Schamane der sibirischen Yakuten.

Ladakhische Orakelfrau bei einer Zeremonie.

Schamane der sibirischen Yakuten. Foto: W. Jochelsen, © American Museum of Natural History

Dapic, ein Schamane der Crow-Indianer, war berühmt für seine übernatürlichen Kräfte. Im Winter ließ er Rüben und Beeren wachsen, verwandelte Baumrinde in Dörrfleisch und heilte seine Schußwunden (Lowie 1951, 30ff.).

Die Mossi des Sudan geraten beim Tanzen in Ekstase und vollführen dabei die verschiedensten Kunststücke: Aus dem Mund lassen sie Affen und Hunde kommen. Sie streuen Saatkörner, die sogleich aufgehen, Früchte tragen und anschließend verdorren. Sie speien aus dem Mund so viel Wasser, daß sie bis zum Hals darin stehen können. Sie schneiden anderen die Kehle durch und heilen sie gleich darauf wieder. Auf dem ausgestreckten Arm lassen sie aus dem Nichts Schwalben erscheinen oder sie lassen sich um den Kopf herum Hörner wachsen und verwandeln sich in wilde Tiere, in Löwen, Buschschweine und Leoparden (Friedrich 1939, 306).

Die Schamanen der nordamerikanischen Papago begleiteten ihre Kriegsbanden und sie sprechen mit den Geistern von Papago-Kriegern, die im Feindesland gefallen waren und die als Spione die Bewegungen feindlicher Apachentrupps auskundschafteten.

Die Hopi-Indianer glauben, ein Seher könne alle Schmerzen ertragen, weil er die Fähigkeit besitze, sich in denjenigen, der ihn schlägt, zu projizieren, so daß dieser selbst die Schläge spürt (Simmons 1976, 74ff.).

Der sibirische Schamane Katschikaat-Ojun aus dem Nasleg von Katschikat, über den viele Erzählungen kursieren, lud seinen Kollegen, den Schamanen Solkolooch, ein, sein Weggenosse auf einer Reise zu sein. Während sie verschiedene Ortschaften aufsuchten, waren sie einmal gezwungen, die Lena zu überqueren. Katschikaat-Ojun band sich einen mit Schnitzereien verzierten Weidenzweig an die Füße und lief über den Fluß, während Solkolooch durch Schnalzlaute ein Boot vom anderen Ufer herbeilockte, mit dem er übers Wasser setzte (Ksenofontov, in Friedrich/Buddruss 1955, 188).

Der Schamane Küstach-Ojun vom zweiten Maldschegar'schen Nasleg befand sich mit zwei Begleitern auf einer Reise. Am

linken Lenaufer überraschte sie die Nacht, und in der Dunkelheit verloren sie den Weg. Einer seiner Begleiter forderte ihn auf, doch seine Kräfte zu nutzen, ehe sie hier an Kälte zugrundegingen. Küstach-Ojun ließ daraufhin den jüngeren Reisegefährten einen Zweig von einer Weide abbrechen und ein Muster hineinschnitzen. Nachdem er mit dem Zweig auf den Schnee geschlagen hatte, entzündete sich aus dem Nichts ein bläuliches Feuer. Das Feuer zeigte ihnen nun den Weg zu einer Ansiedlung, wo es schließlich spurlos verschwand (a.a.O. 185f.).
Die Yékamus der Yamana vermochten den Umfang ihres Körpers (der Seele) auf über zehn Meter auszudehnen. In dieser Einflußzone nahm der Medizinmann alles so wahr, als gehöre es zu seinem Körper (Gusinde 1931, Bd. 2, 1390). Und wie uns verschiedene Ethnographen versichern, beruhigte sich das Wetter, sobald ein Yékamus seine Beeinflussung zusagte. In der Loima-Yékamus, der Medizinmannschule der Yamana, schlossen sich immer mehrere Medizinmänner zusammen, um die Witterung günstig zu gestalten. Wenn bei anhaltenden Stürmen die Versorgung der Feuerländer gefährdet war, wußte nur der Yékamus die Gefahr abzuwenden. Fürs Jagdglück stimmte er seinen Cowanni-Gesang an: Er blickte in die Weite, streckte die Arme aus, griff in die Luft, führte die geschlossenen Hände zurück und drückte den unsichtbaren Inhalt gegen seinen Körper. Diese Bewegungen lockten die Késpix, die Seelen der Tiere, herbei. Im Trancezustand rief er die Cowanni-Geister, die alsbald ganze Heringsschwärme und andere Fischarten an den Strand trieben, wo das notleidende Volk wohnte. Die Cowanni-Geister bewirkten auch, daß viele Rundkrabben das Ufer hinaufliefen, daß sich Vögel auf nahen Steinen niederließen, und daß ganze Familien von Walen am Ufer strandeten. Nach getaner Arbeit entließ der Yékamus die Geister wieder auf die Hochsee hinaus.
Vorauswissen aller Art erleichtert unter den rauhen Naturbedingungen das Leben. Gusinde berichtet, wie ein Yékamus sagte: »Ich sehe draußen ein langes Kanu mit Touwisiwa (eine Tierart) näherkommen!« Tags darauf erschienen tatsächlich Schwärme

dieser Vögel. Auch die verheerenden Epidemien, welche die Feuerländer heimsuchten, waren in den Prophezeiungen schon lange vorher angekündigt worden (Gusinde 1931, Bd. 2).
Helmut Petri erzählt, wie er als Angehöriger der Frobenius-Expedition 1938 auf der Eingeborenenstation Munja am Walcott Inlet in der nördlichen Kimberley Division weilte und dort ein unerklärliches Erlebnis hatte. Ein Kollege von ihm ritt nach Brockman Creek im Norden der Station und kehrte erst in der Abenddämmerung zurück. Als sie sich abends unterhielten, stellte sich heraus: Sowohl Petri als auch der Kollege hatten sich zur gleichen Zeit mit Yáobida, einem Eingeborenen, unterhalten, und zwar beide über das gleiche Thema, nämlich über Verwandtschaftsbeziehungen des Stammes. Sie waren fassungslos: Wie konnte Yáobida gleichzeitig an zwei verschiedenen Orten sein und, wie sich später ergab, sich zur selben Zeit über dasselbe Thema unterhalten? (Petri 1984 unveröff. Manuskript).
Dem alten Wabik, einem nordamerikanischen Micmac-Schamanen, wurden ebenfalls viele paranormale Fähigkeiten zugeschrieben. Er konnte Gewehr- und Kanonenkugeln mit seiner Brust trotzen und besaß erstaunliche Kontrolle über die Elemente. So erzeugte er etwa verheerende Stürme. Ein anderer Schamane, Sapiel Sayamau, pflegte eine Tonpfeife zu rauchen, die er, wenn er sie nicht benutzte, wie ein Band um seinen Hut bog, ohne daß sie zerbrach. Mit bloßen Händen verbog oder zerbeulte er auch Kirchenglocken, besonders wenn sie ihn beim Geschichtenerzählen störten. Einmal brachte er auch eine Windmühle zum Stehen, weil der Müller einer alten Micmac-Frau Mehl verweigert hatte. Aus ähnlichen Gründen bewirkte die Micmac-Schamanin Morris, daß die Kühe eines Farmers 24 Stunden lang keine Milch gaben. Gabriel, ein anderer Micmac-Schamane, spielte einem Priester einen Streich: er ließ dessen Boot rückwärts segeln, so daß der Geistliche nicht an sein Ziel gelangte.
Schamanen setzen ihre Fähigkeiten natürlich auch zu eigennützigen Zwecken ein, so beim Spiel, wenn sie die Würfel in die gewünschte Richtung drehen. Überhaupt unterstützen Schamanen bei öffentlichen Spielen oft eine Gruppe und versuchen den

Ablauf des Spiels in ihrem Interesse zu manipulieren. Psychokinetische und hellseherische Einflußnahme spielt dabei eine hervorragende Rolle (Johnson 1943, 77f.).
Zur Beeinflussung des Wetters liegen uns von Schamanen Hunderte von Anekdoten vor, verstreut in Büchern, Zeitschriften und Reisebeschreibungen. Eine gründliche Darstellung, die über eine Sammlung von unnachprüfbaren persönlichen Erfahrungen hinausgeht, ist heute allerdings noch nicht zugänglich. Zwar bringen die Beobachtungen immer wieder die Überraschung über die plötzliche Veränderung des Wetters nach einem entsprechenden Ritual zum Ausdruck – ein kausaler Zusammenhang ließ sich bisher jedoch nicht nachweisen. Die zukünftige Forschung kann sich nicht mehr mit Randnotizen und subjektiven Kommentaren begnügen, und die Ethnologie, soweit sie sich ernsthaft mit Schamanen beschäftigen möchte, muß die Maßstäbe der experimentellen Wissenschaft übernehmen und kontrollierte Untersuchungen durchführen. Die typische Reaktion von Forschern und Reisenden, konfrontiert mit psychischen Manipulationen des Wetters, sind anfänglich Fassungslosigkeit, dann das Zugeständnis, daß hier eine Verbindung zwischen Ritual und Wetterveränderung besteht, doch nach einiger Überlegung finden wir immer wieder den gleichen Satz: »Zwar gibt es Dinge, die wir nicht erklären können, aber eigentlich kann es nicht wahr sein!«, und damit läßt die Ethnologie bisher die Sache auf sich beruhen.
Der Paviotso-Indianer Jack Wilson ließ es bei seinem Besuch in Sweetwater, Nevada, regnen. Er begann sein Ritual damit, daß er seine Elsterfedern vom Hut nahm und mit ihnen vor seinem Gesicht hin und her fächerte. Sofort bildeten sich Wolken, und bald begann es zu regnen. Hörte er auf mit den Federn zu wedeln, hörte auch der Regen auf (Park 1934, 108).
Der Lakota-Medizinmann Lame Deer erzählt:

Als ich ein kleiner Junge war, gab es einmal ein Fest, und wir wollten spielen. Es regnete leicht, und ich war sauer. Da sagte meine Großmutter: »Warum zeichnest du nicht das Bild einer Schildkröte?« Noch bevor wir mit der Schildkröte fertig waren, hörte es auf zu regnen. Ich könnte das Land austrocknen: mit einer besonderen

Schildkröte, die auf dem Kopf steht, könnte ich alles überfluten. Du mußt nur das richtige Gebet dazu wissen, die rechten Worte, die dazugehören. Ich werde sie dir nicht verraten. Das ist zu gefährlich. Damit spielt man nicht herum. Ich sehe den typischen Ausdruck des weißen Mannes auf deinem Gesicht. Du glaubst mir nicht (Lame Deer 1981, 136).

Pete Catches, ein anderer Lakota-Medizinmann, vermochte den drohenden Sturm von einem Sonnentanz abzuhalten:

Viele Leute wollten gehen, um daheim zu sein, bevor das Unwetter losbrach. Und die Wolkenwand rückte schnell näher. Sie brachten mir meine Pfeife, die Pfeife, die ich immer benütze. Ich nenne sie meine Häuptlingspfeife. Ich nahm sie und bat den Großen Geist, den Donner zu teilen, ihn in zwei Hälften zu teilen, auf daß wir unseren Sonnentanz beenden könnten. Für alle sichtbar teilte sich die Wolke, bevor sie uns erreichte. Ein Teil ging nach Norden, tobte im White River Land, riß die Dächer von den Häusern, zerstörte die Gärten und Felder und ließ nichts auf seinem Platz. Die Wolkenhälfte, die nach Süden zog, in Richtung Pine Ridge, bedeckte alles mit Hagel. Auf dem Tanzplatz schien ohne Unterbrechung die Sonne (a.a.O. 1981, 137).

Auch Richtung und Stetigkeit des Windes unterliegt dem Willen des Schamanen. Als bei den Paviotso im Frühjahr der Fluß noch immer zugefroren war, sie aber Fische zu essen brauchten, wandten sie sich an einen Schamanen vom Pyramid Lake, der die Fähigkeit besaß, warme Winde zu erzeugen, die das Eis schmelzen ließen. Der Schamane sang, und tatsächlich – das Eis driftete hinweg. Die Leute fingen viele Fische und schenkten dem Schamanen von ihrer Beute, denn er durfte nur mit Fischen bezahlt werden, sonst hätte er seine Kraft verloren (Park 1938, 60f.).

Franc Johnson Newcomb, der berühmt gewordene Navajo-Medizinmann Hosteen Klah und andere waren von Albuquerque zum Navaho-Reservat unterwegs, als sie auf einen Zyklon trafen, der sich – eine halbe Meile vor ihnen – anschickte, die Straße zu überqueren. Sie stoppten ihr Auto, Klah stieg aus und lief furchtlos dem Wirbelwind entgegen. Newcomb schreibt:

Wir begannen bereits den Seitenwind zu fühlen, der alles zum Zentrum hin einsaugte, als er sich zu unserem Entsetzen direkt auf uns zu drehte. Wir hatten alle vor dem Auto gestanden und die Entwicklung der Windhose verfolgt; jetzt drängte ich die Kinder, sich zu beeilen und ins Auto zu steigen. Aber ganz anders Klah: Er begann langsam in Richtung der drehenden Masse zu laufen, die sich mit einem Geräusch Tausender von Bienenschwärmen näherte. Dann und wann hielt er inne, hob einen Klumpen Erde oder das Blatt einer Wüstenpflanze auf und steckte all das, während er noch sang, in den Mund. Wir konnten nicht einfach wenden und abfahren und ihn mit dem Tornado allein lassen, abgesehen davon war es nun bereits zu spät zum Flüchten; so blieben wir einfach sitzen – vier der ängstlichen Menschen, die man je gesehen hatte. Langsam ging Klah immer weiter in den wirbelnden Sturm hinein; dann, plötzlich erhob er seine Hände, spie die Masse in seinem Mund der sich nähernden Windsäule entgegen und erhob seine Stimme zu einem lauten Gesang. Für einen Augenblick stand die Säule still und teilte sich dann im Zentrum. Der obere Teil schwebte hoch und wurde von den niedrig hängenden Wolken aufgesogen, der untere Teil wie ein großer, umgestülpter Topf, drehte im rechten Winkel ab, seinen ehemaligen Kurs wieder aufnehmend (1964, 198f.).

Der Ethnologe Paul Radin schrieb einige Geschichten um den Winnebago-Medizinmann Midjistega auf, der wie viele andere Medizinleute die Kunst beherrschte, Dinge zu verwandeln oder neu entstehen zu lassen. Wenn die Männer in der Hütte ihre Gesänge begannen, umrundete Midjistega sie auf allen Vieren viermal, nahm etwas Holzkohle vom Feuer, schüttelte sie in seiner Hand, und plötzlich begannen seine Zähne wie bei einem Grizzly vorzustehen, und er brummte wie ein richtiger Bär. Die Holzkohle legte er in eine Schale, und während er erneut viermal um das Feuer lief, verwandelte sie sich in Schießpulver. Eine Handvoll davon warf er ins Feuer, wo es explodierte. Später schuf er auf ähnliche Weise noch Tabak, bunte Farbe und sogar Äxte, Hacken und Ahlen und erklärte dann: »Da ich nun fast alles gemacht habe, will ich nun versuchen, etwas Whisky herzustellen. Versage ich, wird das keinesfalls ein Schaden sein.«
Einmal ging Midjistega zur Handelsstation, um seine Felle gegen Maismehl einzutauschen. Zum Händler sagte er: »Sag Händler, unsere Leute haben keine Farbe mehr, Du solltest ihnen etwas geben.« »Nein, Midjistega, das geht nicht.« »Aber«, meinte

Midjistega, »die Farbenkästen sind doch klein und so oder so nicht sehr viel Wert, und Du solltest meinen Leuten ein paar Geschenke machen. Doch ich weiß, du bist ziemlich knausrig.« Der Händler antwortete: »Mein Geschäft ist, meine Waren gegen Deine Pelze einzutauschen, und ich werde Dir keine Farbe umsonst geben.« »Wenn ich etwas Mehl hätte«, sagte Midjistega, »könnte ich selbst etwas Farbe herstellen. Aber ich habe nicht einmal Mehl.« Ein Wort gab das andere, bis der Händler eine Wette anbot. Gelänge es Midjistega selbst Farbe herzustellen, sollte er den gesamten Laden des Händlers erhalten, würde er es aber nicht schaffen, bekäme dieser alle Felle und Pelze von Midjistega. Die Wette wurde besiegelt. Eine Hütte wurde errichtet und Midjistegas Trommel und Flöte hereingebracht. Der Händler steuerte etwas Mehl bei, untersuchte die Schale in die es getan werden sollte, gründlich, da er irgendwelche Tricks vermutete, und setzte sich mit seinen Angestellten an den Eingang, um die Zeremonie genau zu beobachten. Midjistega tanzte viermal mit dem Mehl im Kreis herum. Zunächst verfärbte sich das Mehl gelb und dann rot. Dann meinte er zu dem Händler: »Nun, Händler, ich habe Dein Geschäft gewonnen.« »Du hast mein Geschäft gewonnen, ich hätte nicht gedacht, daß ein Indianer dazu fähig wäre«, sagte der Händler. Anschließend machte Midjistega noch etwas Zucker aus Mehl, das er seinem Konkurrenten schenkte (Radin 1970, 207 ff.).
Eine ähnliche Vorführung gab der Selk'nam-Schamane Tenenesk dem Forscher Martin Gusinde. Auf die flache Hand legte er einige Steinchen, konzentrierte sich darauf, pustete etwas und plötzlich waren die Steinchen verschwunden. Auch bei wiederholten Vorführungen gelang es Gusinde nicht, einen Trick zu entdecken (Gusinde 1931, Bd. 1, 775 ff.).
Weit verbreitet ist die Fähigkeit von Schamanen, Fußabdrücke im harten Fels zu hinterlassen oder mit den Beinen oder dem ganzen Körper in der Erde zu verschwinden. Frank Speck erzählt mehrere Beispiele dieser Art. Die Schamanen der Micmac-Indianer tanzten im Kreis und dabei versanken sie mit ihren Füßen im harten Boden, bis nur noch der Kopf herausschaut. Von

einem Schamanen blieben die Fußabdrücke und Löcher noch lange erhalten. Ein anderer Micmac-Schamane stampfte, wenn er ärgerlich war, so fest mit den Füßen auf, daß im Gestein seine Fußabdrücke zurückblieben. Von einem Passamaquoddy-Schamanen, der eine Wette mit Weißen einging, wird berichtet, wie er zunächst einen markerschütternden Schrei von sich gab, was alle Anwesenden physisch lähmte und zum Schweigen brachte, und dann sieben Schritte machte, so als ginge er durch Pulverschnee und dabei im harten Boden versank. Speck zitiert eine ganze Reihe von Augenzeugenberichten von Personen, welche die Fußabdrücke im Gestein gesehen oder Schamanen bei der Vorführung dieser Kunststücke beobachtet haben (Speck 1919, 263).

Frank Spencer, einer der messianischen Gründer der Geistertanzbewegung von 1870 bei den Prärie- und Plainsstämmen Nordamerikas, war bekannt für seine Unverwundbarkeit durch Gewehrkugeln. Als er ein junges Mädchen heilte, sie aber nicht gesundete, beschuldigte ihn ein anderer hinzugezogener Schamane der schwarzen Magie. Der rachsüchtige Vater des Mädchens schlich daraufhin nachts zu Spencers Tipi und feuerte drei Kugeln auf ihn ab. Doch Spencer stand, als ob nichts gewesen sei, auf. Noch einmal schoß der Vater auf ihn. Nichts geschah. Spencer bat den Mann freundlich herein und erklärte ihm, Gewehrkugeln und Messerstiche könnten ihm nichts anhaben und der andere Doktor hätte ihn getäuscht.

Einmal erkrankte Spencer in Lovelock, Nevada. Er markierte mit seinen Zähnen eine Kugel, gab sie einem Mann und sagte, er solle damit auf ihn schießen, aber nur auf jenen Kreis, den er sich auf die Brust gemalt habe. Viele Leute kamen zuschauen. Der Schuß klang anders als normal, nicht so laut. Nach ein paar Minuten hustete Spencer und spuckte die Kugel in die Hand – es war die gleiche Kugel. Daraufhin fühlte er sich besser (Park 1934, 109).

Eine solche Vorführung beobachtete Owen J. Dorsey 1871 (1889, 417) auch bei den Ponca-Indianern. Der Schamane Cramped Hand ließ in Anwesenheit von 200 Zuschauern einen Revol-

ver auf sich abfeuern. Beim Schuß fiel er sofort tot zu Boden. Nach einiger Zeit stand er aber bereits wieder auf und hustete schließlich die Kugel aus sich heraus.
Die Tungusen Sibiriens sagen, wenn sie mit jemanden auf Entfernung kommunizieren möchten, man müsse den intensiven Wunsch haben, den anderen zu sehen, man müsse denken »bitte komm hierher« und die Konzentration so lange fortsetzen, bis man das Gefühl hat, der andere habe den Ruf empfangen. Je besser sich die Leute kennen, um so erfolgreicher verständigen sie sich auch telepathisch. Schamanen benutzen diese Methode allgemein. Oft gehen sie irgendwohin, ohne zu wissen warum, nur um dann festzustellen, jemand hat sie gerufen. Sie fühlen lediglich, gehen zu müssen. Die beste Vorbedingung für Telepathie sei ruhiges Wetter und die Nacht (moderne russische Telepathieexperimente zeigen gleichfalls, wie die Übertragung von Gedanken am wirkungsvollsten bei klarem Wetter ohne Bewölkung funktioniert). Telepathischer Verkehr, meint der Sibirienforscher Shirokogoroff (1935, 118 und 364ff.), sei bei den Tungusen, wenn sie keine Botschafter schicken könnten, allgemein üblich. Er selbst führte 1921 einen Telepathieversuch durch. Er war einer der wenigen Ethnologen, die von zusätzlichen Kapazitäten des Gehirns überzeugt waren. Auch unterstützte er die Schamanen in der Ausübung ihrer Tätigkeit gegenüber den russischen Behörden und verhalf einer Schamanin, ihre Ausbildung fortzusetzen, zu einer Zeit, als die Religion der Tungusen von der Moskauer Regierung schon weitgehend unterdrückt wurde.
Menschen, die wissen, was geschehen wird, nennen die Hawaiianer Ike Papalua. Papalua heißt »doppeltes Sehen«, eine Art zweites Gesicht. Diese Menschen erkennen, was an entfernten Orten geschieht. Sie besitzen eine angeborene Begabung, Mana, übernatürliche Macht, die von den Göttern kommt. Mana ist ihnen jedoch e'epa, fremdartig und unerklärlich.
Die Eskimo von St. Lawrence Island nennen Leute, die telepathische Fähigkeiten aufweisen und so etwa verlorene Gegenstände wiederfinden können, »dünn«. Nicht jeder »dünne Mann« ist

allerdings ein Schamane, aber alle Schamanen sind »dünne Männer« (Murphy 1964, 58).

Viele paranormale Fähigkeiten hängen mit der bewußten Abspaltung der Seele vom Körper, das heißt mit einer außerkörperlichen Erfahrung zusammen. Im nördlichen Dampierland Australiens besitzt der Medizinmann D'àlnge das Alter Ego oder die Lebenskraft schon als Rai, als präexistierendes Geistkind, also vor der Geburt. Sie verbindet sich mit der Plazenta und ist verantwortlich für den menschlichen Lebensrhythmus, für Krankheiten und letztendlich für den Tod, denn eigentlich heißt Tod nichts anderes als die Loslösung des Alter Ego vom Körper (Petri 1952, 262).

Die australischen Blackfellow-Doktoren oder Bàn-man besitzen die Fähigkeit Yá-yari, ihre Seele auf »Walkabout« zu senden, in die Ferne und in die Tiefen der Erde oder des Wassers, um von Ungud, der Regenbogenschlange, dem schöpferischen Prinzip schlechthin, neue Quarzkristalle zu erbitten. Besonders durch das Aussenden der Seele erhalten die Doktoren Informationen, die ihnen im Normalbewußtseinszustand nicht zugänglich sind: sie sehen vorher, welche Besucher von nah und fern kommen, diagnostizieren Krankheiten oder erzeugen Regen. Diese Traumreisen werden anschließend dramatisch inszeniert. Ein Bàn-man zum Beispiel war mit seiner Yá-yari ins 2000 Kilometer entfernte Perth gereist, wo er das Leben der Weißen in der Stadt beobachtete. Nun stellte er schauspielerisch seine Erfahrungen dar. Den Mitspielern wurde das Gesicht weiß bemalt, sie mußten Hüte tragen und hinter- oder nebeneinander gehen, um zu demonstrieren, wie sich die Weißen in der Stadt bewegen. Dieser Medizinmann war nie aus seiner Umgebung herausgekommen (Petri 1952, 175).

Heilreisen durch Raum und Zeit

Ich bin wieder da, wieder da, wieder da!
Ich bin auf dem Schlitten einer Sternschnuppe vom Himmel heruntergefahren.
Ich bin auf dem Meer geschwommen wie ein schwimmender Pelz.
Ich bin aus dem Inneren der Erde hervorgedrungen wie das Horn eines Teufelshirsches (Mammut), wenn er sich in den Steilwänden am Flußufer einen Gang gräbt.
Da bin ich wieder...

Nuwat, ein Schamane der nordsibirischen Tschuktschen nach einer außerkörperlichen Erfahrung. (Bogoras 1956, 15f.)

7 Der Totenmund

Als Knud Rasmussen, der große Grönlandforscher, den Eskimo-Schamanen Aua fragte, wohin die Menschen kommen, wenn sie sterben, entwirft ihm dieser ein gewaltiges Gemälde einer Geisterbeschwörung in all ihren dramatischen Momenten, ihrer suggestiven Stimmung und kollektiven Ehrfurcht vor dem sich entfaltenden Geheimnis, ein Gemälde, eingerahmt von der unendlichen Einsamkeit und stoischen Majestät der sturmgepeitschten arktischen Landschaft.

Die großen Geisterbeschwörer besuchen das Volk des Tages oft. Wenn sie eine solche Geisterreise unternehmen wollen, setzen sie sich zu hinterst auf die Schlafbank. Ein Vorhang aus Rentierfell verbirgt sie vor den Menschen, die sich im Hause versammeln. Ihre Hände werden auf dem Rücken gefesselt, und der Kopf wird an die Knie gebunden. Sobald alle Vorbereitungen getroffen sind, nimmt man ein wenig Glut von der Tranlampe auf eine Messerspitze und fährt damit über seinen Kopf, indem man Ringe in die Luft zeichnet. Alle, die bei der Fahrt in die Luft zugegen sind, müssen in lautem Chore sagen: »Laßt den, der jetzt auf Besuch gehen will, abgeholt werden!« Dann werden alle Lampen ausgelöscht, und alle im Hause schließen ihre Augen. So sitzt man lange im tiefem Schweigen; aber nach einer Stunde beginnt man fremde Laute zu vernehmen. Man hört ein Zischen, das hoch oben aus der Luft kommt, und schnurrende, flötende Töne. Plötzlich greift der Geisterbeschwörer ein, indem er aus allen Kräften ruft: »Halala, halalalê, halala, halalalê!« Und sofort müssen alle im Hause rufen: ›Alé, alé, alé!‹
Dann geht ein Sausen durch die Schneehütte, und alle wissen, daß sich nun eine Öffnung für die Seele des Geisterbeschwörers gebildet hat, eine Öffnung, die rund und eng ist wie das Atemloch eines Seehundes. Durch diese fliegt die Seele des Geisterbeschwörers zum Himmel hinauf, unterstützt von allen Sternen, die einmal Menschen waren. Sie fahren auf und nieder auf dem Wege der Seele, um ihn für den Geisterbeschörer offen zu halten. Einige fahren abwärts, andere fliegen hinauf, und die ganze Luft hallt wider von Flöten: Pfft, pfft, pfft!

Das sind die Sterne, die für die Seele des Geisterbeschwörers flöten, und nun sollen die Leute im Hause versuchen, ihre Menschennamen zu erraten, jene Namen, die sie führten, als sie noch auf der Erde lebten. Gelingt das, so hört man zwei kurze Pfiffe: Pfft, pfft, und danach einen dünnen, schrillen Laut, der sich im Himmelsraum verliert. Das ist die Antwort der Sterne und ihr Dank dafür, daß man sich ihrer auf der Erde noch erinnert.

Es herrscht immer große Freude, wenn ein Geisterbeschwörer zu Besuch ins Land des Tages kommt, und sogleich stürzen alle Seelen der Toten aus ihren Häusern. Aber diese haben keinen Hausgang, keinen Ein- oder Ausgang, und deshalb kommen die Seelen überall heraus, wo es ihnen einfällt, durch die Wand, durch das Dach. Schnell treten sie durch die Wände des Hauses, und obgleich man sie sieht, sind sie doch nichts; sie sind unstofflich und brauchen deshalb auch keine Löcher, durch die sie aus- und eingehen. Sie laufen dem Ankommenden entgegen, froh, ihm huldigen, glücklich, ihm Willkommen entbieten zu können; denn sie glauben, er sei wie sie selbst die Seele eines toten Mannes. Erst wenn er sagt: »Ich bin noch aus Fleisch und Blut«, wenden sie sich enttäuscht ab. Wenn der Geisterbeschwörer sich eine Zeitlang unter all den frohen Abgeschiedenen vergnügt hat, kehrt er wieder zu den Gefährten seines Wohnplatzes zurück, müde und außer Atem. Dann erzählt er von allem, was er erlebt hat.

Ins Land des schmalen Grates gelangen alle die Menschen, die im Haus oder im Zelt eines natürlichen Todes an einer Krankheit sterben. Es ist ein großes Land, das im offenen Meere liegt, wo Großfang auf alle Arten von Seetieren betrieben wird. Auch hierhin kann der Geisterbeschwörer reisen; aber solche Reisen sind nur Lustreisen. Reisen, die ein besonderes Ziel haben, führen dagegen hinunter zur großen Beherrscherin des Meeres, wenn diese allzu geizig über ihre Seehunde wacht, so daß die Menschen Not leiden. Die Vorbereitungen zu einer solchen Niederfahrt sind ungefähr dieselben wie bei einer Reise hinauf ins Land des Tages. Alle Lampen im Hause werden gelöscht, und man hört nur das Stöhnen und Seufzen von Menschen, die längst gestorben sind. Dieses Seufzen hört sich an, als ob die Geister gleich Seetieren unten im Wasser lebten, und man hört auch das Plätschern und Pusten von Tieren, die Atem holen. Alle im Hause singen nun ein Zauberlied, das immer wiederholt wird:

Wir strecken die Hände aus,
Um dir hinaufzuhelfen;
Wir sind ohne Speise

Und ohne Fangtiere!
Wir strecken die Hände aus. –

Vor den großen Geisterbeschwörern öffnet sich ein Weg durch die Erde und führt fast wie eine Röhre zum Meeresgrunde hinab. So kommen sie zum Hause der Meerbeherrscherin, das wie ein gewöhnliches Menschenhaus aussieht. Aber ihm fehlt das Dach, und nach oben zu ist alles offen, damit die Frau des Meeres von ihrem Platz bei der Lampe die Wohnplätze der Menschen überschauen kann. Alle möglichen Fangtiere, gewöhnliche und bärtige Seehunde, Walrosse und Wale, sind rechts von ihrer Lampe in einer Wake versammelt, wo sie liegen und Atem holen. Vor dem schmalen Hauseingang liegt ein großer, bissiger Hund, der erst verjagt werden muß, ehe der Zauberer hineinkommen kann. Wenn dieser dann schließlich hineingelangt, kann es sein, daß die große Frau des Meeres – zum Zeichen ihres Zornes – mit dem Rücken zur Lampe sitzt, mit dem Rücken zu allen Fangtieren, die sie sonst zu den Menschen hinauf sendet. Ihr Haar ist unordentlich und zerzaust, und furchterregend sieht sie aus.
Der Geisterbeschwörer muß sie sofort bei der einen Schulter packen und ihr Gesicht zur Lampe und zu den Tieren hinwenden. Dann soll er ihr über das Haar streichen und es freundlich glätten und dabei sagen: »Die da oben können keine Seehunde mehr fangen.« Darauf antwortet der Geist des Meeres: »Es sind eure eigenen Vergehen, die ihnen den Weg versperren.« Der Geistesbeschwörer muß nun alle seine Kunst anwenden, um ihren Zorn zu besänftigen. Wenn sie wieder gut ist, nimmt sie die Fangtiere, eins nach dem anderen und läßt sie auf den Boden fallen. Da ist es, als ob sich draußen im Hausgang ein Stromwirbel erhebe, und die Tiere verschwinden im Meere. Das bedeutet Großfang und Überfluß für die Menschen.
Nun ist es für den Zauberer an der Zeit, zu den Gefährten seines Wohnplatzes zurückzukehren, die oben auf ihn warten. Diese können ihn schon von weitem kommen hören. Sie vernehmen das Sausen seiner Fahrt den Weg hinauf, den die Geister für ihn geöffnet haben. Mit einem gewaltigen »Plu-a-he-he!« taucht er bei seinem Platz hinter dem Vorhang auf: »Plu, plu«, wie ein Seetier, das unter gewaltigem Pressen seiner Lungen aus der Tiefe aufschießt.
Einen Augenblick ist es ganz still. Keiner darf diese Stille unterbrechen, bevor der Geisterbeschwörer spricht: »Ich habe etwas zu sagen.« Alle im Hause antworten: »Laß es uns hören, laß es uns hören!« Und der Zauberer fährt fort in der feierlichen Geistersprache: »Wort will aufsteigen!« Damit ist das Zeichen gegeben, daß alle im Hause den Bruch des Tabu bekennen, den sie begangen haben

und der den Zorn des Meergeistes heraufbeschworen hat. »Vielleicht ist es meine Schuld! Es ist meine Schuld!« ruft man durcheinander. Frauen und Männer rufen es aus Angst vor Hunger und Mißfang. Die Namen all derer, die im Hause sind, werden genannt; ein jeder muß seine Schuld bekennen. So bekommt man vieles zu wissen, von dem niemand eine Ahnung hatte, und man erfährt die Heimlichkeiten der anderen. Aber trotz allem, was man hört, kann es vorkommen, daß der Beschwörer nicht zufrieden ist. Er bezeichnet sich als einen Unglücklichen, der nicht die volle Wahrheit erfährt, und immer wieder bricht er in Wehklagen aus.
Es kann auch plötzlich geschehen, daß jemand mit einer heimlichen Sünde hervorkommt, die verborgen bleiben sollte. Dann bricht aus dem Zauberer eine große Erleichterung hervor, und er ruft: »Das war es! Das war es!« Oft sind ganz junge Mädchen schuld an dem Unglück, das den Wohnplatz getroffen hat. Sind aber die Frauen jung und gewillt, Buße zu tun, dann ist dies immer ein Zeichen, daß es gute Frauen sind. Sobald sie ihre Schuld bekannt haben, erhalten sie auch Vergebung durch die Beherrscherin der Seetiere. Eine große Freude darüber, daß ein Unglück abgewendet ist, erfüllt nun alle, und man glaubt fest, daß es am nächsten Tage von Fangtieren wimmeln wird (1946, 39ff.).

Um einen Eindruck von der angespannten Atmosphäre bei einer Geisterbeschwörung zu gewinnen, müssen wir uns die allgemeine Stimmung des Publikums vergegenwärtigen. Da gibt es keine teilnahmslosen Zuschauer, jeder spielt mit. Durch ihren Gesang, ihre Befragung der Geister, durch ihre Erwartungen, Ängste, Hoffnungen, nämlich ob ihre verstorbenen Verwandten in Geistform gleich neben ihnen stehen werden, heben sie den Schamanen zu einem Mittler zwischen den Welten empor. Ihre Zurufe feuern ihn an, treiben ihn geradezu in die Trance hinein. Die hochgeschraubten, überspannten Wünsche aller Anwesenden, ihr tiefer Geisterglauben, ihre Ehrfurcht vor dem überirdischen Geschehen, das sich letztendlich zu einem Inferno geheimnisvoller Töne, nicht zu ortender Geräusche und Tierstimmen verdichtet, und die Auskünfte der Geister bewirken bei den Teilnehmern nicht selten eine Hochstimmung, eine religiöse Ekstase, die wir ohne weiteres als veränderten Bewußtseinszustand deuten dürfen. Nicht nur der Schamane, auch das Publikum befindet sich oft in einem Zustand spiritueller Verzückung und

Hingabe. Durch diese Atmosphäre, die keine Kritik und Skepsis kennt, keines experimentell-empirischen Beweises in unserem Sinne bedarf, kann der Schamane ungehindert alle eigenen Befürchtungen und Selbstzweifel fallen lassen und sich ganz der Erhabenheit der geistigen Welt öffnen. Die auf spiritueller, harmonischer und gegenseitiger Übereinstimmung beruhende Zusammenkunft verhilft dem Schamanen zu einer fast übermenschlichen Konzentration aller seiner Kräfte und läßt ihn in die Welt des reinen Geistes eintauchen.

Séance, will man sie erklären, heißt: sich der Fesseln des Körpers entledigen, sich einen Eindruck davon verschaffen, wie die Welt vom reinen Bewußtseinsstandpunkt aussieht. Die überspitzten Gefühle bei der Séance – Furcht, Ehrerbietung und heilige Scheu – sind die allgemeinste Voraussetzung für veränderte Bewußtseinszustände. Ihr Fehlen oder auch nur ein Beobachter, der die weltanschaulichen Prinzipien einer solchen Zusammenkunft ablehnt, könnte die ganze Zeremonie sprengen und zum Mißerfolg der rituellen Handlung führen. Trance benötigt eine bejahende Stimmung, damit die gewohnten Erfahrungsmuster einer kausalen, dreidimensionalen Welt zugunsten einer vieldimensionalen, parallelen, transhumanen Welt aufgegeben werden können. Grundsätzlich ruft eine Bewußtseinsumstellung Angst hervor, bedeutet doch Ich-Verlust gleichzeitig Tod. Um diesen willentlichen Tod einzugehen, bedarf es tatsächlich eines gemeinschaftlichen Zuspruchs, einer gesellschaftlichen Zustimmung. Eine Séance ist somit ein Gemeinschaftsunternehmen des Stammes oder einer Gruppe. Das Fehlen solch einer kulturellen Anerkennung in modernen Gesellschaften ist die Ursache des Niedergangs veränderter Bewußtseinszustände, des Abbruchs der Verbindung zur Geisterwelt gewesen.

Die gesangliche Untermalung unterstützt das ekstatische Beisammensein, die Lieder der Anwesenden sind keine zierlichen Verse, diese Lieder kommen aus dem Inneren, bringen die Kraft der menschlichen Psyche zum Ausdruck, sind ein Aufschrei archaischer Weltverbundenheit. Dieses ekstatische Mitempfinden fördert die Trance des Schamanen, und die Ausrichtung der

Empfindungen aller Teilnehmer auf ein gemeinsames Ziel erzeugt etwas, das die zeitgenössische Psychologie als »Erfahrung des Fließens« gekennzeichnet hat, als Mitschwingen mit dem Rhythmus der Kollektivpsyche. Nicht umsonst werden Séancen und nächtliche Beschwörungen gerne besucht, versprechen sie doch ein gemeinsames Fest mit vorangehenden Reinigungsritualen und anschließenden Gelagen, es sind Feste mit Jenseitsberührung, bei denen man sich vorübergehend dem Griff des Gewöhnlichen entzieht, zu einer vollkommeneren Welt Zugang erhält und sich so innerlich und geistig reinigt.

Unter diesem Gesichtspunkt sollten wir alle sozialen Anlässe, Feste, Tänze usw., die gesellschaftliche Suche nach Gemeinsamkeit und Miteinander überhaupt neu überdenken. Das Fest bietet die Möglichkeit zu kollektivem Gleichklang, zu Harmonie und vor allem zu Gefühlsdichte, die im Alltag durch Einförmigkeit verlorengegangen ist. Das Fest ermöglicht uns ein gefühlsmäßiges Fließenlassen, das durch Tanzen, Rhythmus und Beschwingtheit einem Höhepunkt, notfalls unterstützt durch psychoaktive Drogen, zustrebt. Besonders in der Jugend ist die Suche nach orgiastischem Gefühl ein treibendes Lebensziel, bisweilen geradezu ein weltanschaulich getragenes.

In westlichen Gesellschaften ist die alkoholische Anregung eher ein hoffnungsloser Versuch, das Zwanghafte unserer mechanistischen Menschendefinition zu überwinden, ein letztes Aufgebot, einen ekstatischen, mystischen Lebenswert wiederzugewinnen, in das menschliche Dasein zurückzuholen. Obwohl der verbreitete Alkoholgenuß genau in die entgegengesetzte Richtung führt, verkörpert er doch, als Ekstase des kleinen Mannes, die legitime Sehnsucht nach einer gefühlsmäßigen Gipfelerfahrung, die wiederum wesensgleich ist mit unserer Kennzeichnung eines veränderten Bewußtseinszustandes, der in seinem innersten Kern ein Zustand der Zeitlosigkeit und Verschmelzung mit der Umwelt ist. In unseren, wenn auch noch so gezügelten Festlichkeiten, Tanz-, Musik- und Gesangsveranstaltungen überleben die letzten ununterdrückbaren

Reste jener nicht weiter zu intellektualisierenden Trancebereitschaft und Hoffnung auf ekstatischen Gleichklang mit allem Sein.

Die Befriedigung, die aus der Teilnahme an einer Séance erwächst, ist, wie schon der russische Ethnograph Shirokogoroff (1935, 330ff.) bemerkte, unvergleichlich größer als die aus einer konventionellen abendländischen Theateraufführung. Die Teilnehmer tragen zum Gelingen der Geisterbeschwörung selbst bei und geraten selbst in die Nähe des Trancezustandes des Schamanen. Wie nicht wenige westliche Beobachter solcher Séancen anschließend feststellen, ist es schwierig, sich von der elektrisierenden und ansteckenden Hochstimmung nicht mitreißen zu lassen und intellektuelle Sachlichkeit zu bewahren. Die Anwesenden mögen tatsächlich in einen an Massenekstase grenzenden Zustand hineinrutschen – Hysterie wäre ein anderer Begriff dafür, sein abwertender Beigeschmack läßt jedoch nicht die Erkennntis zu, daß wir es hier mit einem kollektiven Heilmechanismus zu tun haben, den Stammesgesellschaften ganz natürlich einsetzen, um sich von einengenden, hemmenden und verblendenden Bedingungen zu reinigen, ihn wieder für eine umfassendere uns bestimmende Wirklichkeit zu öffnen, für mannigfaltigere geistige Wirkungszusammenhänge und für ein harmonisches Gemeinschaftsgefühl, das frei von ichbezogenen Beweggründen ist. Die Séance bewirkt zunächst eine Befreiung der Menschen aus den im Alltag entstandenen Fesseln und Verkrampfungen und daraufhin, durch den Kontakt mit einer höheren Daseinssphäre, Einblick in und Verständnis für die irdischen Hindernisse, das Netz von Beziehungen, in die der Mensch eingebettet ist. Geistige Erkenntnis und die Befreiung aus dem Gefängnis der ichbezogenen Gefühle sind die Grundpfeiler aller Heilung, sie führen uns zu einem heiligen Lebenswandel hin – hier liegt der wahre Ursprung der Séance.

Ich glaube, der Mensch besitzt angeborene Triebfedern, mit denen er sich von selbst alter Denk- und Verhaltensmuster und starrer Ideen entledigen kann, um sich so zu heilen. Und nicht nur einzelne Menschen, auch ganze Freiheits- und Heilsbewegungen, Cargo-Kulte, revitalistische und messianische Religionen haben unter charismatischen Führern das Glück in einer ausgeglichenen Gefühlswelt gesucht. Ekstase, Trance, das Gefühl der Heiligkeit sind, wie wir zunehmend erkennen müssen, der Ausgangspunkt für Gesundheit und Harmonie. Die ursprünglichen Kulturen haben dies erkannt und zum Mittelpunkt ihres heiligen oder heilenden Universums gemacht.

Der Schamane muß nicht nur einen veränderten Bewußtseinszustand erreichen, sein schauspielerisches Talent ist gleichfalls von entscheidender Bedeutung. Fehlt etwa seiner Vorführung die Dramatik, ist sie nicht hinreichend wirklichkeitsgetreu oder gar pantomimisch ungeschickt, gelingt es ihm nicht, sein Publikum mitzureißen, findet die Séance keinen Anklang bei den Anwesenden. Schamanische Séancen sind ein kultureller Anlaß, vergleichbar unseren Kino- und Theateraufführungen. In der Séance schließt sich der Kreis zwischen irdischer und überirdischer Welt.

Eine Séance muß nicht immer eine Trance des Schamanen und eine unmittelbare Verbindung zur anderen Welt beinhalten. Ein rein schauspielerisch gemimter Nachvollzug einer Jenseitsreise reicht hin. Dazu sei aus dem sibirischen Raum eine Schamanenreise zu Erlik, dem Herrscher der Unterwelt, geschildert.

Der Schamane erzählt zunächst, wie er seinen Weg südwärts durch die angrenzenden Distrikte nimmt, die chinesische Grenze überschreitet und wie auf ihn die dortige Landschaft wirkt. Endlich gelangt er zu Tenir Shaikha, dem Eisenberg, dessen Gipfel den Himmel berührt. Er stellt den schwierigen Aufstieg dar, die auftretenden Gefahren, weist auf die Knochenreste verunglückter Schamanen am Wegrand hin und atmet schwer, den Aufstieg mimend. Auf seinem Pferd reitet er nun in den »Rachen der Erde«, die Unterwelt. Dort kommt er an einen See, über den ein dünnes Haar gespannt ist. Diese gefährliche Brücke gilt es zu überqueren. Er simuliert einen Gleichgewichtsakt und zeigt auf die abgestürzten Schamanen, deren Knochen auf dem Grund des Sees schimmern – nur eine reine Seele vermag diesen Todessteg zu überwinden. Kaum hat er die Brücke hinter sich, begegnet er den Seelen der Sünder, die entsprechend ihrer Taten Strafen erleiden müssen. Endlich steigt er zu Erliks Wohnung auf, wo er das letzte Hindernis, den Wächter vor Erliks Yurte, durch Geschenke besänftigen muß. Er tritt vor Erliks Thron, verbeugt sich und begründet sein Kommen. Doch der Khan antwortet ihm nur: »Die, die Federn haben, fliegen nicht hierher, die die Knochen haben, gehen nicht hierher. Du schwarzer, übelriechender Käfer, was willst Du!« Er wird entlassen, gewinnt aber nach dem dritten Anlauf doch Erliks Vertrauen und beschenkt ihn mit Wein, Fellen und Kleidern. Dafür rät ihm Erlik Khan, seine Rentierherde zu vermehren und sagt ihm, welche Stute Hengste gebären wird. Zurück fliegt der Schamane nicht wieder auf seinem Pferd, sondern auf einer Gans, deren Schreie er treffend nachzuahmen versteht. Dreimal schlägt er nun die Trommel, reibt sich die Augen und gibt vor zu erwachen (Michailovskii 1895, 72ff.).

Ob nun selbst erlebt oder nur nacherzählt, die Motive der Reise in den »Rachen der Erde« bleiben die gleichen.

Die beiden Eckpfeiler des schamanischen Universums sind: der Glaube an ein den Menschen belebendes, vitales, feinstoffliches Geistprinzip, die Seele, sowie der Glauben an das Überleben des Körpers durch die Seele, die sich nach dem Tod vom Leib absetzt, ins Totenreich eingeht und dort ihr Leben als Geist weiterführt. Ohne ein tieferes Verständnis der Existenzweise der Seele wird uns die Welt der Schamanen und Medien immer fremd und bizarr erscheinen. Die modernen Nah-Todesforschungen weisen auf ein heute noch nicht meßbares und nur über Umwege erschließbares Lebensprinzip hin, das die Grundlage des leiblichen Körpers bildet. Auch den magischen Flug des Schamanen über den so ausgiebig, aber mit falschen Voraussetzungen nachgegrübelt wird, dürfen wir heute, nach der empirischen Erforschung außerkörperlicher Zustände, als ein Verlassen des Körpers durch ein irgendwie geartetes Seelen- oder Bewußtseinsprinzip verstehen. Womit sich der Schamane fortbewegt, dürfte ein Energiekörper sein, der anderen Gesetzen als denen der dreidimensionalen Geometrie und der Kausalität gehorcht. Für uns spielt es keine Rolle, welcher Theorie man diesbezüglich huldigt. Die Tatsache bleibt bestehen: Ohne die Seelen- und Jenseitsthematik bleibt die schamanische Weltanschauung unvollständig, ja undenkbar. An einigen Beispielen seien diese Vorstellungen näher beleuchtet:

Die Geisterfrau Japans, Miko, »Kind Gottes« oder auch Kuchiyose, »Frau, die durch ihren Mund einen Gott oder Geist sprechen läßt«, ruft die Totenseelen aus dem Jenseits herbei. Man spricht diesbezüglich vom Shinikuchi, vom »Totenmund«. Werden jedoch lebende Personen aus der Ferne herbeigeholt, spricht man von Ikikuchi, dem »Mund eines Lebenden«. Die Seelen der Toten werden über kommendes Glück und Unglück befragt, und ihre Heilfähigkeiten werden erbeten. Die Seelen der verstorbenen Verwandten, Ehepartner oder Freunde nennen heilsame Medizinen oder orten, wenn nötig, verlorengegangene Gegenstände. Gelegentlich schildern sie ihre Wanderungen aus der Ferne zurück ins heimatliche Dorf, erkundigen sich nach dem Leben verbliebener Angehöriger, bedanken sich für dargebrachte Opfergaben und Gebete und geben Auskunft über die Zukunft.

Die Verstorbenen äußern sich durch den Mund des Mediums und sind an ihrer Stimme erkennbar, die ihrer ehemaligen irdischen Stimme gleicht, was die Hinterbliebenen als Identifikationsmerkmal benutzen. Totenbefragungen werden bei den Trauerfeiern vorgenommen, dabei vollzieht man das Ritual der »Herbeiholung der Verstorbenen« und bei gewaltsam ums Leben Gekommenen das Ritual des »den Verstorbenen den Weg öffnen«. In Nordost-Japan werden Totenbefragungen auch im Frühling und Herbst zur Zeit der Tagundnachtgeleiche durchgeführt, da dies allgemeine Seelengedenkfeiertage sind. In Amami-Oshima auf der Ryûkyû-Inselkette bereitet man anschließend an das Begräbnis Tam-awase, die »Begegnung mit der Seele«, vor. In vereinzelten Gegenden Japans (Aizu, Kawanuma-Distrikt) treffen sich jährlich die Schamanen der Ortschaften zur Bon-Feier, dem buddhistischen Allerseelenfest, oder am Tage des Jizô, des Gottes der Unterwelt, zur Herbeirufung der Totenseelen (Eder 1958).

Aufgabe des Schamanen ist es, nicht nur die Totenseelen durch seinen Mund sprechen zu lassen, er selbst sollte fähig sein, seinen Körper zu verlassen und in die Gefilde der Jenseitigen zu fliegen. Der Noaidi, der lappische Schamane, benutzt, um nach Jabmeaymo, dem unterirdischen Totenreich, zu reisen, verschiedene symbolische Hilfsmittel; so Saiva guelie, den Fischgeist, auf dem er reitet; Saiva leddi, den Geistvogel, der ihn führt; und Saiva sarva, das männliche Geistrentier, das gegebenenfalls mit den Geistern verfeindeter Magier kämpft. Die psychischen Kräfte des Schamanen sind hier bei allen Stammeskulturen durch bildlich faßbare Motive verständlich gemacht. Sie sind aber nicht nur symbolische Hilfsmittel, dahinter stehen reale psychische Kräfte. Ein schamanisches Symbol ist immer ein wirklicher, zweckmäßiger Aspekt einer paranormalen, transpsychischen Kraft.
Aufgabe des Schamanen in der Unterwelt ist es, die verlorengegangene Seele des Patienten zurückzuholen, denn als Ursache vieler Krankheiten sieht man den Seelenverlust an. Seelen können geraubt werden, sich im Traum und Schlaf, auch durch Angst und Schock oder geistige Verwirrung, vom Körper lösen. Die Seele gilt als Lebensprinzip. Sie kann sich ins Totenland verirren, im falschen Glauben, dort ihre Heimat zu finden. Die Seele des Schamanen jagt hinterher, und bei den Lappen muß sie der Herrin der Unterwelt, Kabme akka, etwas opfern, um die verlorene Seele freizukaufen. Wehren sich die anderen Geistwesen gegen die Rückkehr der Seele, muß der Schamane all seine Überredungskünste aufbringen, sie aus dem Totenreich herausschleusen zu dürfen. Das Auffinden und Suchen der Seele wird so erzählt, als handle es sich bei der geistigen Welt um ein wirkliches dreidimensionales Reich. Der Schamane versucht in der Jenseitslandschaft Spuren der geflüchteten Seele zu entdekken oder es schneidet – wie bei den Thompson-Indianern British Columbias üblich – der Seele, die sich zum Land der Seelen aufgemacht hat, den Weg ab (Teit 1900, 364). In diesem Land dürfen die Schamanen nur für kurze Zeit verweilen und müssen sich beeilen, die Seele zu fangen. Entweder überwältigen sie die

Seele und führen sie heim oder sie bitten die Bewohner dieses Bereichs, ihnen die Seele auszuhändigen. Es besteht aber auch die Gefahr, mit den dortigen Seelen um den Besitz des flüchtigen Geistkörpers kämpfen zu müssen. Nach der Séance zeigen die Schamanen in solchem Fall ihre Waffen vor, an denen zum Beweis ihrer Auseinandersetzung Blut klebt.

Während der Séance liegt der lappische Noaidi wie tot da. Er darf von niemandem berührt werden. Eine Gruppe von Männern wacht darüber, daß ihm niemand zu nahe kommt, und einige Frauen singen während der gesamten Zeit, um ihn an seine Aufgabe im Totenreich zu erinnern und ihm zu helfen, aus der Trance oder dem außerkörperlichen Zustand den Weg nach Hause zu finden (Bäckman, Hultkrantz 1978).

Voraussetzung einer jeden Séance ist, daß der Schamane, wie die Eskimo sagen, zu Ilimarpoq, das heißt, durch die Luft zu fliegen, fähig sein muß. Er muß in den Himmel oder zum Meeresgrund reisen und sich die eigene Haut ab- und wieder anziehen können. Deshalb bringen ihn viele Kulturen mit einem Vogel oder dem Fliegen in Verbindung. Die Sima-Sima Mittelcerams nennen den Schamanen daher Manpetua (Manu = Vogel, petua = fliegen). Aus diesem Grund entfernen sie bei der Séance das Dachteil des Hauses, damit die Seele des Schamanen hinaus und die vom Weltenberg kommenden Totenseelen herein fliegen können.

Das Verlassen des Körpers mittels der Seele ist, wie gesagt, die Grundlage des Schamanentums. Eine Psychologie dagegen, die wie unsere, Seele und Psyche gleichsetzt, dringt niemals wirklich in die geistige Welt des Schamanen ein. Wir müssen unterscheiden zwischen der Seele, der energetischen Matrix, dem ätherischen Leib, der das morphogenetische oder Lebensfeld des materiellen Körpers bildet, und der Psyche, dem Produkt aus Verhalten, Denken, Erinnerung, Fühlen und Handeln.

8 Geisterbeschwörer in der Arktis

Mit dem Begriff »Beschwörung« können wir heute nur wenig anfangen. Doch vergegenwärtigen wir uns dieses: Es geht nicht eigentlich um das Heraufbeschwören von Geistern, sondern um die Stimulierung unserer eigenen Psyche. Wir sollen in einen aufnahmebereiten, tranceähnlichen Bewußtseinszustnd versetzt werden. Beschwören heißt nichts anderes, als sich selbst oder eine Gruppe in einen Zustand erhöhter Wahrnehmungsklarheit, Wachheit und Fokussierung zu bringen, um von dieser erhöhten Plattform innerer Schau aus Dinge zu erfahren oder rezeptiver für Erscheinungen zu sein, die dem schamanischen Universum angehören. Die Geisterbeschwörung oder Séance ist ein Höhepunkt der archaischen Psychologie, sie ist kunstvoll angewandte Gruppentherapie und Gruppenkatharsis, fein verwoben mit Hypnose und Suggestion. Ziel ist es, daß der Schamane, aber auch – in gedämpfter Form – das Publikum einen veränderten Bewußtseinszustand erfahren, der sie andere Schichten des Daseins und Zusammenhänge, die der normalen Kausalität nicht unterliegen, wahrnehmen läßt. – Nun aber weiter in der Geisterbeschwörung:

Ein solcher Tag also war's. Wachstum lag in der Luft und Unruhe in den Menschen . . .
Sagdlork war der größte und älteste Geisterbeschwörer des Stammes, und er nun hatte seinen Niederlassungsgefährten mitgeteilt, daß er beabsichtigte, Geister zu beschwören. Seine Frau war krank geworden, und da wollte er versuchen, sie zu heilen.
Das Haus war dicht ans Meer gebaut. Männer und Weiber versammelten sich deshalb unten auf dem Eisrand; die kranke Frau saß auf einem Schlitten unten inmitten der Leute, und ihr Sohn stand neben ihr. Oben auf dem Hausdach dicht beim Fenster saß der Geisterbeschwörer Kale, der seine Kunst von dem alten Sagdlork gelernt hatte; darum sollte er in seines Meisters Nähe sein: Sagdlork selbst aber war allein im Haus.

Jegliche Arbeit auf dem Platze hörte auf; niemand durfte sich rühren. Als ich hinkam, wurde mir sogleich bedeutet, still zu stehen. Alle Gesichter trugen ein ernstes, andächtiges Gepräge.
Sagdlork war aus altem, gefürchtetem Geschlecht. Sein Oheim und sein Neffe waren als gefährliche Seelenräuber gemordet worden, und Sagdlork war der einzige gegenwärtig Lebende, der nach Aussage seiner Landsleute die Weisheit der Väter ererbt hatte. So gab es keinen andern Geisterbeschwörer, der aus seiner eigenen Haut herauskrabbeln und sie hernach wieder anziehen konnte; er vermochte dies. Jeder, der einen solchen »fleischnackten« Zauberer erblickte, mußte sterben, behauptete man. – Das also war Sagdlork.
Seit langer Zeit hatte er keine Geisterbeschwörung abgehalten, weil er krank gewesen. Am selben Tag noch war er auf einem Schlitten zwischen den Häusern herumgezogen worden, da seine Beine steif waren von der Gicht. Und nun wollte er trotzdem die anstrengenden Beschwörungen abhalten.
Als ich zu seinem Hause kam, guckte ich durch das Fenster zu ihm hinein. Er saß allein auf seiner Pritsche und rührte die Trommel. Als er mein Gesicht am Fenster erblickte, hielt er mit Trommeln ein, lachte zu mir empor und sagte: »Lauter Narrenstreiche, dummes Gaukelspiel! Lügengeschichten alles zusammen!« . . .

Vor Beginn der Séance gehört es zum guten Ton, daß der Schamane seine eigenen Fähigkeiten herabsetzt und sich als Lügner und Narren darstellt, aber nur, um vom Publikum als großer Geisterbeschwörer gefeiert und angespornt zu werden, dennoch die Beschwörung zu versuchen. Aber selbst das ist nicht irgendein Ritual, sondern wiederum ein Mittel, den Schamanen ganz auf seine Kraft zu verweisen, ihm Selbstbewußtsein zu geben, denn ohne den festen Glauben an eine Welt der Geister ist auf diesem Gebiet nichts auszurichten. Und immer wieder hat sich gezeigt: Kulturzerfall zieht den Verfall schamanischer Kräfte nach sich – die Eingebundenheit ins eigene Universum, zersetzt durch moderne westliche Erkenntnisfragmente, löst sich auf.

Wieder ertönte die Trommel drinnen im Hause, und ringsherum standen die Leute in stummem Lauschen. Bald jedoch mischte sich ein Gesumme zwischen das Trommelschlagen, und langsam, aber mächtig schwoll die Stimme des Alten an; laut und eintönig erklang schließlich der Geistergesang aus der Hütte heraus.

Kale saß oben auf dem Hausdach und ward mehr und mehr ergriffen; unwillkürlich stimmte er mit ein, anfangs bloß summend. Der alte Sorkrark, selbst ein Geisterbeschwörer, stand mitten in der Menge und ließ stoßweise ein beifälliges Grunzen hören. Er kam eben vom Flensen und stand da mit aufgekrempelten Ärmeln und blutigen Armen. Die andern alle standen stumm und unbeweglich und blickten zum Hause empor, aus dem der Lärm drang. Da hört plötzlich der Gesang auf; bloß die Trommel schlägt ein rascheres und immer rascheres Tempo an. Der alte Sagdlork hebt an zu stöhnen, als unterläge er einem schweren Gewicht, das ihm beinahe den Atem benähme. Und mit einem Male stößt er einen wilden Schrei aus, daß sich den Zuhörern die Gesichter in Angst zusammenziehen: »Ajornarê, ajornarê! atdlinlerpunga! ikiorniarsinga, artorssarpavssualekrisunga!« (Au au! Es ist unmöglich! Ich unterliege! Er liegt auf mir! Hilf mir! Ich bin zu schwach, ich bewältige es nicht!) Und das Schreien, das einem aufrichtigen Entsetzen entsteigt, erstirbt in einem krankhaften Schluchzen. Die Trommel aber rührt sich wilder und wilder! Der alte Kale oben auf dem Hausdach hat Tränen in den Augen und hebt an, aus vollem Halse eine Geisterweise zu singen. – »Eile dich! Setz' deine Kräfte ein!« (agsororsinguarit) brüllt Sorkrark voller Spannung nach dem Hause hinauf. Dann schweigt die Trommel einen Augenblick, und Totenstille herrscht im Hause. Die Spannung unter den Zuhörern wächst.

Bald jedoch ergreift der alte Sagdlork wiederum seine Trommel, und nach ein paar einleitenden Schlägen auf das Fell ruft er mit einer Stimme so stark, als käme sie aus einem Paar jugendlicher Lungen: »perdlugssuark, tornârssugssuark, kravdlunârsuit« (böses Schicksal – unheilbringender Geist – weiße Männer) – die Worte kamen stoßweise, ohne Zusammenhang und brachten auch die gewollte mystische Wirkung hervor. Man wartete gespannt auf die Fortsetzung, allein die Worte wurden von einem langgezogenen, klagenden Stöhnen unterbrochen. Kale schrie sich heiser an seiner Geisterweise, und Sorkrark fuhr fort mit seinen Zurufen. Es war, als empfinge Sagdlork seine Worte von weit her, als balgte er sich mit einem unsichtbaren Wesen.

Dann kam wieder ein langes Geheul, und nun, als die Spannung ihren Höhepunkt erreicht, rief Sagdlork den ganzen Satz hinaus. Es gab einen förmlichen Ruck in den Leuten, da sie es hörten: »Die weißen Männer brachten das böse Geschick mit sich, sie führten einen unheilbringenden Geist mit sich. Ich sah ihn selbst, Lug ist nicht in meiner Rede; ich lüge nicht, ich bin kein Lügner. Ich sah es selbst.« Gabriel, der Grönländer ward weiß im Gesicht bei diesen

Worten: »Er meint uns!« flüsterte er; »er tut uns ein Leid an.« Und alle Zuhörer blickten auf uns.
Sagdlork erklärte nun, wir seien unterwegs dem bösen Schicksal in Gestalt eines Geistes begegnet, und dieser habe Harald Moltkes Schlitten gestreift; deshalb sei er erkrankt. Uns anderen waren nur die Hunde angesteckt worden, und deshalb war die Hundeseuche ausgebrochen.
Seine Auseinandersetzung war schwer zu verstehen, da er häufig eine besondere Geistersprache anwendete und seine Rede des öftern durch Geheul unterbrach . . .

Überall auf der Welt haben Schamanen eine eigene sakrale Sprache entwickelt, die sie nur im Zustand der Bewußtseinsklarheit verwenden. Wir geraten hier in die Nähe der Glossolalie, des Zungensprechens. Die meisten schamanischen Geheimsprachen sind oft nichts weiter als Gequassel, Geplapper und Neuzusammenfügen von Silben, Umstellen, Verkürzen oder Verballhornen geläufiger Worte; häufig werden auch Wörter aus einer benachbarten Sprache benutzt oder Relikte aus einer Sprache, die der Stamm in vergangenen Epochen einmal gesprochen hat. Die Sakralsprache wirkt wie eine Maske, hinter der der Sprecher sich verbergen und hinter der er eine neue Identität beginnen kann. Oft tarnt man sich auch mit der Behauptung: Dies sei die Sprache der Geister. Auf jeden Fall hilft dieses Verfahren dem Schamanen, sich ungezwungener seiner psychischen Inspiration zu überlassen – dann ist er nicht verantwortlich für das, was er sagt. In der Geheimsprache erkennen wir somit ein Mittel, schnell zum eigenen Unbewußten oder Überbewußten vorzustoßen – ein psychologischer Kunstgriff ersten Ranges, der in der modernen Psychotherapie ohne weiteres Eingang finden könnte:

»Me – Me – Me – nsch, nschen, – –
sie sagen, daß Menschen –
ku – ku – ki – ki
ich kann nicht, kann nicht,
ich habe nicht Kraft genug, nicht Kraft genug –
ist denn niemand da, der mir helfen möchte!«

Er konnte mitten im Wort abbrechen und schloß ohne Nachsatz mit fürchterlichem Spektakel; es tönte, als wäre das Haus voller Men-

schen, die zusammen rängen und unter gewaltsamen Schlägen stöhnten.
Kale saß nun bloß da und wiederholte die Satzstummel seines Lehrers; er war heiser vom Singen. Sorkrark jedoch, der alte Bärenjäger, war unermüdlich in seinen Zurufen: »Eile dich! Eile dich!«
Aber erst, als der Alte wie gewöhnlich die Spannung auf den höchsten Punkt hinaufgeschraubt, brachte er seine Erklärung vor, langsam und angestrengt, als entrisse er jedes einzelne Wort einem unsichtbaren Geiste.
Die weißen Männer hatten die Krankheit gebracht, doch sollten nur die Hunde krank werden. Kein Mensch durfte deshalb Hundefleisch essen.
»Hat Mikisork (›die Kleine‹, das war seine Frau) Hundefleisch gegessen?«
»Hat Mikisork Hundefleisch gegessen?« rief Kale herunter.
»Mikisork, hast du Hundefleisch gegessen?« fragte Sorkrark sie.
Die Worte gingen von Mund zu Mund. Der Sohn, Agpaliguark, beugte sich über seine kranke Mutter, und diese nickte.
»Ja, ganz wenig, ich hatte solches Verlangen nach Hundefleisch!« antwortete die Frau.
»Sie hat Hundefleisch gekostet!« wiederholte Kale vom Hausdach zum Fenster hinein.
Da ertönte ein wildes Geheul aus dem Innern des Hauses, und die Trommel kam wieder in Gang.
»Thu – Thu – Thu!« wiederholte es sich ins Unendliche und mit merkwürdiger Gewalt. Es war wie das Prusten einer ganzen Lokomotive. Sagdlork befand sich in voller Ekstase; der alte gichtkranke Mann sprang auf der Diele herum gleich einem verwundeten Tier. Die Augen hatte er geschlossen und bewegte Kopf und Rumpf in seltsamen Windungen im Takte der Trommel. Dann stieß der alte Geisterbeschörer ein langes Geheul aus mit eigentümlichen Beiklängen. Es war, als mischte sich Menschenlachen mitten in seine Klage; dann erstarb alles in einem stillen Schluchzen; seine Frau war nicht zu retten!
Da gingen denn die Leute auseinander und nahmen ihre Arbeit wieder auf, und bald hatte sich der Platz wiederum mit frohen, lachenden Menschen gefüllt. Der Gedanke, daß der große Sommer nahte, drang durch alle Kümmernisse durch, wer mochte da noch weiter den Warnungen eines alten Geisterbeschwörers nachsinnen!
Sorkrark war der einzige, welcher bekümmert dreinschaute. Er war daran, vier Seehunde zu flensen, die seine Söhne heimgebracht. »Sagdlork wird alt«, sagte er zu mir. »Sagdlork ist machtlos. Seine Frau muß sterben!«

Das war Sagdlorks letzte große Inspiration; seine Frau starb, als der Sommer kam ... (Rasmussen 1907, 18 ff.)

Noch eine weitere Geisterbeschwörung möchte ich anführen, erzählt ebenfalls von dem bekannten Eskimoforscher Knud Rasmussen: Noch ehe ein gewaltiger Schneesturm Rasmussens kleine Expeditionsgruppe überraschen konnte, erreichten sie die Agiarmiut-Eskimo. Am dritten Abend des Sturmes wurden sie zu einer Séance des Schamanen Kigiuna eingeladen, die das Ziel hatte, den Sturm zu besänftigen:

Der Gastgeber gehörte zum Typ der blonden Eskimo mit kahlem Schädel und rötlichem Bart und mit Augen, die einen leisen Schimmer ins Blaue hatten. Sein Name war Kigiuna (der Spitzzahnige).
Der Sturm schien nun auf seinem Höhepunkt zu sein. Man mußte zu dritt zusammengehen, um sich aufrecht halten zu können, und darauf vorbereitet sein, sich weit entfernt von dem Ort, wo das Fest abgehalten werden sollte, eine Schneehütte bauen zu müssen. Kigiuna nahm mich an einem Arm und sein Partner für die Nacht am anderen.
»Das Kind Narsuk weint, weil der Sturm durch seine Windeln bläst!« sagte Kigiuna. Und nun erzählte er mir die alte Mythe vom Sohn des Riesen, der sich an den Menschen, die ihm Vater und Mutter getötet hatten, dadurch rächte, daß er zum Himmel hinauffuhr und zum Sturmknaben wurde. Nun wollte man im Laufe der Nacht den Grund für den Zorn des Kindes erforschen und versuchen, den Sturm zu zähmen. Der Wind packte uns so stark, daß wir bisweilen stillstanden und uns gegenseitig festhielten, um nicht in das Preßeis geblasen zu werden, das sich rings um uns auftürmte. Die gewaltigen Windstöße vom Lande her schlugen wie Peitschen auf uns herab. Erst nach drei oder vier Schlägen konnten wir wieder einige Schritte vorwärts tun, bis der Windstoß, gefolgt vom Schreien des Sturmjungen, uns wieder zum Halten zwang und beinahe auf das Eis schleuderte. Wie froh waren wie doch, als wir endlich die warmen Strahlen der Specksteinlampen in der Festhalle gewahrten, wo jeder Platz bereits von Männern und Frauen besetzt war.
Das Haus, das vier Meter breit und sechs Meter lang war, hatte eine so hohe Decke, daß der Baumeister sie mit zwei Balken aus Treibholz hatte stützen müssen, die in dieser Schneehalle prachtvoll wie zwei Säulen wirkten. Auf dem Boden war so viel Platz, daß die Kinder aller Nachbarn während der Festvorbereitungen rund um die Säulen herum Nachlaufen spielen konnten.
Den ersten Teil des Festes bildete eine Mahlzeit, die aus getrockne-

tem Lachs, Speck und gefrorenen, ungeflensten Seehunden bestand. Mit großen Äxten schlug man kräftig in das gefrorene Fleisch. Während die Hauswärme langsam alle Gesichter, die von Sturm und Schnee gepeitscht waren, rötete, verschlang man mit gutem Appetit die Fleischklumpen, nachdem man sie angehaucht hatte, um sich nicht die Haut von Lippen und Zunge abzureißen.

Der Geisterbeschwörer des Abends war Horqarnaq (die Walfischbarte), ein junger Mann mit klugen Augen und schnellen Bewegungen. Es war keine Falschheit in seinem Angesicht, und vielleicht dauerte es darum lange, bis er in Trance kam. Ehe er vortrat, erklärte er mir, daß er nur wenige Hilfsgeister habe. Da war der Geist seines verstorbenen Vaters und dessen Hilfsgeist, ein Sagentroll, ein Riese mit so langen Klauen, daß sie den Körper der Menschen durchschneiden konnten, wenn sie nur ein wenig daran kratzten. Und dann war da eine Figur, die er selbst aus weichem Schnee gemacht hatte, eine Gestalt wie ein Mensch, ein Geist, der kam, sobald man ihn rief.

Alle Frauen des Wohnplatzes standen im Kreise um den Beschwörer herum und ermunterten ihn mit oberflächlichem Geschwätz. »Du kannst wohl, und du machst es so leicht, weil du so stark bist«, schmeichelten sie; aber unaufhörlich wiederholte er: »Es ist eine schwere Sache, die Wahrheit zu sagen. Es ist eine schwierige Sache, verborgene Kräfte heraufzubeschwören.«

Lange bewahrte »Walfischbarte« seinen Ernst und seine herausfordernde Unzugänglichkeit; aber die Frauen um ihn herum reizten ihn immer wieder, und schließlich kam er langsam in Trance.

Er reißt die Augen auf und scheint in ferne Welten zu schauen; hin und wieder wirbelt er auf seinem Absatz herum. Sein Atemzug wird unruhig, und er erkennt seine Lagergefährten nicht mehr. »Wer seid ihr?« ruft er. »Deine eigenen Gefährten!« antwortet man ihm.

Wiederum geht »Walfischbarte« im Kreise umher, schaut jedem einzelnen in die Augen, starrt immer wilder um sich und wiederholt schließlich wie ein müder Mann, der einen weiten Weg gemacht hat und nun aufhört zu gehen: »Ich kann nicht, ich kann nicht!«

Im selben Augenblick hört man einen gurgelnden Laut, und ein Hilfsgeist nimmt Wohnung in seinem Körper. Irgendeine Kraft hat Besitz von ihm genommen, er ist nicht mehr er selbst und ist seiner Worte nicht mehr mächtig. Er tanzt, er springt, wirft sich zwischen die Gruppen der Zuhörer und ruft nach seinem verstorbenen Vater. »Walfischbarte« nennt auch mehrere andere Geister von Toten, die er im Hause sieht. Er schildert ihr Aussehen, alte Männer, alte Frauen, denen er nie begegnet ist, und verlangt, daß die anderen ihm sagen sollen, wer sie sind.

Ratlosigkeit, Stummheit, endlich flüsternde Beratung zwischen den

Frauen. Zaudernd tastet man sich vor und nennt den einen oder anderen Verstorbenen, auf den die Worte des Schamanen passen könnten. »Nein, nein, nein, nicht die! Die sind es nicht!« Da springt plötzlich eine alte Frau auf den Boden und ruft die Namen derer, die die anderen nicht in den Mund zu nehmen wagen, die Namen eines Mannes und einer Frau, die soeben erst gestorben und deren Gräber noch ganz frisch sind. »Qanorme! Qanorme!«

»Die sind es, die sind es!« ruft »Walfischbarte« mit schneidender Stimme, und eine unerklärliche, unheimliche Stimmung legt sich auf alle Gäste; denn diese beiden Menschen weilten noch vor wenigen Tagen lebend unter ihnen. Nun waren sie zu bösen Geistern geworden, und zwar zu jenen bösen Geistern, die das Unwetter verursachten. Etwas Rätselhaftes legt sich über das Haus. Draußen heult der Sturm. Man kann nicht die Hand vor Augen sehen, und selbst die Hunde, die sonst mit Fußtritten aus dem Hause gejagt werden, dürfen nun Wärme und Schutz zwischen den Beinen der aufgeregten Menschen suchen.

Die Sitzung hat eine Stunde gedauert, unter Schreien und Anrufen unbekannter Kräfte. Da geschieht etwas, das uns, die wir niemals eine Zähmung der Sturmgottheit miterlebt haben, in Schrecken versetzt. »Walfischbarte« springt vor und ergreift den alten, gutmütigen Kigiuna, der gerade dasteht und ein feierliches Lied an die Mutter der Seetiere singt. Er faßt ihn mit scharfem Griff an der Kehle und schleudert ihn mit großer Gewalt hin und her und stößt ihn dann mitten in den Haufen hinein. Zuerst stoßen beide klagende Kehllaute aus; aber kurz darauf wird Kigiuna so gewürgt, daß er keinen Laut mehr von sich geben kann. Aber da zischelt es plötzlich aus seinem Munde, und im selben Augenblick ist auch er eine Beute der Ekstase. Er leistet keinen Widerstand mehr, sondern folgt »Walfischbarte«, der ihn noch immer an der Kehle gefaßt hält, und sie taumeln ohne Sinn und Bewußtsein umher. Die Männer des Hauses müssen sich vor die großen Specksteinlampen stellen, damit sie nicht zerschmettert oder umgeworfen werden. Die Frauen müssen den Kindern auf die Bänke helfen, damit sie in dem Tumult nicht zu Schaden kommen. Dann geht es noch eine Weile weiter, bis »Walfischbarte« alles Leben aus seinem Widersacher herausgepreßt hat, den er nun wie ein lebloses Bündel hinter sich herschleppt. Dann erst löst er den Griff an der Kehle, und Kigiuna fällt schwer zu Boden.

Das versinnbildet den Sturm, der »in effigie« getötet wird. Der Aufruhr der Luft fordert ein Leben, und »Walfischbarte« beißt nun Kigiuna in den Nacken und schüttelt ihn mit der ganzen Kraft seiner Kiefer, wie ein Hund, der seinen Widersacher überwunden hat.

Eines der ältesten Mittel, einen Schamanen zu unterstützen, wenn er ins Jenseits reist, um dort die Ursachen irdischer Schwierigkeiten aufzuspüren, ist es, ihn zu würgen und schließlich zu erdrosseln. Kigiuna gerät zunächst durch mangelnde Sauerstoffzufuhr in einen Trancezustand, und schließlich, nach weiterem Würgen, wird er bewußtlos, das heißt sein Bewußtsein verläßt den Körper. Diese charakteristische Abfolge – erst Trancezustand, dann außerkörperliche Erfahrung – stellt nur eine Steigerung der gleichen Grunderfahrung dar:

Totenstille herrscht im Hause. »Walfischbarte« ist der einzige, der seinen wilden Tanz fortsetzt, bis auf unerklärliche Weise Ruhe in seine Augen kommt. Er läßt sich vor dem »Toten« auf die Knie nieder und beginnt, dessen Körper zu reiben und zu streicheln, um ihn wieder zu beleben. Langsam wird Kigiuna wieder ins Leben zurückgerufen, noch schwankend wird er auf die Beine gestellt; aber kaum ist er wieder zu sich gekommen, da wiederholt sich alles von neuem, der gewaltsame Griff an die Kehle, der gleiche zügellose Tanz im Hause, dasselbe Stöhnen nach Luft und Atem, bis der arme Mann wieder wie ein lebloses Fellbündel auf den Schneeboden des Hauses geschleudert wird. Auf diese Weise wird er dreimal getötet. Der Mensch muß seine Überlegenheit über das Unwetter beweisen. Aber als Kigiuna zum dritten Male wieder zum Leben zurückkehrt, ist er es, der in Trance gerät, und »Walfischbarte« stürzt zusammen. Der alte Seher erhebt sich in seiner seltsamen, beleibten Würde. Er beherrscht uns durch die Wildheit seiner Augen, und mit einer Stimme, die vor Bewegung zittert, ruft er durch die Schneehütte:
»Der Himmelsraum ist erfüllt mit nackten Wesen, die durch die Luft dahinfahren: nackte Menschen, nackte Männer, nackte Frauen, die dahinfahren und Sturm und Schneetreiben erregen. Hört ihr es sausen? Es braust oben in der Luft wie der Flügelschlag von großen Vögeln. Das ist die Angst nackter Menschen, das ist die Flucht nackter Menschen! Die Geister der Luft blasen Sturm aus; die Geister der Luft treiben den fegenden Schnee über die Erde, und das hilflose Sturmkind Narsuk erschüttert die Lungen der Luft durch sein Weinen. Aber mein Hilfsgeist wird siegen, er wird siegen! Tju, tju-u! Hört ihr den Wind? Pst, pst, pst! Seht ihr die Geister, das Wetter, das Unwetter, das wie das Sausen vom Flügelschlag großer Vögel über uns dahinbraust?«
Bei diesen Worten erhebt sich »Walfischbarte« vom Boden, und die beiden Geisterbeschwörer, die nun nach der gewaltigen Sturmpredigt einen verklärten Ausdruck im Angesicht tragen, singen mit

schlichten, heiseren Stimmen einen Gesang an die Mutter der Seetiere:

Frau, große Frau dort unten!
Laß es weichen, laß es fort von uns, das Böse!
Komm, komm, Geist der Tiefe!
Einer deiner Erdbewohner
Ruft dich,
Bittet dich, beiße die Feinde zu Tode!
Komm, komm, Geist der Tiefe!

Sobald die beiden ihre Hymne gesungen hatten, fielen alle anderen Stimmen ein in den rufenden, klagenden Chor der Bedrängten. Keiner wußte, was sie anriefen, keiner von ihnen bat um etwas, aber der alte Sang der Vorväter gab ihren Sinnen Gewalt. Sie hatten kein Essen für ihre Kinder, wenn der nächste Tag kam. Sie baten um ruhiges Wetter für ihren Fang, um Essen für ihre Kinder.
Und plötzlich war es, als ob die ganze Natur um uns lebendig würde. Wir sahen den Sturm über den Himmel dahinreiten in der Fahrt und im Gedränge nackter Geister. Wir sahen die Scharen flüchtender Toten durch die Wogen des Schneegestöbers daherfegen, und alle Gesichte und alle Leute sammelten sich in dem Flügelschlag der großen Vögel, denen zu lauschen Kigiuna uns gelehrt hatte.
Hiermit schloß der Kampf der beiden Geisterbeschwörer mit dem Unwetter, und ein jeder konnte sich getröstet und beruhigt zu seiner Schneehütte zurückkämpfen und sich dem Schlafe hingeben, denn morgen würden sie schönes Wetter haben. Und so war es auch. In blendender Sonne und über feste Schneewehen fuhren wir am nächsten Tage weiter nach Westen (Rasmussen 1946, 200ff.).

Für die versammelten Eskimo hat der mit ganzer Echtheit geführte Kampf zwischen den beiden Männern – die, symbolisch gesehen, die Kräfte des Schneetreibens zerstörten – das tatsächliche Ende des Sturmes herbeigeführt. Symbolische Handlungen führen zu Ergebnissen in der Wirklichkeit, Rituale zeitigen praktisch-physische Wirkungen – das zeigen schamanische Zeremonien und Séancen immer wieder aufs Neue –, nur in unserer Weltvorstellung darf es keine Verbindung zwischen symbolischem Mikrokosmos und physischem Makrokosmos geben.
Eine faszinierende Schilderung einer Séance gibt uns der Eskimoforscher und gute Freund Knud Rasmussens, Peter Freuchen (1961, 168ff.). In Thule, der nördlichsten grönländischen Sta-

tion, lebte damals Sorqaq, ein Angakok, der von einem merkwürdigen Unglück nach dem anderen getroffen wurde. Er wollte nun in all dem Elend eine große Séance abhalten, in die Unterwelt reisen und die Ursache des Übels ergründen. Zuvor fastete er mehrere Tage und begutachtete währenddessen oft seine Exkremente. Er meditierte an der Küste und bereitete sich vor, durch die Felsen zu schwimmen. Ein großes geräumiges Iglu wurde errichtet. Viel Publikum erschien, darunter auch Krilerneq, Sorqaqs Freund und Assistent.
Sorqaq betrat als letzter die Schneehütte und, entsprechend der Eskimositte, alles zu untertreiben, beschimpfte er die Anwesenden, sie alle seien schreckliche Idioten hierherzukommen, um etwas zu sehen, was nicht ein Körnchen Weisheit habe. Die Zuschauer dagegen ermutigten ihn, überschütteten ihn mit Lobpreisungen und feuerten ihn an. Zu Freuchen gewandt sagte er:

Hier gibt es nichts für den berühmten weißen Mann zu sehen. Ich bin ein großer Lügner und selbst wenn diese Narren einfältig genug sind, mir Glauben zu schenken, so könnte ich dich niemals täuschen und deine Anwesenheit würde mir nur peinlich sein.
Freuchen: Ich möchte doch deine große Weisheit hören.
Er: Naw, naw. Das zeigt nur, daß selbst ein Weißer als Narr geboren sein kann.

Krilerneq fesselte nun seinen Freund, der sich inzwischen völlig entkleidet hatte und legte Trommel und Trommelschläger neben ihn. Das Licht wurde bis auf eine winzige Flamme gelöscht. Nun begann Sorqaq zu singen. Seine alte Stimme gewann zunehmend an Kraft und echote bald aus allen Teilen des Iglu. Die Schwingungen der Trommel nahmen zu, die Seehundfelle knisterten mal über unseren Köpfen, mal unter uns.

Ich erinnere mich nicht, wie lange dieses Höllenspektakel dauerte, ich erinnere mich nur daran, Krilerneqs Arm erfaßt zu haben, um zu prüfen, ob er vielleicht nachhelfe. Offensichtlich war das nicht der Fall. Wir alle stimmten in Sorqaqs Gesang ein. Seine Stimme wurde nach einiger Zeit schwächer, allmählich schien sie von außerhalb des Iglu zu kommen und schließlich erlosch sie.
Plötzlich machte Krilerneq die Lichter an. Sorqaq war verschwunden. Bloß seine Trommel und das Robbenfell auf der Schlafbank

lagen noch da. Benommen, wie ich nach diesem Tollhaus um mich herum war, glaubte ich doch, hinter die Vorhänge schauen zu müssen. Er war tatsächlich verschwunden.
Ich schaute mich im Publikum um und konnte kaum die ruhigen friedlichen Freunde wiedererkennen, die zu uns heruntergekommen waren, um zu handeln. Ihre Gesichter waren ekstatisch, ihre Wangen geschwollen, ihre Augen leuchteten und starrten ins Leere. Nackt von der Hüfte aufwärts wiegten sie sich zum Rhythmus des Gesanges hin und her. In der Mitte des Bodens stand Krilerneq sich windend und verrenkend wie ein Tänzer und trieb die Männer und Frauen zu immer größerer Raserei.

Krisuk, einer der Männer, fiel plötzlich, heulend wie ein Wolf, über die Anwesenden her. Freuchen wehrte ihn zwar ab, doch stürzte er sich auf Ivalu, riß ihr die Hosen mit einem Ruck vom Leib und brach zu guter Letzt durch die Igluwand ins Freie. Alle schrien in einer eigenartigen fremden Sprache, es war kein Eskimoisch, doch schienen sich alle zu verstehen. Während der Séance dürfen die Angakoks nämlich die Dinge nicht bei ihren Namen nennen, das würde Unheil über alle bringen, so erfinden sie neue Worte oder wandeln alte um.

Der Gesang ging weiter und zog mich mit sich. Ich verlor jegliches Gefühl für Zeit und Raum. Ivalu lag nackt über mir, ich spürte, wie andere an meinen Haaren kauten und sich in meine Haut krallten.
Plötzlich veränderte sich alles. Krilerneq hörte zu tanzen auf und verkündete, Sorqaq versuche zurückzukommen. Er bat jeden wieder seinen ursprünglichen Platz einzunehmen, dort sitzenzubleiben, zu singen, und wir sollten uns auf den Angakok konzentrieren, der sich in dem Augenblick gerade durch den Fels unter dem Iglu hindurch zu uns hinaufkämpfte. Er, der die Reise selbst oftmals unternommen hatte, machte uns klar, welche Leiden Sorqaq durchzustehen hatte, durch den Fels zu schwimmen als sei es Wasser.
Krisuk kehrte zurück, nackt und zitternd. Er zwängte sich zwischen die schwitzenden Weiber, die schrien, als er ihre nackten Körper berührte; Ivalu begann, ihn mit einer Kaskade unwiederholbarer Namen zu beschimpfen, wurde aber von Krilerneqs donnernder Stimme unterbrochen: »Der Schatten ist ausgewachsen! Der Schatten ist ausgewachsen!«
In der Séance-Sprache heißt »Schatten« »Mensch« und »ausgewachsen« soviel wie »ankommen«. Wir lauschten einige Augenblicke und dann hörte man Sorqaqs Stimme ganz schwach in der

Entfernung. Krilerneq löschte das Licht ganz, denn um durch den Fels zu reisen, mußte Sorqaq seine Haut vollkommen abstreifen, und derjenige, der einen Angakok mit »freigelegten Muskeln« erblickt, muß sterben.
Krilerneq sagte uns, Sorqaq hätte Schwierigkeiten zurückzukehren, da jemand das Iglu verlassen habe und nun zurückgekommen sei, das mache es jetzt schwierig für ihn, das Iglu wiederzufinden.
Doch mittlerweile wurde seine Stimme lauter, bis sie schließlich den Gesang der Anwesenden übertönte. Wieder ließ seine Trommel das Iglu erzittern, und das knisternde Robbenfell flog durch die Luft. Ich versuchte es zu fangen, erhielt aber einen Schlag, der beinahe meinen Arm brach. Die Hölle war los!
Dann hörte alles auf. Krilerneq murmelte lange vor sich hin, und im Iglu wurde es ruhig bis auf das Weinen der Kinder. Mit eintöniger Stimme befragte Krilerneq den Angakok über die Geheimnisse, die er in der Unterwelt in Erfahrung gebracht hatte. Sorqaqs Stimme kam von der Schlafbank:
»Die großen Geister sind erzürnt über die Anwesenheit weißer Männer unter uns, sie werden die Ursachen der Unfälle nicht enthüllen. Drei Todesfälle stehen noch bevor. Um weiteres Unheil zu vermeiden, müssen unsere Frauen sich enthalten, weibliches Walroßfleisch zu essen, bis die Winterdunkelheit zurückkehrt!«

Die Séance war zu Ende, und alle Lampen wurden wieder entzündet. Sorqaq war erschöpft. Krilerneq warnte Freuchen, Sorqaq nicht zu berühren, das Feuer der Erde sei noch in ihm. Als er die Augen öffnete und Freuchen sah, sagte er: »Alles Lügen und Tricks. Die Weisheit der Vorfahren ist nicht in mir. Glaub all dem nicht!«
Bevor der Schamane ins »Land des Tages«, ins Jenseits, reist, wird er bei den Iglulik-Eskimo gefesselt. Mit den Händen auf den Rücken gebunden sitzt er auf der Schlafbank seiner Schneehütte, nur bekleidet mit einer Hose. Sind die Lampen gelöscht, hört man oben in der Luft ein Summen und Pfeifen, bis der Schamane mit aller Lautstärke ruft: »Halala-halalale, halala-halalale!« Ein Rauschen nähert sich, jeder weiß, eine Öffnung, wie das Atemloch für die Seehunde, hat sich für die Seele des Schamanen geformt, durch das sie in den Himmel fliegen kann. Die Luft ist jetzt mit allen nur erdenklichen Tönen und Stimmen erfüllt. Die Geister halten dabei das Loch offen.

Ist der Schamane, d. h. seine Seele, glücklich durch das Loch entwichen, empfangen ihn im »Land des Tages« die Bewohner mit großer Freude. Sie glauben, daß ein weiterer Toter sich ihnen zugeselle, doch wenn der Schamane sagt: »Ich bin noch von Fleisch und Blut«, wenden sie sich enttäuscht ab. Doch mit den Fesseln des Schamanen, die im Totenreich wie von selbst abfallen, spielen die Geister Ball, und immer, wenn die Stricke durch die Luft sausen, nehmen sie verschiedenste Gestalten an, von Tieren, Bären, Karibus usw. Und wenn der Schamane mit lautem Getöse wieder in der Schneehütte landet, fallen die losen Stricke auf die Anwesenden. Anschließend erzählt der Schamane seine Erlebnisse (Rasmussen 1930, 7, 1, 129).
Für die Copper-Eskimo ist Arnakäpsha'luk, die große böse Frau, der Ursprung aller Tabus. Sie lebt mit Mann und Kind auf dem Grund des Meeres auf einem Felsen, in einer kleinen Luftblase. Sie ist die Herrin über alle Seetiere.
Wird ein Tabu gebrochen, bedeckt sie die Seetiere mit einem Tuch und versteckt sie unter ihrer Wohnung, damit sie nicht emportauchen können und die Menschen unter Nahrungmangel leiden müssen. Um nun Arnakäpsha'luk zu besänftigen, versammeln sich alle Eskimo in einem auf dem Eis erbauten Iglu. Der Schamane bricht in den Boden ein Loch, und während die anderen ihre Lieder singen, schaut er, die Seefrau erwartend, in das Loch. Nähert sie sich schließlich, halten alle Männer den Schamanen fest, denn sie nimmt nun Wohnung in seinem Körper und beginnt, durch ihn hindurch zu sprechen. Tabubrüche, sagt sie, seien begangen worden. Sogleich gestehen die Frauen alles zu. Wenn das Haar der Seefrau dann endlich gereinigt und gekämmt ist, das heißt alle Sünden der Menschen gestanden sind, läßt sie die Seetiere wieder frei. Sind jedoch einige Sünden verheimlicht worden, bleiben ihre Haare in wilder Unordnung (Rasmussen 1932, 24).
Bei der Séance der ostgrönländischen Eskimo sitzt der Angakok auf dem Boden des Schneehauses und die Zuschauer ringsherum auf den Schlafplätzen. Er ist gefesselt, seine Trommel liegt neben ihm. Thalbitzer (1908, 458ff.) meint, seine Füße lägen in der

Nähe der aufgehängten Häute, so bringe er diese später zum Rasseln, außerdem würde er sich geschickt aus den Fesseln befreien, um die Trommel zu schlagen, zum Schluß stecke er aber die Hände wieder in die Fesseln. Das Kommen der Geister aus dem Untergrund würde mit der Makkortaa, einem kleinen Instrument, einem Stück Haut, das in der hohlen Hand gehalten wird, imitiert. Die Eskimo dagegen glauben, die Trommel tanze und springe auf dem Boden und gelegentlich an die Stirn des Schamanen, sie trommle von selbst. Der Geist tritt durch den Anus in den Angakok ein. Ihn überkommt dann das Gefühl, mit seiner Seele in die Erde zu versinken. Von diesem Augenblick an spricht entweder nur der Geist durch den Mund des Schamanen oder der Schamane selbst. Es hat nämlich immer nur eine Seele im Körper Platz.

9 Das wackelnde Zelt

Der Forschungsreisende Sir Cecil Denny besuchte 1879 ein Lager der Blackfoot-Indianer am Red Deer River in Alberta. Mit seinem Übersetzer betrat er das Zelt eines Medizinmannes, der ohne auf sie zu achten, in Ruhe seine Pfeife rauchte und auch nicht auf die mitgebrachten Geschenke ansprach. Nachdem sie eine geraume Zeit schweigend gewartet hatten, läutete über ihnen eine Glocke. Das Tipi begann sich zu schütteln und hob sich ein Stück in die Luft. Als die Ruck- und Stoßbewegungen aufhörten, ging Sir Cecil Denny nach draußen, um zu schauen, wer sich mit ihnen einen Scherz erlauben wolle, denn es schien ihm unmöglich, daß jemand die schwere Stangenkonstruktion mit all den Büffelfellen anheben könnte. Kaum war er ins Zelt zurückgekehrt, gebärdete sich das Tipi noch wilder, es ruckte hin und her und erhob sich mehrere Fuß über den Boden, so daß man nach draußen sehen konnte. Die beiden bekamen es mit der Angst zu tun, während sich ihr Gastgeber die ganze Zeit über nicht rührte (Schaeffer 1969, 6).

An einer ähnlichen Séance des indianischen Medizinmannes Mark Big Road nahm Åke Hultkrantz teil. Nachdem man den Medizinmann an Händen und Beinen gefesselt, in eine Decke gewickelt und mit Riemen umschnürt hatte, wurde das Licht gelöscht. Hultkrantz schreibt:

> Ein paar Minuten verstrichen, und dann geschah es. Die Indianer erzählten mir später, sie hätten blaue und grüne Funken gesehen. Davon habe ich nichts bemerkt, aber plötzlich kam es mir vor, als ob es mir kalt über den Rücken lief.
> Stimmen von Männern, Frauen und Tieren erfüllten den Raum, sie schienen aus allen Ecken zu kommen. Etwa in Manneshöhe über dem Zimmer war ein Rasseln zu hören. Gleichzeitig konnte ich das leise Stöhnen des Medizinmannes vernehmen, der in der Mitte des Zimmers auf dem Boden lag. Die Geister waren eingetroffen. (1981, 84f.)

Als anschließend das Licht angemacht wurde, saß Mark Big Road auf seiner Matte, schwitzend, die Riemen lagen aufgerollt neben ihm und die Decke, mit der er eingewickelt gewesen war, war während der Séance auf Hultkrantz' Begleiterin gelandet, einer Dame der Arapaho-Mission – gewöhnlich geschieht das jenen, die diesen Erscheinungen gegenüber skeptisch bleiben.
Regina Flannery erlebte (1939, 11 ff.) das wackelnde Zelt bei den Montagnais im August 1938 bei Rupert's House an der Ostküste von James Bay in Kanada. Als sich die Nachricht einer Geisterbeschwörung verbreitete, versammelten sich rasch viele Indianer. Bald begann sich das Zelt sanft zu schütteln, und das hielt die ganze Séance über an. Wildere Bewegungen entstanden. Es meldete sich ein Geist, und dabei bog sich die Spitze des Zeltes bis zu einem Meter. Drei Geister taten sich während der Sitzung hervor: Mistabeo, der Hauptgeist und Übersetzer für die anderen Geister, und Memegwecio, der Herr der Tiere, außerdem war noch Mistcenaku, der Herr aller Wasserlebewesen, anwesend.
An diesem Abend benahm sich Mistabeo recht lustig und brachte alle Indianer zum Lachen, besonders, wenn er anzügliche Bemerkungen über die Beziehungen der Geschlechter machte. Den Höhepunkt erreichte die Zeremonie, als Mistabeo und der Herr der Krallentiere zu einem Zweikampf antraten. Man hörte Mistabeo singen und Memegwecio wie einen Bär am Zelt kratzen. Die Zuhörer wurden immer mehr mitgerissen und nahmen erregt an dem Gefecht teil. Sie unterstützten Mistabeo mit lauten Zurufen, denn nur, wenn er gewann, gab es ein gutes Jahr. Der Herr der Klauentiere verlor den Kampf, und langsam verließen alle Geister das Zelt, jedesmal von einem heftigen Schütteln des Zeltes begleitet.
Mrs. Warrior, eine alte Gros Ventre-Indianerin, erzählte Regina Flannery aus ihrer Kindheit. Ihr Vater befand sich auf dem Kriegspfad und war seit langer Zeit abwesend; so befragte ihr Onkel die Schamanin Good Singer. Sie erzählt:

Ein Vorhang wurde vor den hinteren Teil des Zeltes gehängt. Man fesselte Good Singer, verknotete die Stricke gut und wickelte sie so in eine Decke, daß nur ihr Kopf herausschaute. Sie befand sich

hinter dem Vorhang und sang ein Lied. Sie sagte uns, wir sollten das Lied viermal singen. Ich sang mit. Als wir fertig waren, hörten wir ein Summen und Kratzen und alle Arten von Geräuschen durch die Öffnung an der Spitze des Zeltes dringen. Die Zeltspitze begann zu wackeln, und auf einmal hörten wir, wie etwas von oben herunterrutschte, hinter den Vorhang, wo die alte Frau lag, und mit einem Aufschlag landen. Das war ihr Hilfsgeist, der Geist ihres Sohnes, der vor langer Zeit gestorben war.
Als wir den Aufschlag hörten, sagte mein Onkel: »Hier ist ein Opfer«, und reichte hinter den Vorhang einen Topf, der einen jungen Hund enthielt, den sie getötet und gekocht hatten. Wir hörten das Klappern des Geschirrs, als der Geist aß. Bald waren alle Knochen abgenagt, der Geist warf sie über den Vorhang, und sie landeten in unserer Mitte. Der Geist beschwerte sich nun, daß wir seine Mutter zu fest gebunden hätten. Als er sie befreite, hörten wir das leise Scheuern der Schnüre, die er löste und die dann ebenfalls über den Vorhang flogen. Sie waren alle zu einem Knoten verschlungen, und wie man es auch versuchte, man konnte dieses Knäuel nicht entwirren.
Erneut beklagte sich der Geist: »Warum habt ihr meine Mutter so fest gefesselt?«, und er fragte dann: »Warum habt ihr mich gerufen?« Mein Onkel sagte: »Ja, ich rief dich, weil unsere Männer auf den Kriegspfad gegangen sind und einige, auch Holy Weasel, nicht zurückgekehrt sind. Ich möchte wissen, wo sie sind und was aus ihnen geworden ist.« Mein Onkel zündete dann seine Pfeife an und reichte sie hinter den Vorhang. Als der Geist fertig geraucht hatte, legte er die Pfeife nach draußen und mein Onkel sagte: »Ich bitte dich nach meinem Schwager zu suchen, wo ist er, was ist aus ihm geworden?« Augenblicklich machte der Geist ein Geräusch, wir hörten ihn durch die Zeltöffnung schlüpfen, und das Zelt wackelte wie wild. Die Leute saßen alle ruhig da, rauchten und lauschten. Dann rief Good Singer hinter dem Vorhang: »Singt erneut viermal.« So sang man, und ich stimmte ein. Nach der vierten Wiederholung kehrte der Geist zurück, so wie er das erstemal das Zelt betreten hatte, sprang hinter den Vorhang und landete mit einem dumpfen Schlag ... »Du hättest ihm (Holy Weasel) sagen müssen, er soll zu Hause bleiben. Er und seine Gruppe wurden getötet. Sie überfielen den Feind und begegneten einigen Piegan. Diese machten sie glauben, sie würden sie friedlich empfangen, doch als sie sich näherten, töteten sie alle, außer einem, der entkam.«

Das wackelnde Zelt scheint so unglaubwürdig für westliche Menschen zu sein, daß sich einige auf eine Wette mit Schamanen

einließen, in der Hoffnung, sie auf diese Weise des Betrugs überführen zu können. Paul Beaulieu, Halbblut und Dolmetscher in der White Earth Agency in Minnesota, erzählte, wie er 1858 mit einem Jessakkid, einem Schamanen eine Wette um 100 Dollar einging, was damals eine große Summe war. Da Beaulieu einen Trick vermutete, stellte er ein Komitee aus guten Freunden zusammen. Nachdem das kleine Zelt aus Birkenrinde erbaut war, fesselte Beaulieu den Schamanen mit einer von ihm selbst mitgebrachten Schnur, band Hände, Füße, Beine und Arme zusammen und trug den bis auf den Lendenschurz nackten Mann in das kleine Zelt. Um die Hütte herum hatte sich das Komitee gesetzt, und einige Hundert Indianer standen in maßvollem Abstand. In dem Augenblick, als der Mann in die Hütte gesetzt wurde, begann auch schon das ganze Gebilde zu wackeln und zu zittern. Laute Geräusche ertönten, und mit gewaltiger Kraft bog sich die Konstruktion von der einen zur anderen Seite. Der anwesende Priester verließ, ein Machwerk des Teufels befürchtend, sofort den Platz. Als das Getöse und das Schütteln nachließen, erklang die Stimme des Schamanen und forderte Beaulieu auf, ins Haus eines Freundes zu gehen, dort würde er die Fesseln finden. Tatsächlich – und sie waren noch in der Weise erhalten, in der Beaulieu den Schamanen gefesselt hatte. Und als er, zum Schauplatz zurückgekehrt, ins Zelt schaute, saß dort der Schamane, gemütlich seine Pfeife rauchend. Beaulieu verlor die 100 Dollar (Hoffman 1891).
Wenn der Hilfsgeist sich nähert, hört man ein Pfeifen wie das des Windes oder einen Eulenschrei. Der Geist tritt durch die Rauchöffnung ins Zelt ein, die Zeltspitze biegt sich heftig hin und her, und dann erzittert das ganze Stangengerüst. Bläst der Geist auf den Schamanen, fallen alle Riemen und Schnüre von ihm ab und rollen sich zu einem Ball zusammen, der so verknotet und verschlungen ist, daß er sich nur schwer entwirren läßt; er wird dann zu jenem geworfen, der den Schamanen gefesselt hat, oft mit den ironischen Worten: »Du hast diesen Menschen gefesselt. Nun schau, ob du diesen Schnurball entwirren kannst!« Die Anwesenden zünden nun eine Pfeife an und halten sie in der

Dunkelheit in Richtung des Geistes, damit er rauchen kann; man sieht, wie der Tabak erglüht, wenn der Geist daran zieht. Nun werden Fragen gestellt. Weiß der Geist sie nicht gleich zu beantworten, fliegt er fort; die Leute singen in der Zwischenzeit ein Lied und erwarten seine Rückkehr. Er fliegt jedoch so schnell wie Gedanken und ist bald zurück. Viele Geister sprechen in Form eines Pfeiftones. Doch bei großen Schamanen, wie etwa Plenty-Try-Meat oder Morning-Star es waren, sprachen die Geister normal. Waren alle Fragen beantwortet, erhielt der Geist zu essen, man hörte ihn kauen oder seine Fingernägel auf der Schale klappern (Cooper 1964, 66ff.).

In seinen »Relations« von 1634 hat Pater Le Jeune uns einen der ersten Augenzeugenberichte des wackelnden Zeltes hinterlassen (Lambert 1956, 116f.). Obwohl er ein sehr skeptischer Beobachter ist, nimmt er die wesentlichen Merkmale dieser Séance doch wahr:

Gleich nachdem er eingetreten war, begann der Schamane zu stöhnen, als beklage er sich. Er brachte das Zelt zum Wackeln, zunächst jedoch ohne Heftigkeit. Nach und nach wurde er wilder, pfiff in falschen Tönen, als käme es aus der Ferne; dann klang es so, als spräche er in eine leere Flasche und schrie wie die Eulen in diesen Ländern; dann heulte und sang er, dauernd seine Töne variierend ... seine Stimme verstellend, so daß es mir schien, als hörte ich diese jungen Hunde, die die Gaukler in Frankreich vorführen. Anfänglich bewegte er die Konstruktion noch leicht, doch als er mehr in Fahrt kam, verfiel er in eine wilde Ekstase, so daß ich dachte, er würde alles in Stücke schlagen. Ich war erstaunt über die Stärke dieses Mannes, denn als er einmal begonnen hatte zu schütteln, hörte er nicht mehr auf, bis die Sitzung vorüber war, was wohl drei Stunden dauerte.

Alexander Henry der Ältere gibt uns in seinen »Travels and Adventures in the Years 1760–1776« eine ausführliche Beschreibung des wackelnden Zeltes. Die Ojibwa-Indianer wollten den Geist »Große Schildkröte« zu einigen militärischen Problemen befragen, nämlich ob die Einladung, die sie von den Briten erhalten hatten, eine Falle sei und ob man gegen sie Krieg führen sollte oder nicht. Kaum war der Medizinmann mit seinem Kopf in das Zelt gekrochen, begann es auch schon zu wackeln und zu zittern. Geheule von Hunden und Wölfen und Menschenstimmen, von Furcht und Angst gekennzeichnet, veranstalteten ein schreckliches Konzert. Plötzlich trat Totenstille ein, und nur Laute wie von einem kleinen Hund waren noch zu hören. Die Indianer freuten sich: Das war die Stimme von Mikinak, der »Großen Schildkröte«, und die zuvor gehörten Stimmen waren die von bösen Geistern. Nun konnte die Befragung des Geistes beginnen. Der gab genaue Angaben, wo sich die Engländer aufhielten, um wie viele es sich handelte. Auch sagte er, die Einladung sei ernst gemeint und stelle keine Gefahr für eine Delegation dar. Um die Informationen einzuholen, mußte der Geist über Land fliegen und die Truppenbewegungen der Engländer beobachten, daher dauerte es eine gewisse Zeit, bis er die Fragen beantwortete. Alexander Henry erkundigte sich nach seinen Freunden. Die Antwort stellte sich später als völlig richtig heraus, ebenso wie die Antworten über die Engländer (Lambert 1956, 119f.).

Das wackelnde Zelt ist eine besondere Einrichtung zur Befragung von Jenseitswesen. Das sich schüttelnde Zelt gibt dem Menschen einen zusätzlichen Beweis für die Allmacht der Geistwesen, ist aber für die Séance nicht eigentlich notwendig. Es kann ein kleines Einmannzelt sein oder ein großes Wigwam, das spielt keine Rolle. Beobachtungen, mit welchen Mitteln das Zelt rein mechanisch bewegt werden könnte, habe ich in der Literatur nicht gefunden. Wir müssen daher annehmen, daß der Medizinmann selbst psychokinetische Kräfte in außerordentlichem Maß entwickelt, oder uns dem spiritistischen Glauben der Indianer anschließen.

J. W. Schultz (1883, 118), der viele Jahre mit den Piegan-Indianern zusammengelebt hatte, erzählte sein Freund Rising Wolf von der früheren Macht der Medizinmänner und besonders von einem namens Old Sun, von dem er folgendes berichtete:

Dieser Mann sprach zweifellos mit den Göttern, und ihm waren auch einige ihrer geheimnisvollen Kräfte verliehen worden. In dunkler Nacht, wenn alles still und ruhig war, lud er manchmal einige von uns in sein Zelt ein. Nachdem alle Platz genommen hatten, bedeckten seine Frauen das Feuer mit Asche, damit es im Zelt dunkel wurde. Dann begann er zu beten, erst zur Sonne, dem Schöpfer, dann zu Ai-so-pwom-stan, dem Windmacher, dann zu Sis-tse-kom, dem Donner, und zu Puh-pom', dem Blitz. Noch während er betete und sie anflehte, zu kommen und seinem Willen zu gehorchen, fingen die Zeltklappen an zu flattern, ein Luftzug kündete einen leichten Wind an, der allmählich stärker wurde, bis sich das Zelt unter Sturmböen hin- und herbog, und die Zeltstangen ächzten und knarrten. Dann fing der Donner an zu grollen, dumpf, noch in weiter Ferne, und Blitze leuchteten schwach auf. Das Gewitter rückte näher und näher, bis es direkt über uns stand. Die Donnerschläge machten uns taub, die hellen Blitze blendeten uns. Dann betete dieser erstaunliche Mann erneut und flehte sie an, wieder von uns zu gehen. Der Wind legte sich allmählich, das Grollen des Donners und das Aufflammen der Blitze wurden schwächer und verloren sich schließlich in der Ferne, bis wir nichts mehr davon hören und sehen konnten.

Mit dieser Geschichte wollen wir die Darstellung des wackelnden Zeltes beschließen. Wie wir gesehen haben, ähneln sich all die Berichte in den wesentlichen Punkten. Psychokinetische oder telekinetische Kräfte sind durch die Parapsychologie gut dokumentiert, doch wie Schamanen solche enormen gewaltigen Kräfte aufbringen können, um stundenlang eine solide Gerüstkonstruktion in Bewegung zu halten, bleibt ungeklärt.

10 Zeremonien der Heilung

> Ein Geisterbeschwörer ist der Vermittler zwischen Hila (der universellen Macht) und den Menschen. Es ist seine Hauptaufgabe, Krankheiten zu heilen oder Menschen, die von der Bosheit anderer verfolgt werden, zu befreien. Soll ein kranker Mensch gerettet werden, muß er sein ganzes Eigentum abgeben. Dieses soll fortgetragen und weit vom Wohnplatz auf die Erde gelegt werden; denn wenn ein Mensch einen großen Geist anruft, darf er nichts anderes besitzen als seinen Atem.
>
> *Igjugarjuk, ein Geisterbeschwörer der Eskimo. (Rasmussen, Die große Schlittenreise 1946, S. 72.)*

Zeremonie – was heißt das? Wir sollten aufhören, damit ein starres Ritual, sinnlose, leere Wiederholung von Formeln und schablonenhaftes Verhalten zu verbinden. Zutreffen mag das für Zeremonien der großen Religionen, nicht aber für die von Stammeskulturen. Dort besitzt das Ritual einen ganz anderen Sinn: es ist die Steigerung aller Sinne durch Musik, Gesang, Tanz, Bewegung. Unsere so mannigfaltig ausgerichtete Aufmerksamkeit auf einen Punkt zu vereinen, wir nennen es das Nadelöhr des Bewußtseins, und sie dort hindurchzuschieben, hindurchzutrommeln, hindurchzusingen in eine psychische Dimension, in der Raum und Zeit, die Grundkategorien unserer Welterfahrung, andere Qualität besitzen – das ist die Aufgabe der Zeremonie. Im veränderten Bewußtseinszustand erscheint die Welt dann sinnvoll, zusammenhängend, jedes auf anderes harmonisch bezogen; Raum und Zeit sind transzendiert, sie lassen sich, sonst nur Teilabschnitte freigebend, weithin überblicken, Vergangenheit

und Zukunft schmelzen zu einer Dimension zusammen, Geschichte, Urzeit und Zukunft reihen sich dicht aneinander; Zeit als nach und nach abrollendes Geschehen erscheint als in sich geschlossene, sinnträchtige Einheit; der mannigfaltig aufgesplitterte Raum wird homogen, Formen stehen nicht mehr vereinzelt da, sondern eingefügt in ein Ganzes. Solcherart veränderte Wahrnehmung läßt sich als archetypisch, als Urwahrnehmung kennzeichnen, was heißt, die Dinge verlieren ihren Charakter der Einzelhaftigkeit, werden zu Dingen an sich, zu Prototypen des Seins. Und archetypische Wahrnehmung, das ist erwiesen, ist in sich heilsam, ein primäres therapeutisches Agens. Zweites therapeutisches Agens ist die Entleerung des Bewußtseins von der unaufhörlichen Verarbeitung zahlloser Reize: Zeremonie heißt immer Entleerung, Eintauchen in eine einheitsstiftende Form der Wahrnehmung.
Der Schamane ist zudem ein großartiger Schauspieler: Er vereint Mythos, Geschichte, aktuelle Krise und Jenseitsreise. Im Vergleich zu ihm wirkt unser moderner Schauspieler recht armselig. Aus dem Verfall des ursprünglichen Geisterrituals entwickelte sich das entfremdete zeitgenössische Drama, in dem die Akteure ihr Bewußtsein nicht verändern und in dem die Zuschauer keine aktive Rolle spielen. Das moderne Theater ist personal, das schamanische Ritual transpersonal. Schamanisches Schauspiel ist transpersonale Kunst. Die Heil- oder Beschwörungszeremonie ist nicht zur Schau gestellte Unterhaltung, nicht einstudierte Wiederholung, es ist Lebensdrama, Leben selbst.
Die Psychologie der Zeremonie ist Wiederverlebendigung, Verjüngung, Sinntherapie. Die traditionellen Elemente der Stammeskosmologie werden aufgefrischt, rituell verankert im Unbewußten, nicht aber, wie weitläufig angenommen, durch bloße starre Wiederholung und religiöse Einpaukerei, vielmehr gerät der Patient bald in den Sog der spirituellen Atmosphäre, sein Bewußtsein nimmt tranceartige Züge an, und in eben diesem Zustand, nämlich auf einer transpersonalen, vom Ichzustand weitgehend befreiten Daseinsebene – prägt sich der archaische Kosmos am wirksamsten ein. Schamanisches Lernen heißt –

wann begreift unser Vernunftkult das? – Informationsaufnahme im veränderten Bewußtseinszustand. Verglichen damit ist unser Kulturtheater eine heruntergekommene Form, geistige und gesellschaftliche Identität zu erlangen. Das Dramatische, der dramaturgische Aufbau einer Zeremonie, Zeremonie überhaupt, ist nicht Selbstzweck, eher Mittel zum Zweck, Mittel zum Hervorrufen eines veränderten Bewußtseinszustandes im Heiler, im Patienten und bei den Zuschauern. Urdrama heißt Umstülpung der Wirklichkeitserfahrung, radikal transformierte Raum-Zeiterfahrung, erhöhte, ins Archetypische und Transpersonale gewendete Wahrnehmung, Veränderung unserer kognitiven Bedingungen zu einem räumlich und zeitlich erhabenen Daseinsüberblick. Der veränderte Bewußtseinszustand ist die Krönung des dramatisch-ritualen, initiatorisch-visionären Prozesses.

Zeremonien drehen sich um Symbole; das mag uns primitiv erscheinen, aber sie verdeutlichen die Polaritäten, die Kräfte und Zusammenhänge des Daseins. Symbole bleiben für die Menschheit nach wie vor ein wirksamer Weg, die abstrakten Kräfte der Natur auszudrücken.

Innere Ausgeglichenheit oder innere Reinigung von Unausgeglichenheit, von widerstrebenden Kräften, bewirkt die Wiederherstellung der Gesundheit und Lebensfreude. Die Einbeziehung von gesellschaftlichen, ökologischen und kosmologischen Kräften ist dabei unumgänglich. Diese Definition von Gesundheit ist dem westlichen Menschen fremdartig. Wir kennen das Krankheitssymptom und stellen eine diesbezügliche Diagnose, unser geistiger Horizont hört auf, wo die eigentlichen Ursachen der Krankheit beginnen. Unsere Symptomtherapie ist der eigentliche Hort der Diskriminierung schamanischer Heilweisen. Unser Mangel ist das eingeengte ätiologische Verständnis, die Herabwürdigung der Krankheit auf den unmittelbaren Krankheitsherd, die Verdinglichung und Festschreibung auf den materiellen, physischen Ausdruck, was, allgemein gesprochen, Ausdruck unserer materialistischen Weltorientierung ist.

Innere Reinigung entsteht durch Schwitzen, Beweihräucherung,

anhaltenden Tanz und Gesang, durch Einsamkeit, in der die Unruhe der Umwelt, die Kultur von einem abfällt. Schamane zu werden ist in letzter Konsequenz nichts anderes als vorangetriebene innere Reinigung; je transparenter das Innen, desto durchsichtiger die äußere Welt, um so größer der Zauber und die Zauberei. Reinigung, Transparenz, Zauber, das sind die Kernworte des Schamanentums, der geistigen Welt schlechthin. Zur inneren Reinigung gehört gleichfalls der Verlust der Sprache, das Absterben der begrifflich verklausulierten Welt: Sprachlosigkeit ist die heilige Sprache des Schamanen. Wenn wir ver-rückt werden, wenn die Ordnung der Kategorien zu schizophrenem Wortsalat entartet, ihres Sinns verlustig geht, reinigen wir uns von der Außenbestimmung kultureller und weltlicher Einseitigkeiten. Wir werden sehen, die Psychotherapie der Zukunft wird die Reinigungstherapie der »Primitiven« sein. Bewußtsein steht im Mittelpunkt dieser Therapie. Bewußtsein ist axis mundi der inneren und äußeren Welt.
Oberstes Prinzip des Seins ist der Wechsel zwischen Ansammlung und Entleerung, Anfüllen und Reinigen. Durch das Urpaar Raum und Leere läßt sich alles Schamanische entschlüsseln. Je größer die Leere, desto größer der Schamane, die Heilung. Unsere Kultur verlegte sich im wesentlichen auf Anhäufung, Anreicherung, Einspeicherung, andere Kulturen erhoben die Entleerung zum letzten Ziel. Besitzen wir Disziplinen des Vermehrens, so andere Disziplinen des Verminderns. Eine Parallele läßt sich hier mit dem subatomaren Urgrund ziehen. Neue mikro physikalische Forschungen zeigen, wie Energie bzw. Materie scheinbar spontan aus einem »Nichts« emporquillt und die materielle Welt entfaltet. Sucht vielleicht der Schamane diese Leere auf, um aus ihr neue Erkenntnisse und Energien zu schöpfen?
Untersuchungen über Schamanentum und Heilung lassen das Wichtigste regelmäßig außer acht: Es gibt eine schamanische Psychotherapie, es gibt erfolgreiche Heilungen. Außer Anekdoten und Randbemerkungen liegen jedoch keine ethno-medizinischen Stichproben von Heilerfolgen vor. Warum nicht? »Schamanische Therapie ist Pseudotherapie oder, vornehmer ausge-

drückt, Glaubensheilung! Wer an Heilung glaubt, der wird geheilt!« – ein seltsames Stück Rationalismus, erklärt doch auf diese Weise niemand, wie solche Heilungen biologisch und psychologisch entstehen. Das Gerücht von der Glaubensheilung, dieses Stichwort der Hilflosen, ist kein Versuch, Schamanentum zu entschlüsseln, es ist der konventionelle Versuch, es abzuwerten. Soziale und psychosomatische Heilung – auch diese Begriffe erklären nichts, sie wiegeln ab, und Glaubensheilung ist ein Bild: hinter diesem Bild verbirgt sich nicht ungeahntes völkerkundliches Wissen – nein: ungeahnte Trostlosigkeit der Forschung. Niemand hat sich bisher bemüht, schamanische Heilweisen wissenschaftlich zu überprüfen, man verblieb im Vorfeld der Wissenschaft, beim akademischen Spekulieren.

Die Heilweisen des Schamanen sind vielfältig; sie lassen sich beschreiben: 1. als sozialpsychologisch, gruppentherapeutisch und psychohygienisch, 2. als suggestiv, psychoanalytisch, psychokathartisch, 3. als transpersonal, das Ego transzendierend, 4. als paranormal, spiritistisch, transmateriell. Dieses Buch behandelt im wesentlichen die beiden letzten Aspekte. Sie sind der Höhepunkt der Erkenntnis und Tätigkeit in der Laufbahn eines Schamanen und eigentlich seine weitestgehenden Therapiemethoden, ja das, was ihn zum Schamanen macht.

Die schamanischen Heilweisen bleiben uns jedoch fremd, messen wir sie am modernen Krankheitsbegriff. Schamanen sind Individualisten und keine akademischen Mediziner, sie schöpfen ihr Wissen und ihre Heilverfahren aus der transformativen Erfahrung, die höchst eigenartig und einmalig ist, weshalb viele Schamanen nur zur Heilung bestimmter Krankheiten berufen sind. Manuel Thomas vom indianischen Stamm der Yuma bringt das zum Ausdruck:

Ein Heiler erhält seine Kraft nur für *eine* Krankheit, die Kraft selbst mag zwar zur Heilung anderer gut sein, er aber wird dafür ungeeignet sein. Der Besuch bei Avikwame, den der Heiler im Schlaf ausführt, gibt ihm das allgemeine Wissen und die Kraft zu heilen . . . Ist jemand krank, versucht er den besten Heiler der Umgebung zu bekommen. Ist dieser nicht so geeignet, wird er von ihm zu einem weiteren geschickt, und dieser arbeitet so lange an ihm, bis er geheilt ist oder stirbt. Die Yuma sind nicht verärgert, wenn ein Heiler keinen Erfolg erzielt, sie sind enttäuscht, daß seine Kraft nicht groß genug ist, und wenden sich an einen anderen. Stirbt der Patient, bestrafen sie den Heiler nicht, außer sie sind sich sicher, es handelt sich um Hexerei (Forde 1931, 183).

Zudem ist die Intensität der Heilkraft, deren Ursprung und Wirkung uns heute noch weitgehend unbekannt sind, an die Persönlichkeit des Heilers gebunden. Heiler bedienen sich der überlieferten Verfahren ihrer Kultur, anders als unsere zeitgenössischen Mediziner sind sie Menschen ganz eigenartiger Natur, ganz ichbezogen, aus der persönlichen Erfahrung schöpfend, Einzelgänger. So erzählt Manuel Thomas von sich:

Meine ersten Träume erhielt ich, als ich sehr jung war, etwa 12 Jahre, aber ich fing nicht mit Heilen an, bevor ich ein alter Mann war. Ich erinnere meine Träume immer ziemlich deutlich und vergesse nie etwas in ihnen.
Höre ich von einem Kranken, sagt mir etwas, ob ich ihn heilen kann oder nicht. Das geschieht sogar, wenn ich keinen Traum habe, noch die Kraft, diese besondere Krankheit zu heilen. Fühle ich mich gut, weiß ich, wann der Patient kommt, und daß ich ihn heilen kann. Habe ich ein gutes Gefühl, empfinde ich im Inneren Stärke und Leichtigkeit, und jeder andere Doktor, der sich an dem Kranken versucht, bleibt gewöhnlich erfolglos. Die Verwandten und der Patient spüren das auch, denn ich scheine den Kranken zu mir hinzuziehen. Ich wurde immer, wenn ich mich stark fühlte, um Heilung gefragt, bei diesen Gelegenheiten bin ich immer erfolgreich. Werde ich zu einem Kranken gerufen, habe ich das Gefühl, als sei ich wieder in den Bergen. In mir ist dann eine Flüssigkeit, die ich aus der Luft gezogen habe, und ich scheue mich nicht, große Entfernungen zu überbrücken. Ich weiß dann nicht, wie weit ich gereist bin. Arbeite ich an dem Patienten, erschöpft mich das überhaupt nicht, es macht mich eher glücklich. Im allgemeinen heile ich in diesem Fall recht schnell, wohl in einigen Stunden oder ein oder zwei Tagen . . .
Aber ich weiß nicht immer im voraus, wie sich die Heilung entwikkeln wird. Oftmals fühle ich mich so lange nicht gut, bis ich zu heilen beginne. Ein anderes Mal verliere ich viel Kraft, wenn ich zu arbeiten beginne, und es verläuft nicht gut (Forde 1931, 184).

Die bekanntetste und wohl verbreiteste Form der Heilung ist das Heraussaugen von schädlichen Krankheitskeimen aus dem Körper des Patienten. Unterstützt wird diese Behandlung durch Massieren, Beblasen und Bestreichen des Körpers. Bei dieser Behandlung treten verschiedene, die Krankheit verursachende Objekte aus dem Körper aus. Bei den australischen Arunta kommen Quarzkristalle, Steine, Knochensplitter, Nägel oder Glasscherben zum Vorschein. Der Schamane der Halakwulup Feuerlands zieht Blut aus dem Leib, wobei er sich auf die Schmerzstelle konzentriert; er bebläst sie, knetet sie mit den Fingern, drückt mit der flachen Hand darauf oder saugt daran; seine Handlung begleitet er durch ein leichtes Summen.
Die tibetischen Dbang-phyug – das sind Medien – heilen durch Saugen. Die Trommel wird dabei über die Krankheitsstelle gehalten und die schädigende Substanz zunächst durch die Haut und dann durch die Trommel herausgezutscht und zwar so, daß alle Zuschauer es sehen, und wird in eine Schale gespuckt; gewöhnlich handelt es sich um einen braunen oder grauen glitschigen Klumpen undefinierbarer Art (Berglie 1978, 25).
Die Nunivak-Eskimo geben vor, mit einer Feder die Stelle des Schmerzes aufzuschneiden, saugen dann das Übel heraus und schlucken es hinunter, überlassen es den Hunden oder werfen es ins Feuer. Manchmal ist die Krankheit so stark, daß die Anwesenden den Schamanen festhalten müssen, so sehr beginnt er zu zucken. Bei anderen Krankheiten hält er lediglich die Hand über die Schmerzstelle oder massiert sie mit ruckartigen Bewegungen (Lantis 1946, 202f.).
Die wohl letzte Schamanin der kalifornischen Wintu-Indianer ist Easter Flower Woman, Flora Jones: Die letzte Generation von Schamanen weihte sie in ihrer Jugend ein; sie ist heute die einzige Schamanin, die Séancen und Heilzeremonien durchführt und Kräuter verabreicht. Flora Jones besuchte in San Francisco die Schule, doch letztendlich zwangen merkwürdige Träume sie, heimzukehren. Diese Träume ängstigten sie und erschütterten ihre Persönlichkeit. Mit 17 Jahren fiel sie das erstemal in Trance. Sie spielte gerade Karten mit Freunden, als ohne Voranküdi-

gung ein Klingeln und ein brennender Schmerz in ihren Ohren auftrat: »Es war, als schösse eine heiße Kugel durch mein Ohr. Der Schmerz durchzuckte meinen Körper, und ich war vier Tage lang bewußtlos.« Das war die erste Begegnung mit dem Stern-Geist. Als sie erwachte, saßen vier ältere Schamanen um sie herum, sangen und gaben ihr Medizin, später führten sie sie zu heiligen Gebetsplätzen. Ihr Schutzgeist übermittelte ihr Heilgesänge und führte sie in die Heilkunst ein. Erst Jahre später begann sie eine regelrechte Praxis als Heilerin. Ihr jugendliches Gespaltensein – einerseits Indianerin, andererseits in einer weißen Welt lebend – und die dadurch hervorgerufene Unausgeglichenheit verebbten nun.

Da Flora Jones sich nach einer Séance meistens nicht mehr erinnert, was sie gesagt hat, benutzt sie, wenn kein Übersetzer vorhanden ist, ein Tonband, das sie anschließend abhört und dann den Anwesenden den Dialog mit den Geistern interpretiert. Anfänglich beschwerten sich die Geister über dieses Verfahren, ließen sich jedoch bald beschwichtigen. Flora diagnostiziert in Trance die Krankheiten mit den Händen. Sie gleitet über den Körper des Kranken und empfindet dabei alle Störungen. »Ich spüre die Schmerzen, die Wunden, die Entzündungen. Halte ich meine Hände über den Körper, fühle ich jeden kleinsten Muskel und jede dünne Vene. Ich empfinde die Entzündung. Es schmerzt mich. Haben sie Herzstörungen, schlägt mein Herz schneller. Wo es ihnen weh tut, tut es auch mir weh. Ich werde Teil ihres Körpers.«

Nur bei schweren Krankheiten, wenn der Patient dem Tode nahe oder bewußtlos ist, führt Flora Jones den Seelentanz aus, um die wandernde Seele des Kranken zurückzuholen. Dabei tanzt sie zu den rhythmischen Schlägen von Stöcken und wirbelt mit einem winzigen Korb in der Hand – in dem die Seele eingefangen werden soll – umher. Gelingt dies, wird die Seele auf das Herz, ihren Ursprungsort, zurückgelegt.

Flora behandelt auch Weiße, ihr Schutzgeist empfahl es ihr, wolle sie ein echter Doktor sein. Dazu verwendet sie ein einfacheres Behandlungsverfahren, nämlich eine kurze Trance, in der sie die inneren Organe des Patienten durchleuchtet. Viele Krankheiten des weißen Mannes heilt sie nicht – alles, was wir als Zivilisationskrankheiten bezeichnen oder epidemische Krankheiten, denn diese kannten die Wintu vor dem Auftreten der »Gift-Leute«, wie die Wintu uns nennen, nicht.

Über jene, die ihre Tranceheilung nicht verstehen wollen, sagt Flora Jones, sie würden »geistig schlafen« oder sie lebten »mit Wolken vor den Augen« (Knudtson 1975).

Heilung für die afrikanischen !Kung, einen Stamm der Buschmänner Südwestafrikas, heißt physische, psychische, soziale, spirituelle und kosmische Integration. Das zentrale Ereignis in der Heiltradition der !Kung ist der nächtliche Trancetanz, der oft viermal im Monat stattfindet. Um Mitternacht erreicht der Tanz seinen Höhepunkt, die meisten befinden sich nun in Trance. Ein zweiter Höhepunkt folgt gegen Sonnenaufgang. Oft dauern diese Tänze mehr als 36 Stunden (Lee 1966, 39). Die Frauen sitzen dabei am Feuer und klatschen, während die Männer tanzen. Doch auch sie können durch einen besonderen Frauentanz in Trance fallen, meistens allerdings erst dann, wenn die Menopause eingesetzt hat, denn die Trance kann dem Kind schaden, glaubt man. Ein Drittel aller Frauen haben !Kia, Erleuchtung, erreicht (Katz 1973).

Das ganze Dorf nimmt an solchen Festen teil. Jeder kann ein Heiler werden. Je mehr Heiler es gibt, desto besser ist das für das Wohlergehen der Gemeinschaft, denn der Tanz fördert den sozialen Zusammenhang, beseitigt Feindschaften und schützt das Dorf vor Unglück. Die nächtlichen Tänze machen, wie die !Kung sagen, das »Herz glücklich«, sie beleben, regen an, erfreuen.

Mit zunehmender Hingabe an das Tanzen verdichtet sich die geheimnisvolle Lebensenergie N/um. Die Heiler nennen sich dementsprechend N/um k'ausi, Meister des N/um. N/um ruht in der Magengrube oder an der Basis des Rückgrats. Durch das Tanzen wärmt sich N/um auf, wird zu Dampf, steigt die Wirbelsäule empor, und erreicht es die Schädelspitze, kommt es zur !Kia-Erfahrung. In diesem Zustand erkennt der Heiler die Krankheit von anderen, und diese beginnt er zu heilen, indem er N/um in den Körper des Kranken hineingießt, aber er sieht dann auch über große Entfernungen hinweg und besitzt den Röntgenblick, er wird unempfindlich gegenüber Feuer und reist geistig zu den Dörfern der Götter. Im !Kia-Zustand verwirklicht sich der Mensch. Ein Meister des N/um drückt das so aus: »Wenn ich N/um aufsteigen lasse, dann explodiert es und wirft mich in die Luft empor, und ich betrete den Himmel, und schließlich falle ich wieder hinab.« (Katz 1982, 7) Im !Kia-Zustand überkommt einen das Gefühl, sich zu öffnen wie eine reife Erbsenschote, sagen die !Kung. K'au = Dau, ein blinder Heiler, erfuhr regelmäßig eine Verwandlung, wenn er tanzte. Gott hatte seine Augen aus dem Kopf genommen, sie in seine Tasche gesteckt und sich in den Himmel begeben; tanzt er aber und tritt in !Kia ein, kommt Gott für diese Zeit herab, und legt die Augen wieder in ihre Höhlen, dann beginnt er zu heilen und wieder zu sehen. Die Heiler sprechen mit den Krankheitsgeistern, kämpfen und ringen mit ihnen und versuchen sie zu überreden, den Kranken nicht zu entführen (Katz 1982). Mit vibrierenden Händen zieht der Heiler die Krankheit heraus und gleichzeitig in seinen eigenen Körper hinein.

Die Heilenergie ist für den normalen Menschen unsichtbar, nur im !Kia-Zustand nimmt der Heiler sie wahr, dann, wenn sie aufgestiegen und das Herz »erwacht« ist. Kocht N/um zu schnell, verursacht es Schmerzen, dann sieht man die Krankheit nicht mehr; nur wenn die inneren Augen ruhig sind, erkennt man die Krankheit.

Ziehen die Heiler die Krankheit aus dem Körper heraus und lassen sie in sich selbst hineingleiten, dann dringt diese zuerst in ihre Arme, dann in den Nacken und schließlich in den Kopf. Das schmerzt und brennt. Die aufgenommene Krankheit schütteln sie dann im wahrsten Sinn des Wortes aus sich heraus, sie zittern und wackeln mit Kopf, Armen und Beinen. Beim Eintreten der Trance schreien sie: »//Gauwa tötet mich!« Die Atmosphäre bei diesem Heiltanz stelle man sich folgendermaßen vor: Während alle im Kreis um das Feuer tanzen, die Frauen singen und klatschen, bricht der eine oder andere Heiler aus dem Kreis aus, stürzt sich in das Feuer hinein, zerstreut die Glut oder steckt seinen Kopf in die Holzkohle, so daß sein Haar sogleich Feuer fängt. Andere sind wachsam und ziehen die Ekstatiker aus den Flammen oder vertreiben laut schreiend die Krankheitsgeister. In der allgemeinen Erregung springen auch einige Frauen auf und beginnen wie die Männer zu tanzen, während die anderen mit Vehemenz weitersingen und klatschen. Auf dem Höhepunkt des Trancetanzes fallen die Heiler nieder und einige überkommt eine kataleptische Muskelstarre. Ein Teil bleibt nur für Minuten in diesem Zustand, andere erwachen daraus erst nach Stunden. Ähnlich verhält es sich bei dem benachbarten Stamm der Hain//om. Haben deren Tänzer genug Rauch eingeatmet und sich durch rhythmisches Klatschen in Trance versetzen lassen, bringt eine Antilope sie zum großen Baum, der Himmel und Erde verbindet. Daran klettern sie hinauf, bis sie im Wipfel einen Riemen finden, von //Gamab, dem Schöpfer herabgelassen, der sie in sein Reich bringt. Natürlich klettert nicht ihr Körper empor, sondern ihr »Innerstes«. Mit //Gamab verhandelt der Schamane nun über das Geschick des Kranken (Wagner-Robertz 1976). Früher waren bei allen Stämmen viele Heiler dazu fähig, heute vermögen das nur noch wenige. Da während dieser »Halb-Tod«-Phase, wie die !Kung es nennen, der Geist des Heilers Gefahr läuft, von //Gauwa-si (Totengeistern) gefangen zu werden, mahnen die anderen Heiler zur Rückkehr. Sie rufen: »Wo bist du? Komm zurück!« Mit der Rassel des Heilers klappern sie über seinem Kopf, um die Aufmerksamkeit seines Geistes zu erhaschen. Sie streichen Schweiß von ihrem Körper und reiben ihn auf seinen Körper, sie übertragen N/um (Marshall 1968).

Sichtbarer Ausdruck von N/um ist Schweiß. Schweiß ist der Dampf der kochenden Energie. Schweiß, auf die erkrankten Körperteile gerieben, wirkt heilsam. Ebenso wie Schweiß eine Metapher für innere Hitze, d. h. psychische Kraft, ist, so gilt dies auch für glühende Kohlen, mit denen sich die !Kung als Ausdruck der Inkorporation von Hitze, von Energie, den Körper einreiben. Während der Trance haben viele das Gefühl,

im Magen zu kochen und von vibrierender Energie durchdrungen zu werden.
Nach der Heirat zwischen dem 20. und 25. Lebensjahr verfolgen viele ernsthaft eine Heilerkarriere. Sie suchen sich einen Lehrer und üben sich im Trancetanz. Während der ersen Tranceversuche geraten die jungen Leute oft außer Rand und Band, sie verhalten sich anti-sozial, verstreuen die Holzkohle, werfen sich ins Feuer, entzünden die Kleider der Sängerinnen, schlagen und stoßen andere Tänzer und versuchen, sich selbst zu verletzen. Man beruhigt den Anfänger, gießt Heilkraft in ihn, reibt seinen Körper mit Schweiß ein. Das erste Anzeichen der Trance ist, daß die Tänzer sich von Störgeräuschen nicht mehr ablenken lassen, Vibrationen eilen durch ihren Körper, sie stolpern und schwitzen, schließlich werden ihre Körper ganz steif. Ein plötzlicher Tranceausbruch kündigt sich durch wilde Sprünge an; andere Männer kommen dann zu Hilfe und nehmen den Tänzer in ihre Mitte, bis er zusammenbricht; nun legen sie ihn außerhalb des Tanzfeldes nieder und massieren ihn. Ältere, erfahrene Heiler gehen nicht durch diese »Halb-tot«-Phase, sie haben gelernt, sich zu kontrollieren. Einige junge Leute, versessen darauf, ihre Trancekenntnisse zu erweitern, ziehen von Camp zu Camp und nehmen an allen Tänzen teil; so lernen sie ihren veränderten Bewußtseinszustand zu beherrschen und ihre Trancetechniken zu verfeinern. Hat ein junger Mann Schwierigkeiten, !Kia zu erlangen, unterstützt man ihn gelegentlich, auch wenn das selten vorkommt, durch eine Droge. Die Droge soll helfen, die Angst zu überwinden, und nicht etwa, den !Kia-Zustand zu erreichen. Schon im Kindesalter macht sich der Drang, Trance zu erfahren, bemerkbar. Ganze Kindergruppen spielen, die Erwachsenen nachahmend, !Kia-Heilung: sie tanzen und lassen sich wie im !Kia fallen. Voraussetzung, ein Heiler zu werden, ist das Verlangen, N/um zu trinken. Dazu muß man tanzen, bis sich das Herz für N/um öffnet. Auch sollte man singen, bis die eigene Stimme zum Himmel reicht. Wer zum erstenmal N/um in sich spürt, der schreit, denn es brennt in seinem Bauch wie Feuer. Die Angst vor dem !Kia-Zustand ist groß, man fürchtet, nicht mehr daraus

zurückzukommen, zu sterben. Lernt der Anfänger jedoch, dem Tod ins Gesicht zu sehen, überwindet er seine Angst – das ist der Durchbruch zu !Kia. Steigt !Kia auf, nimmt die Angst zu; die Heiler ruhen sich dann kurz aus, um sich »abzukühlen«, trinken etwas Wasser und beruhigen so die kochende Energie. Doch es gibt zwei verschiedene Arten von Heilern: Die !Kung sagen: »Manchmal wächst man mit N/um auf, manchmal läßt einen N/um wachsen.« Hier wird auf die einerseits angeborene, andererseits erworbene !Kia-Fähigkeit angespielt. Die wirklichen Schamanen der !Kung sind natürlich nur diejenigen, die psychische Energie mit in die Wiege gelegt bekommen haben. Sie sind es meistens auch, die mit ihrer Seele den Körper verlassen können, sie besitzen die klassische Fähigkeit des Schamanen.

Nun ein letztes Beispiel. Von Sonnenauf- bis Sonnenuntergang, arbeiten die Navaho-Indianer an ihren Sandbildern. Auf die glattgestrichene Erde lassen die Medizinleute durch ihre Finger Sand, Blütenstaub, Maismehl, zerriebene Wurzeln oder Rinde rieseln. Der Patient wird in die Mitte des mit Figuren und Zeichen des Navaho-Kosmos bestreuten Sandbildes gesetzt, das er im Laufe der Zeremonie symbolisch in sich aufnimmt. Begleitet von heiligen Gesängen, verschmilzt er mit dem überlieferten Wissen seines Stammes, dem Mythos seiner Kultur und den Universalprinzipien des Daseins; so werden seine Konflikte in einen ihm angemessenen Rahmen gestellt, in einen Rahmen, der relativiert und einordnet und den Zustand innerer Anarchie behebt. Zum Abschluß der Zeremonie verstreuen die Medizinleute den Sand in alle sechs Himmelsrichtungen, dorthin, woher er gekommen ist (Villasenor 1974).

Für die Navaho heißt Heilung Harmonisierung der Psyche. Die kosmologischen Sandbilder bewirken beim Patienten eine Ausbalancierung seiner mit den universellen Kräften. Religion, Kunst und Psychotherapie verbinden sich, und auf dem Höhepunkt der Zusammenschau von Natur, Erde, Himmel und Mensch entsteht Gesundheit, Heil. Maskierte Tänzer, Gebete, Sandmalerei, Mythenrezitation, Schauspielerei, Dramatik, Singen und auch die verabreichte Kräutermedizin bringen eine neue existentielle Verbundenheit hervor. Mythos wird Wirklichkeit, verbindet den Kranken mit dem Ursprung, gibt ihm Sinn. Der Patient erfährt die Einheit von Kosmos, Mythos, Gesellschaft und sich selbst. Das ist die Voraussetzung für Heilung: Gleichgewicht, Aufgeben des einseitigen Ichdenkens. Wieder eingegliedert in die Gemeinschaft der Gesunden gewinnt der Patient sein Selbstwertgefühl zurück. Hinzu kommt: Während des tagelangen Rituals, dem endlosen Gesang tritt der Patient in einen veränderten Bewußtseinszustand ein, der selbst psychokathartisch ist und Voraussetzung für die Heilung und die erhöhte Wahrnehmung und Aufmerksamkeit. Die Gemeinschaftsatmosphäre, viele Menschen, Verwandte und Bekannte sind anwesend. Die heilige Besinnung auf die Stammesgeschichte, die Vereinigung mit der Vergangenheit, mit sich selbst, dem Stamm und dem Kosmos bewirken eine gesteigerte Empfindungsfähigkeit, die bald charakteristische Trancezüge annimmt.

Unsere westliche, rein symptomatische Therapie denkt sich den Menschen nicht als Naturwesen, als kosmisches Wesen. Im Navahoritual dagegen verwandelt sich das Individuum durch die Identifikation mit den abstrahierten Daseinskräften zur heiligen, allgemeinen Person, zum Menschen an sich. Dieses Hinübertreten ins Transpersonale wirkt kathartisch, offenbart es doch einen weiteren Horizont des eigenen Wesens, das sich als lebendiges mikrokosmisches Abbild des makrokosmischen Naturdramas enthüllt. Durch Ichbezogenheit erlahmen die schöpferischen Kräfte, durch die Erfahrung eines Überpersönlichen in uns selbst entsteht Befreiung, Weitblick. Dem modernen Menschen dagegen, künstlich abgesichert durch Krankenkasse und medizinische Technologie, bieten sich keine erweiterten Sphären an. Daher seine Unruhe, seine Selbstzerstörungstendenzen; ihm fehlt planetare, kosmologische Einbettung.

Die Therapie der Navaho umfaßt Gruppentherapie, hypnotische Therapie, veränderte Bewußtseinszustände und vermutlich auch eine paranormale, parapsychische Einflußnahme durch den Medizinmann. Derjenige, über dem gesungen wird, nimmt nach dem Ritual eine besondere Stellung in seiner Familie ein, denn war er nicht eine Zeitlang die Inkarnation eines Naturprinzips, hat er nicht die Kräfte der Götter absorbiert? Genau das aber fehlt unserer westlichen Heilkunst: die Fähigkeit zum Einsgefühl mit den Naturkräften. – Was ist Magie? Es gibt keine Magie, nur die Natürlichkeit des Lebens! Höchste Magie ist höchste Identifikation, Zusammengehörigkeit mit allen uns umgebenden Leben! Die Stufen zum Einheitsgefühl mögen zahlreich sein, das Ziel aber bleibt sich gleich: Die wirkliche Therapie ist Suche nach transpersonaler Verbindung von Ich, Welt und Gott. Die Einheit dieser Trinität ist die Grundlage eines ursprünglichen Weltgefühls, und wir fragen uns heute: Müssen wir nicht dorthin zurückkehren? Die wissenschaftlichen Fakten mehren sich, daß das mechanistische, chaotisch zerstückelte Weltgefühl verantwortlich ist für die Destruktion des westlichen Geistes. Wir treten in ein Stadium der Wissenschaft ein, in dem wir die Analyse analysieren. Die Analyse, die im Licht der transpersonalen Synthese steht, ist unsere wirkliche Zukunft. Nachdem Galilei uns aufforderte, die Natur zu zerschneiden und wir in unserer Kultur die Überzeugung verankerten, Rituale und Glaubenshaltungen beruhten auf abergläubischem Zirkelschluß, lehrt uns die neue Physik Zusammenhänge zu sehen, wo zuvor nur Teile, gegensätzliche Partikel ein anomisches Dasein fristeten. Heute enthüllen die Physik und andere Wissenschaften dagegen ein Bild zunehmender Kohärenz, und damit werden wir zurückverwiesen auf das geistige Ritual der Stammesgesellschaften.

Wege der Macht

– und wer ein Schöpfer sein will im Guten und Bösen, der muß ein Vernichter erst sein und Werte zerbrechen.
Also gehört das höchste Böse zur höchsten Güte: diese aber ist die schöpferische.

Friedrich Nietzsche,
Also sprach Zarathustra

11 Dein Geist sei närrisch wie berstende Felsklippen

Nicht das Denken, das alltägliche Denken, welches, getrieben von Gefühlen und plötzlichen Einfällen, den bewußtlosen Strom des Geistes verkörpert, sondern die Kraft absoluter Konzentration, die vollkommene Hingabe, ist der Schlüssel zur Pforte des höheren Bewußtseins. Gedanken bleiben für uns gemeinhin von der Welt der Handlung getrennt, für den Schamanen dagegen verschmelzen Wille und Impuls. Denken ist für ihn keine bloße symbolische Ausdrucksform, die in der Sprache ein blasses Dasein erlebt. Er führt das Denken zu höchster Vervollkommnung und erkennt in ihm eine quasi-materielle, eine feinstoffliche Kraft, die – wie die Luft – die sichtbare Welt durchdringt.

Schwarze Magie wirkt durch schlechte Gedanken, die auf den Feind übertragen werden. Die Anthropologie spricht hier bestenfalls von einer Suggestivwirkung, die in einer eng zusammenlebenden Gemeinschaft ihre Kraft entfaltet. Doch bildet der sozialpsychologische Aspekt nur eine Seite des Geschehens und sicherlich nicht den ausschlaggebenden. Das Prinzip eines telepathischen Kommunikationsnetzes dagegen und die Verbindung aller Wesen durch eine telepathische Brücke ist allen Naturvölkern gemeinsam. Das Universum wird verstanden als eine pulsierende Einheit, dem sich jeder, besonders der Medizinmann, öffnen kann. Und das Prinzip emphatischen Mitschwingens, wie es in der Urzeit existierte, in der man mit allen Lebewesen, ja mit Steinen, Pflanzen und sogar dem Himmel und der Erde kommunizierte, ist ein Grundtenor menschlicher Erfahrung – kein Volk, das dieses Erleben nicht besaß oder heute noch besitzt. Gleichwohl gilt diese Weltauffassung für den zeitgenössischen Wissenschaftler als eine Ausgeburt phantastischer Naturschwärmerei und hohler Metaphysik und ist daher mit einem absolut wider-

spruchslos hinzunehmenden Tabu belegt worden. Nicht umsonst, denn diese Welterfahrung stellt die Achse aller magisch-spiritualistischen Philosophien dar, denen es seit der Aufklärung doch den Garaus zu machen gilt.
Allein schon durch zufällige schlechte Gedanken oder durch einen unbeherrschten Wutanfall entfaltet der Zauberer so viel Energie, daß ein anderer, davon getroffen, sterben kann. Einem solchen Fall begegnen wir in John Quinn von den Tenino in Oregon, den seine Stammesbrüder dreier Morde beschuldigten. Obwohl ein Schamane verpflichtet ist, seine Gedanken reinzuhalten, hegte er einmal, nur für einen Augenblick lang, einen schlechten Gedanken gegen einen anderen Mann, was sein Hilfsgeist sogleich als Aufforderung verstand, diesen zu töten; er sauste los, kollidierte aber mit einem gerade an der Tür vorbeigehenden unschuldigen jungen Mädchen und drang in es. Noch ehe sich John Quinn dessen bewußt wurde und ehe ein anderer Schamane zur Heilung kommen konnte, starb das Mädchen (Murdock 1965, 170).
Im Regelfall setzt der Zauberer seine Kräfte gezielt und dosiert ein, sie unterliegen seinem Willen, und je besser er seine Macht zu kontrollieren versteht, um so gewaltiger ist sicherlich die Wirkung. Während der Normalmensch Sklave seiner pausenlos dahinfließenden Gedankenassoziationen ist, die wie Affen mal hierhin, mal dorthin springen, und er sich im Taumel des Wirrwarrs einbildet, Herr dieses tollen Zirkus zu sein, ist der Schamane ein Dirigent, nicht nur über seine normalen, nein, auch über seine parapsychischen Kräfte. Er ist und bleibt daher der archaische Meister des Bewußtseins.
Billy, ein australischer Schäfer bei der Kidjulidji Station, war mit einer außergewöhnlichen Befähigung zur Konzentration seiner Gedanken begabt. Billy nahm sein Mittagessen in der Küche der Station in Empfang und aß dann – mit den Weißen zusammen durfte er nicht essen – draußen allein. Als er eines Morgens zu spät aufstand, warf der Boß sein Essen auf den Abfallhaufen. Billy sagte keinen Ton und ging langsam zu seinem Camp zurück; zuvor jedoch dachte er seine 'Maulwa, eine Schnur, aus

sich hinaus, die er zu einer Art Netz knüpfte, das er über Türen und Fenster am Haus seines Bosses warf; als er zu seinem Camp lief, zog er nun die Stricke hinter sich her. Niemand außer ihm konnte all diese Fäden sehen; er ließ dann sein Hilfstotem, den Blitz los, der in das Haus einschlug und es in Brand setzte. Als der Koch den Brandherd löschen wollte, verwandelte Billy das Wasser durch »Singing« in Kerosin, so daß das Feuer erst richtig um sich griff (Berndt 1946, 67f.). Billy's Schnur und sein magisches Netz mögen einer kulturellen Tradition oder mythologischen Motiven entsprechen, das tut aber dem Kraftprinzip, das dahintersteht, keinen Abbruch. Während Ethnologen über Symbolik und kulturelle Verwurzelung der magischen Hilfsmittel und Metaphern grübeln, ist uns heute klar, daß der Suche nach der dahinterstehenden »Kraft« der Vorrang gebührt. Nämlich: Wie steckte Billy das Haus in Brand?

Auch Lincoln, ein berühmter Medizinmann der Winnebago-Indianer, besaß die Kraft der Gedanken; immer wieder rächte er den Tod eines Familienmitgliedes. Er erklärte den Töchtern seiner Verwandten, sie sollten aufhören zu weinen, er würde den Tod ihres Vaters durch den Tod von vier anderen Menschen ausgleichen. Kurz darauf starben jene vier, die er ausgewählt hatte. Er sandte den reichen Leuten im Stamm auch hölzerne Schlangen, die sich verlebendigten, ihre Opfer bissen und vergifteten. Die Betroffenen riefen nun Lincoln um Hilfe und vermachten ihm all ihren Besitz; so waren Lincoln's Nachkommen immer reichlich versorgt. Bei einer Gelegenheit, als Lincoln die befreundeten Crow besuchte, die ihn immer als besonderen Gast empfingen und ein großes Fest zu seinen Ehren veranstalteten, trat ein Crow vor ihn hin, zog einen Strich zwischen ihnen und forderte Lincoln auf, er möge, wenn er es wage, über die Linie treten. Kaum setzte Lincoln seinen Fuß darüber, wurde er hin- und hergestoßen und schließlich in ein Loch geworfen. Mühsam stand er wieder auf und sagte zu seinem Angreifer: »Du hast vermutlich nie von mir gehört. Morgen Mittag werden dich Soldaten schlagen.« Am nächsten Tag wurde dieser Crow bei der Jagd von einer Schlange gebissen und starb. Lincoln demonstrierte den Crow auch seine Macht über die Vögel. Er zeigte auf einige der kreisenden Falken und forderte die anwesenden Crow auf, den vordersten im Auge zu behalten. Dann deutete er auf den Vogel, gab einen eigentümlichen Ton von sich, da fiel das Tier tot herab. Seinen Leuten, denen er dies oft vormachte, riet er stets davon ab, diese Vögel zu essen, sie seien nicht gut (Radin 1970, 211ff.).

Wenn Schamanen die unterschiedlichsten Hilfsmittel, etwa künstlich geschaffene Schlangen, benutzen, um ihre Opfer zu töten, oder Pfeilspitzen, wie wir es im nächsten Beispiel sehen werden, so dienen sie lediglich als Träger des Bewußtseins; an ihnen kann sich die Phantasie oder die »kinetische Energie« des Bewußtseins festmachen. Daß Schamanen aus Jägerkulturen auch im alternativen Bewußtseinszustand mit magischen Pfeilen schießen, ist nicht etwa primitiv, sondern nur logisch und folgerichtig, denn jede Kultur benutzt die ihr bekannte Außenwelt, um die unbekannte Innenwelt zu beschreiben.

Die Zauberer der Bunan auf Formosa benutzen die Asche ihrer Feuerstelle und rezitieren zehn Tage lang Flüche darüber: »Dein Geist sei närrisch wie berstende Felsklippen, dein Geist sei leicht reizbar wie der der Schlange, dein Geist sei wie giftiges Gras.« Dann blasen sie die Asche in Richtung des Opfers, das kurz darauf verrückt wird. Bei einer anderen Methode werden über einem Blatt so lange Sprüche deklamiert, bis das Gesicht des Opfers darauf erscheint. Nun redet der Zauberer unmittelbar auf das Gesicht ein: »Bläst der Wind, wird dein Geist vom Wind fortgetragen. Schwebt eine Wolke vorbei, wird dein Herz mit ihr dahinziehen. Siehst du ein Feuer, werden dein Herz und dein Geist in diesem Feuer verbrennen.« Möchte ein Kunde des Zauberers einen Dieb bestraft wissen, so durchbohrt der Hexer, sobald das Gesicht auf dem Blatt hervortritt, seine Augen, wodurch der Dieb mit Blindheit geschlagen wird. Bei der Liebesmagie streut der Hexer eine Prise Asche oder Salz auf ein Stückchen Fleisch und bespricht es: »Ihr zwei müßt zusammen essen, ihr zwei müßt das Fleisch zusammen essen.« Nun muß er nur noch die passende Gelegenheit abwarten, um der Frau das

Fleisch unters Essen zu mischen; es dauert nicht lange, und sie verliebt sich in den jungen Mann. Er bewirkt auch, daß ein Paar anfängt, sich zu streiten. Der Zauberer läßt die Knöchel seines Zeigefingers knacksen, schleudert imaginär einen Stein in die Herzen der Partner und sendet einen Fluch aus: »Ihr werdet krank in euren Herzen werden.« Nun entflammt der Ehestreit (Coe 1955, 186f.).

Nach dem gleichen Grundsatz nehmen die Shuswap- und Carrier-Schamanen in British Columbia etwas Erde von dem Platz, auf dem ein Mann gestanden hat, und geben sie, zusammen mit den Symbolen ihres Hilfsgeistes, in ihren Medizinbeutel – kurz darauf erkrankt oder stirbt der Mann (Teit 1905, 613).

Die bei den Ainu verhexte Person erbricht Blut und damit auch den Gegenstand, den der feindliche Zauberer in sie hineinprojiziert hat. Diese Geschosse – Pfeilspitzen bei Männern, Nadeln bei Frauen – werden dem hinzugezogenen Schamanen übergeben, der sie zu ihrem Urheber zurückschickt; so stirbt der feindliche Schamane an seiner eigenen Magie (Ohnuki-Tierney 1973, 20).

Only One, der große Tsimsyan-Schamane, wurde oft zu Kranken bestellt, die unter Verzauberung litten. In einem Fall entdeckte er zwischen den Rippen eines Mannes eine Pfeilspitze, die tagtäglich mehr auf sein Herz zu wanderte und schon beängstigend nahe daran war. Der Hexer hatte ein Ebenbild seines Opfers geschaffen und ihm einen Dorn in die Brust gesteckt, den er nun jeden Tag Stück für Stück tiefer hineindrückte, geradewegs auf sein Herz zu. Jenem Häuptling, der ihn herbeigeholt hatte, um seinen Sohn zu heilen, erklärte er: »Ich weiß, was deinem Sohn fehlt! Er ist das Opfer eines großen Halaait, der auch Haldaogyet, schwarze Magie, betreibt. Er besitzt ein Abbild deines Sohnes, und daran macht er sich zu schaffen. Bald wird diese Nachbildung in seinen Zauberkasten fallen. Dann wird dein Sohn sterben. Du mußt dir das Abbild beschaffen und den Dorn herausziehen. Dann werde ich deinen Sohn heilen können. Dieser Mann lebt in einer anderen Gegend, dort mußt du hinziehen und das Unheil abwenden, ehe es zu spät ist. Dieser Mann ist sehr neidisch auf deine Macht.« Der Häuptling reiste sofort zu dem fremden Halaait, stellte ihn zur Rede, entfernte den Dorn aus der Figur und verbrannte sie. Im gleichen Augenblick gesundete sein Sohn, verlor alle Schmerzen und war wieder guter Dinge. Da erkannte Only One, daß sich die Pfeilspitze nicht mehr in seinem Körper befand (Barbeau 1958, 76ff.).

Fast alle Völker benötigen, um ihre psychischen Kräfte zu lenken, bestimmte Objekte oder zumindest symbolische Formen und Konzepte. Hier nun noch ein Beispiel für dieses Vorgehen:

Bei den Polareskimo nennt man einen Schamanen, der den anderen Unheil zufügt, Ilisitsork. Er tötet seine Feinde mit einem Tupilak, einem künstlich erschaffenen Tier, meistens einem Seehund, der das Kajak des Opfers entweder zum Kentern bringt oder aber sich fangen läßt, was dann eine Krankheit beim Jäger hervorruft, die ihn dahinrafft oder zum Krüppel macht. Rasmussen bekam die Geschichte von Taterark erzählt, der, vom Walfang heimkehrend, mit einem Walroß im Schlepptau, einem Seehund begegnete. Wie wild paddelte er hinter dem Tier her und gab sich erst zufrieden, als er es harpuniert hatte. Später, sie flensten gerade das Tier am Ufer, entdeckte man unglücklicherweise, daß es einen menschlichen Brustkasten besaß und sämtliche Knochen nicht von Seehunden, sondern von anderen Tieren stammten – unzweifelhaft ein Tupilak. Taterark erkrankte bald darauf, wurde bettlägrig und unfähig, irgendeiner Arbeit nachzugehen. Allgemein glaubte man, Krilernerk, der alte Zauberer, habe den Tupilak aus Torf und Blutklumpen erschaffen und ihm mit einem Zaubergesang Leben eingehaucht (Rasmussen 1907, 187).

Diese Art von Beispielen ließen sich bis ins Unendliche aneinanderreihen; ihre Prinzipien gleichen sich auf der ganzen Welt und bei allen Stammeskulturen. Scheinbar sind ein psychisch abgesandter Pfeil, eine Figur, die man anstelle des Opfers mißhandelt, das Verwünschen durch »Singing«, die Verwendung von Kristallen oder von Asche, die tagelang mit Flüchen besprochen werden, recht verschiedene Methoden; doch nur für den von außen beobachtenden Forscher stellen sich hier Unterschiede dar. Für den Erlebenden, der die psychischen Mechanismen kontrolliert, ergibt sich keine Differenz. Dahinter steht immer und überall ein und dieselbe Kraft, die nur jeweils ein andersartiges symbolisches Fahrzeug oder Gefäß benötigt. So wie Elektrizität eines Stromkabels zu seiner Übermittlung bedarf, so benötigt die psychische Kraft das Kristall, das Häufchen Erde oder die Spucke des Opfers, um ihr gewünschtes Ziel zu erreichen. Doch wie wir an einigen Beispielen sahen, kann auch das reine Denken ohne irgendwelche Symbolträger zu gleichen Resultaten führen. Das Prinzip aller schamanischen Heilung ist es, das krankmachende Objekt oder die psychische Energie des feindlichen Hexers aus dem Körper herauszuziehen und zu neutralisieren. Schamanische Heilung spielt sich demnach weitgehend in einem Energie-Universum ab, das unserer Wissenschaft noch völlig fremd ist.

Der indianische Shuswap-Schamane aus Kamloops namens Tcelê'sket verlor bei einem Glücksspiel seinen geliebten Schimmel, den er immer mit roten Streifen und Punkten bemalt hatte. Tcelê'sket war ein mächtiger Medizinmann, der einen Wolf als Hilfsgeist sein eigen nannte und dessen Fell er immer als Poncho trug. Um seinen Gegenspieler einzuschüchtern, sagte er: »Niemand kann mein Pferd ungestraft gewinnen.« Der Gewinner des Pferdes erkrankte bald darauf und wurde lahm und steif. Man nahm an, Tcelê'sket habe ihn verhext. Zwei Schamanen, Vater und Sohn, wurden herbeigerufen. Fast den ganzen Tag lang sangen sie und stellten schließlich fest, daß Tcelê'sket mit seiner unverkennbaren Kraft diese Krankheit verursacht habe. Als sie am folgenden Tag mit ihrem Ritual fortfuhren, gelang es dem Sohn, während der Vater den Patienten auf den Rücken schlug, die Krankheit herauszusaugen. Der junge Mann wandte sich nun an alle Versammelten: »Ich halte die von Tcelê'sket geschickte Krankheit in meinen Händen und kann damit nun verfahren, wie ich möchte. Soll ich Tcelê'sket töten oder ihn gehen lassen?« Die Menge rief: »Töte ihn!« Sie entfachten ein großes Feuer, um die Krankheit den Flammen zu übergeben. Der Sohn blieb für eine

Weile schweigend sitzen, meinte dann aber: »Ich habe die Krankheit meinem Hilfsgeist, dem Eistaucher, anvertraut; nächsten Frühling, wenn die Vögel kommen, wird Tcelê'sket sterben.« Noch im selben Augenblick verspürte Tcelê'sket die ersten Krankheitszeichen, er spielte vollkommen verrückt, sang wie wild und suchte seinen Hilfsgeist wiederzugewinnen, doch nichts half mehr; im folgenden Frühjahr starb er, wohingegen jener Mann, der nun den Schimmel ritt, wieder zu Kräften kam (Teit 1900, 616).

Zum Repertoire der schwarzen Magie gehört auch der Angriff auf die Seele des Feindes. So besitzen die Shuswap im Staate Washington und in British Columbia eine Medizintasche, in die sie eine geraubte Seele einsperren, oder sie verschleppten sie zum Aufenthaltsort ihres Hilfsgeistes, der am Ort des Sonnenauf- oder Sonnenuntergangs wohnt und der die Seele bewacht (Teit 1905, 613ff.).

Die australischen Yualayi-Medizinmänner sind, wenn sie mit ihrer Dowee, ihrer Seele, den Körper verlassen, großen Gefahren ausgesetzt, denn ein Feind kann ihnen auf ihrer Reise ein Leid zufügen, aber er kann sie auch regelrecht einfangen, wodurch der Träger der Seele erkrankt. Einige Medizinmänner haben daher einen Beutel, in dem sie die Dowee anderer Leute gefangenhalten (Petri 1952, 298).

Der Yékamus der Yamana Feuerlands schickt entweder seine Seele aus, um die Seele des Feindes zu fangen, oder er schleudert einen unsichtbaren Pfeil gegen ihn, er mag aber auch, nach dem Prinzip pars pro toto, Teile von dessen Körper, etwa Fingernägel oder Haare, malträtieren. Natürlich lassen sich auch Geisttiere oder verschiedenste Geistgeschosse zum Angriff auf den Gegner einsetzen. Oft erledigt allerdings auch der Hilfsgeist, das Totem oder der Geistgemahl die Aufgabe.

Bei den Unambal in Nordwest-Australien ist es, um einen Menschen zu töten, unumgänglich, seinen Ungud-Namen zu kennen, d. h. den Namen seiner Seele. Verständlicherweise halten alle Leute diesen Namen geheim. Andererseits läßt sich durch magische Praktiken Jajaru, die Seele, aus einem Menschen hervorlokken und sich in ein Tier oder einen Gegenstand hineinzwängen, z. B. in eine Eidechse, die man dann geschwind verbrennt, damit die Person der Tod ereilt. Eine andere Möglichkeit, unliebsame Stammesgenossen aus dem Weg zu räumen, sind die kollektiv inszenierten Traumreisen. Diese gemeinschaftlichen Flugreisen beanspruchen die Kräfte des Medizinmannes übermäßig, weshalb seiner Jajaru auf diesen Ausflügen ein Opfer dargebracht und mit der Seelenkraft eines anderen Menschen gespeist werden muß. Die Männer setzen sich nieder und singen, bis sie in Trance geraten. Der Doktor holt eine Ungud-Schlange, die als Weltschöpferin, als Lebens- und Wachstumsprinzip gilt, aus dem Wasser, läßt alle rittlings darauf Platz nehmen, und schon geht die Reise los. Sie sausen so unsagbar schnell durch die Luft, daß andere Doktoren nur noch den zitternden Schwanz der Schlange sehen können. Erreichen sie ein fernes Land, setzen sie sich dort im Kreis um die Ungud-Schlange. Der Doktor greift zum Steinmesser und opfert einen der Teilnehmer, zerstückelt ihn und füttert damit die Schlange; die anderen sehen ruhig zu und essen dann selbst von dem Leichnam. Der Doktor säubert anschließend die Knochen des Getöteten, nennt ihre jeweiligen Namen und legt sie in ungewohnter Anordnung auf die Erde nieder, nämlich genau umgekehrt – die Schenkelknochen kommen zu den Schulterblättern, der Kopf zu den Beckenknochen usw. Während die anderen wieder abreisen, bleibt der Doktor bei den Knochen. Wenn er Zaubersprüche über ihnen rezitiert, bedecken sie sich mit Fleisch und der Getötete kommt wieder ins Leben zurück. Aus seinem eigenen Nabel zieht der Doktor nun eine zweite Ungud-Schlange, auf ihr fliegen die beiden heimwärts. Beim Erwachen erinnert sich außer dem Doktor keiner des Vorfalls, selbst der Geopferte weiß nichts mehr davon; später aber kommt ihm ein Miriru-Traum, in dem ihn eine Ungud-Schlange angreift – und bald danach siecht er dahin (Lommel 1952, 51 ff.).

Die Zuflucht zur schwarzen Magie im Kampf gegen die übermächtigen weißen Eroberer war kaum von Erfolg gekrönt. Hinweise dafür liegen uns, wenn überhaupt, nur anekdotisch in hier kaum verwendbarer Form vor. Die Xon, die Medizinmänner der

Selk'nam Feuerlands, versuchten mit allen Mitteln, die Káspi, die Seelen, der weißen Eindringlinge zu töten, doch ohne sichtbare Resultate. Nicht einmal die von den Weißen eingeführten Tiere vermochten sie zu töten. Der Schamane Tenenesk erläuterte dem Ethnologen Martin Gusinde dieses Problem sehr eindringlich:

Oh, wenn wir Xon es nur erreicht hätten, mit unserem Yauater (Geistkraft) die Káspi der Koliót zu fassen: All jene Weißen hätten wir umgebracht! Damals gab es noch viele und mächtige Xon. Ein jeder hat es mit größter Anstrengung versucht, dem Káspi der Weißen nahezukommen, aber keinem wollte es gelingen. Wie oft habe ich mich selber dabei versucht! Ich weiß nichts weiter zu sagen: Der Káspi der Weißen ist anders als der Káspi unserer Selk'nam. Deren Káspi ist so beweglich, so wild und unbändig, daß er unserem Yauater jedesmal entwischt. Andernfalls hätten wir Xon jenen Fremdlingen baldigst den Garaus gemacht! (Gusinde 1931, Bd. I, 723).

Hier nun der Bericht von einem Farmer, dessen Schafen die Hunde der Selk'nam immer wieder zusetzten, weshalb er einige von ihnen erschießen wollte. Die Indianer berichteten das ihrem Xon, der sich auch sogleich in einen Traumzustand versetzte. Als der Farmer schoß, löste sich keine Kugel aus dem Lauf, und so oft er es auch wieder versuchte, es mißlang.

Ein ähnliches Erlebnis aus seinem eigenen Leben erzählte Tenenesk: Einst, als er jünger war, hatten weiße Siedler ihn überfallen, einer füllte schon sein Gewehrmagazin, um ihn zu erschießen. In höchster Not sandte Tenenesk ihm mit aller Kraft sein Káspi entgegen; da kullerten dem Weißen bei jedem Versuch die Munition einzulegen, alle Patronen wieder heraus. So gelang es Tenenesk, zu entkommen (Gusinde 1931, Bd. I, 770f.).

Etwas ausführlicher möchte ich auf die Erlebnisse von James H. Neal (1966) eingehen, der von 1952 bis 1962 Chief Investigation Officer (Kriminalinspektor) der ghanesischen Regierung in Akkra war. Durch seine Tätigkeit kam er immer wieder mit einheimischen Straftätern in Berührung, die zu ihrer Verteidigung Medizinleute heranzogen, die etliche Male versuchten, den Inspektor auszuschalten. Eines Abends beobachteten Neal, sein

Bediensteter Osmani und dessen Freund, wie eine graue Schlange unter dem Gebüsch hervorkroch und geradewegs auf die Gruppe zustrebte: »Dies ist eine böse Schlange, ein Biß und du stirbst auf der Stelle. Mächtige JuJu-Männer erschaffen solche Schlangen und schicken sie zum Töten aus.« Wie gebannt verfolgten die drei Männer den Weg der Schlange. Unerwartet hielt sie inne, sie prallte gegen den unsichtbaren Schutzwall, den ein Malam zum Schutz gegen magische Angriffe um das Haus Neals gelegt hatte. Osmani schlug ihr mit einem Küchenmesser den Kopf ab. Es floß kein Blut, was als typisches Zeichen für ein künstliches Wesen gedeutet wird.

Ein anderes Mal, Neal gedachte gerade ins Bett zu gehen, spürte er ein Wesen in seinem Schlafzimmer, vor dem er Ekel und Abscheu empfand. In seinem verwilderten Garten, der an Buschland grenzte, entdeckte er oft giftige Schlangen und Insekten, die auch bis ins Haus krochen. Seine erste Idee war: eine Schlange. Im Bett kreisten seine Gedanken um dieses Untier, das sich allmählich als wirklich zeigte. Es zischte und krabbelte in seinem Nacken. Er schreckte hoch, richtete sich auf, knipste das Licht an und untersuchte seinen Hals vor dem Spiegel, konnte aber kein Wundmal feststellen. Er schaute in alle Ecken des Zimmers, nichts war zu finden. Wieder im Bett setzte das Ziehen und Knabbern erneut ein; plötzlich verspürte er ein entsetzliches Reißen im Bereich seines Solar-Plexus. Neals Angst wuchs. Die Sache artete in einen Kampf aus zwischen seinem eisernen Willen, der das Geschehen als Phantasie abtun wollte, und der zersetzenden Kraft, die sich seines Körpers bemächtigte.

Sein Überlebenswille verblaßte mehr und mehr. In der folgenden Nacht verschlimmerten sich die Attacken; jetzt »sah« Neal seine Angreifer; er schob dieses Bild beiseite, doch die undefinierbaren Tiere blieben hartnäckig. Mit ihren langen Schnauzen knabberten sie an seinem Nacken und schlängelten sich in der Bauchgegend. Neal fühlte sich zusehends elender. Die Biester saugten ihm jegliche Lebensenergie aus und verstärkten somit ihre eigene, sie wurden substanzieller und immer gefährlicher.

Um sich abzulenken, ließ er sich ins Büro chauffieren, wo er Stapel von Post aufarbeitete.
Die dritte Nacht verlief alarmierend. Die Tiere fraßen ihn nun wirklich mit aller Macht an, drohten ihn auszuhöhlen. Neal begriff: Es waren von JuJu-Männern geschaffene Entitäten. Sein Körper wurde zum Spielzeug dieser Kreaturen, aber sein Intellekt beobachtete aufmerksam, was mit seinem Leib geschah. In seiner Verzweiflung ließ er sich ins europäische Krankenhaus bringen. Doch die Ärzte vermochten nicht zu helfen, und so wandte sich Neal an den befreundeten Medizinmann Malam Alargi, einen spirituellen Führer der Moslems, der durch Bittgebete die krankmachende Energie zerstörte und sie den Angreifern zurücksandte.
Als Folge eines erneuten Angriffs peinigten Neal Stiche in Kopf und Körper. Weich in den Knien schleppte er sich ausgelaugt umher, seine Vitalität schwand stündlich. In der folgenden Nacht glaubte er, sterben zu müssen und war allen Qualen ergeben:

Ich hatte den deutlichen Eindruck, in eine Explosion hineingestellt zu sein, aus der ein riesiges, glänzendes Licht hervorbrach. Sofort nach dem Blitz schien ich neben einer Wand meines Zimmers zu stehen, ich schaute desinteressiert auf meinen zurückgebliebenen Körper im Bett. Dann ging ich direkt durch die Wand, die offensichtlich kein Hindernis für mich bot. Jenseits war ein unermeßlich tiefblauer Raum, und ich wunderte mich, daß ich eine enorme Entfernung mit Höchstgeschwindigkeit zurücklegte. Endlich kam ich in einer anderen erleuchteten Gegend an, und zwar nur um zu erkennen, daß eine noch heller erleuchtete Passage davon wegführte. Innerhalb dieser Passage war die Gestalt eines ungewöhnlich großen menschlichen Körpers. Dann erhielt ich durch mysteriöse Eingebung eine Nachricht, daß ich diese Passage jetzt noch nicht betreten dürfe, da meine Zeit noch nicht gekommen sei. Wieder eilte ich durch den blauen Raum der Unendlichkeit, betrat das Schlafzimmer durch die Wand und sah meinen eigenen Körper dort auf dem Bett liegen.

Was Neal hier schildert, dürfen wir als typische Nah-Todessequenz verstehen. Durch extremen Schmerz verläßt sein Bewußtsein den Leib, begleitet von einer Explosion, aus der ein Licht,

das »Jenseitslicht«, hervorbricht. Bewußtsein und Körper sind gespalten, das Bewußtsein kann nun durch materielle Gegenstände hindurchgehen, »fliegen« und in kurzer Zeit große Strekken durcheilen. Neal reist offenbar durch einen Tunnel, der aus sich selbst heraus strahlt. Doch dann, wie wir es so oft in Nah-Todesberichten lesen, zwingt ihn eine innere Stimme zur Umkehr; seine Zeit sei noch nicht da.
Neal erwachte und begab sich unter großen Schmerzen ins Krankenhaus. Die Ärzte fanden keine Krankheitsursache, vermuteten aber einen unbekannten afrikanischen Virus in seinem Blut und behielten ihn zur Beobachtung im Hospital. Drei Wochen später trat Neal wieder zum Dienst an. Adjei, sein erster Inspektor, warnte ihn. Diese Krankheit sei die Folge eines JuJu-Angriffs.
Am 8. September 1962 führte Neal seine letzte Amtshandlung aus. Noch am Vorabend durchdachte und plante er genau die Verhaftung eines langgesuchten Rings von Falschspielern, der diesmal auf der Pferderennbahn in Akkra zuschlagen wollte. An jenem Samstagmorgen verschlief er. Verärgert, bereits hinter seinem Zeitplan zu sein, stolperte er ins Bad, schnitt sich beim Rasieren, so daß Blut auf sein Hemd tropfte.
Trotz der vielen Arbeit im Büro gelangte Neal noch rechtzeitig vor Veranstaltungsbeginn ins Stadion. Er stieg auf die große Zuschauertribüne. Von dort aus überschaute er das Treiben, entdeckte die Verdächtigen und freute sich, wie geschickt seine Leute sie einkreisten; die Festnahme stand kurz bevor. Doch plötzlich: »Als ich mich anschickte, die Treppe hinunterzusteigen, erhielt ich von hinten einen gewaltigen Stoß. Wie ein Klotz fiel ich hinunter, und im Bruchteil einer Sekunde, noch bevor ich hinabstürzte, drehte ich meinen Kopf zurück, um den Täter zu sehen. Doch da war niemand.«
Alles schmerzte, als er wieder zu sich kam. Arme und Beine waren mehrmals gebrochen, die inneren Verletzungen hatten ihm fast den Tod gebracht. Er rekonstruierte seinen Unfall: Jemand hatte ihn gewalttätig und zielstrebig hinabgestoßen, was auch sein Inspektor von unten zufällig beobachten konnte. Aber wer?

Kein Mensch befand sich zu jenem Zeitpunkt in seiner Nähe. An eine JuJu-Attacke glaubte er nicht, bis ihm sein Amulett, das ihm Malam Alargi als Schutz gegen JuJu angefertigt hatte, einfiel. Es lag noch unter dem Kopfkissen. Malam Alargi erklärte ihm den Vorgang: Ein Todfeind Neals hatte einen sehr mächtigen JuJu-Mann für sich gewonnen. Um die Schutzmacht des Amuletts zu umgehen, wandte jener eine List an. Er stoppte den Wecker, verwirrte Neals Geist und ließ ihn in der Eile seine schützende »Medizin« vergessen. Der Magier nützte nun seine Verwundbarkeit aus und rief eine Entität herbei, die er aussandte, Neal die Stufen hinabzustoßen.

Wochen später reichte Neal seine Kündigung ein, die weiten Reisen ins Hinterland und die anstrengende Arbeit ermüdeten ihn zu sehr, zumal er sich nur noch mit Hilfe eines Stocks fortbewegen konnte. Onkel Tettey und Malam Alargi, seine hilfsbereiten Medizinleute, legten ihm nahe, Afrika zu verlassen, denn keine »Medizin« könne ihn jetzt mehr behüten. Einige böswillige Leute wollten ihn umbringen, weil JuJu ihm nichts mehr anzuhaben vermochte. Neal fügte sich dem Rat seiner Freunde und kehrte nach England zurück. Auf seine afrikanischen Erlebnisse zurückblickend, bekennt Neal: »Ich entwickelte eine kritische Haltung gegenüber der westlichen Konzeption, daß Afrikaner zurückgeblieben sind. Ich hatte ausreichend Gelegenheit festzustellen, daß in manchen Fällen die Afrikaner den Europäern weit voraus sind, besonders was ihr Wissen um die Kräfte der Natur und des menschlichen Geistes angeht« (vgl. Schenk 1980)

Mit Vorliebe widmet sich unsere Kultur den negativen Seiten der anderen Kultur. In ethnologischen Zeitschriften und Büchern finden wir eine Unzahl von Hinweisen auf schwarze Magie, Hexerei und Zauberei. Aufsätze über die dunkle Seite der Magie sind so überrepräsentiert, daß positive Seiten, wie Heilungsrituale und die soziale, politische und religiöse Verantwortung des Schamanen, oft ganz in den Hintergrund treten.

Durch die Sozialanthropologie, die alle magischen Phänomene als soziale Artefakte interpretiert, gewinnen wir den Eindruck, es gäbe überhaupt nur eine Magie der dunklen Machenschaften.

Diese Disziplin hat sich ein Denkgebäude errichtet, das völlig blind gegenüber den praktischen und psychischen Konsequenzen der Bewußtseinsveränderung ist, in der zwei für das Alltagsbewußtsein unabhängige Dinge ohne weiteres eine natürliche Verbindung eingehen können. Die Sozialanthropologie und darüber hinaus die westliche Ethnologie insgesamt deuten dagegen akausale, synchronistische und unlogische, d. h. einheitsstiftende Verbindungen, als geistige Rückständigkeit primitiver Kulturen.

Seit einigen Jahrzehnten gesteht man Hexern die Kraft zu, Menschen, soweit sie selbst daran glauben, durch Suggestion umbringen zu können. Seit dem Bestehen der Ethnologie war die Suggestion aber schon immer das Hintertürchen, durch das unerklärliche Phänomene erklärbar und einordenbar gemacht worden. Dabei beschränkte man sich auf eine recht kümmerliche und unzeitgemäße wissenschaftliche Theorie der Suggestion. Hypnose- und Suggestionsforschung werden heute dagegen weitgehend von einer breiteren Bewußtseinsforschung aufgesogen, die dem menschlichen Geist und Gehirn ein weitaus größeres Wirkungsfeld zugesteht als die Suggestionstheorien der Jahrhundertwende, wie sie in der Ethnologie heute noch immer gang und gebe sind.

Magie ist jedoch weder eine kulturelle Phantasie primitiver Menschen noch ein Metaphern- oder Symbolkomplex, sondern der natürliche Forschungsmodus einer vielschichtigeren Bewußtseinsstruktur als ihn heutzutage die modernen Wissenschaften zur Erforschung der Wirklichkeit benutzen. Magie steht nicht unter, sondern jenseits unseres gegenwärtigen Erkenntnisstandes. Magie ist ein Erkenntniszustand, zu dem die Psychologie sich noch nicht vorgearbeitet hat. Die bisherigen Theorien, die sich dem magischen Geist zu nähern versuchen, bleiben dennoch interessant: sie geben uns Aufschluß über die historische Struktur unserer Kultur, sie zeigen uns, wie sich historische Ideologien auf fremde Kulturen projizieren lassen, sich wie eine zweite Haut eng um sie legen und dem geschichtsgebundenen Geist Wahrheiten, Realien, Fakten und Theorien vorspiegeln, wo nichts ande-

res als bornierter Kolonialismus und blinder Ethnozentrismus dominieren. Die Geschichte der Magie ist die aufschlußreiche Geschichte der westlichen Erkenntnisverfassung, sie ist ein Spiegelbild unserer historischen Arroganz.
Doch wenn wir uns von Kunstwerken, wunderbarer Musik oder Naturschönheiten *verzaubern* lassen, denken wir nicht mehr an den *Zauberer,* der uns meistens nur im negativen Sinne berührt und der fähig ist, im anderen Menschen Täuschungen, Halluzinationen und falsche Bewußtseinszustände hervorzurufen. Ebenso haben wir die ursprüngliche Bedeutung des neuenglischen Wortes »witch«, Zauberer, Hexer, vergessen, das von dem altenglischen »wicca«, weise, herkommt. Die moderne Geschichte hat uns nicht nur der Fähigkeit beraubt, uns von den natürlichen Rhythmen und Wundern des menschlichen Daseins *bezaubern* zu lassen, auch den *Zauberer,* den wirklichen Psychotherapeuten, den heiligen Magier hat sie profaniert und in sein negatives Gegenteil verkehrt. Der Begriff des Zauberers ist durch die gesellschaftliche Abwertung zum Repräsentanten des Primitiven und Bösen, zur Inkarnation des Absurden verkommen und gleichzeitig zur willkommenen Projektionsfläche inquisitatorischer Theorien von Kirche und Wissenschaft geworden. Ungeachtet des aufklärerischen Gedankengutes moderner Theorien wagen diese es nicht, aus der eingefahrenen Bahn historischer Diskriminierung auszubrechen, und wenn sie sich etwas vortasten, springen sie nur zu oft auf die andere Seite hinüber, zur romantischen Verherrlichung der primitiven Naturexistenz oder der Symbolträchtigkeit schamanischer Magie.
Auch in unseren abendländischen Märchen, Legenden und Mythen ist der Zauberer vornehmlich mit der dunklen Seite der Magie verbunden. Und in den entwurzelten Stammeskulturen, die die Weisheit der Tradition und die Verbindung zum natürlichen Kosmos verloren haben, nimmt die schwarze Kunst überhand, während die weiße Magie, die Heiler und religiösen Führer zugrundegehen. So erinnern sich heute z. B. weite Kreise der hawaiianischen Kultur nur noch an den Ana ana, den bösen Zauberer; die eigene Bevölkerung im Verein mit Ethnologen und

amerikanischen Eroberern glaubt nun gemeinsam an die Schlechtigkeit der vergangenen Religion.
Ethnologen nun, die die Meinungen des einfachen Volkes sammeln und von der zersetzten Kultur ihre Erwartungen bestätigt bekommen, jubeln über die Festigkeit ihrer Theoriegebäude. Doch das Zirkelschlußdenken, das ihren Anschauungen zugrundeliegt, erkennen sie nicht: Zuerst zerstört die westliche Kultur mit roher Gewalt die einheimische Tradition und Weisheit und die spirituellen Führer, um dann den nachrückenden Ethnologen das Feld zu überlassen, die nun ihrerseits durch geistigen Imperialismus Kulturlosigkeit und Primitivität des Stammes schriftlich verewigen. So haben Ethnologen es unterlassen, die Wirkungsweise der Magie, das Leben des Zauberers und seine psychophysischen Techniken genau zu studieren und nötigenfalls an sich selbst auszuprobieren. Deshalb erhalten wir ein Bild der anderen Kultur, das ebenso unfertig und verstümmelt ist wie die Theorie des Wissenschaftlers. Daher gibt es selten lesenswerte authentische Beschreibungen schwarzer Magie und ihrer Praktiken und Bewußtseinsprinzipien. Wir mußten uns aus diesem Grund mit einigen der üblichen Anekdoten begnügen, die uns leider kaum einen Einblick in die inneren Methoden des Geistestrainings und der Transformation energetischer und psychischer Prozesse offenbaren. Diese Art Wundergeschichten – zu denen sie in der Tat verkommen, weil wir die dahinterstehenden transpersonalen Prinzipien nicht untersucht haben – verschleiern die Welt der natürlichen Magie, die Kraft des Bewußtseins und die Gesetze der geistigen Physik.
Unser Bewußtsein ist neutral, es kennt weder Gut noch Böse, es steht jenseits menschlicher Wertmaßstäbe. Die Kräfte, mit denen Schamanen arbeiten, sind weder weiß noch schwarz, weder positiv noch negativ; sie lassen sich für alle menschlichen Belange einsetzen. Schamanen können in einem Atemzug heilen und töten, somit hier lebenspendende, da zerstörerische Absichten verfolgen und sich gelegentlich gar ganz der Schadenzauberei verschreiben. Die Vorstellungen vom bösen Zauberer dagegen sind eher Ausdruck einer Inflation unbewußter Ängste und Ab-

wehrmechanismen, sowohl des Ethnographen als auch des Mitglieds der akkulturierten Stammeskultur.

Unsere Vorstellungen vom schwarzen Zauberer entspringen mannigfaltigen Mißkonzeptionen, die hier noch einmal zuammengefaßt werden sollen:

1. Die Ethnologen haben sich unglücklicherweise bei der Untersuchung des Schamanentums nur zu oft an die falschen Informanten, nämlich an die gewöhnlichen Stammesmitglieder anstatt an die Bewahrer des Heiligen selbst gewandt. Sie haben häufig das folkloristische Gedankengut der Nicht-Schamanen über Schamanen aufgezeichnet, nicht aber das schamanische Universum selbst. Sie haben ein Landschaftsgemälde beschrieben statt die Landschaft selbst.

2. Schamanentum und Zauberei besitzen seit dem mittelalterlichen, von der Inquisition geschürten Hexenwahn und der damit einhergehenden christlichen Verfolgung traditioneller Kulte und Zeremonien den Beigeschmack des Verbotenen, des Satanischen, und seit der wissenschaftlichen Revolution stehen sie im Ruf des Aberglaubens, dem es die Zügel der Ratio anzulegen gilt. Die Kirche hat alle transpersonalen Weisheiten des Abendlandes ausgemerzt, und die Wissenschaft, die vermeinte, sich vom kirchlichen Dogma getrennt zu haben, führt die Inquisition auf rationalistischer Ebene fort, in unverminderter Härte und mit gleicher Ignoranz und Brutalität. Sah die Kirche nur Heiden, wo sie hochentwickelten spirituellen Führern und erleuchteten Priestern begegnete, so sieht der Wissenschaftler nur Schwarzmagier, wo Meister des menschlichen Geistes und psychophysischer Selbstbeherrschung vor ihm stehen. Ungebrochen herrscht der Hexenwahn bis heute, nur hat er sich inzwischen ein wissenschaftliches Mäntelchen umgelegt.

3. Zauberer und Hexer wirken im alternativen Bewußtseinszustand, sie leben in einer Raum-Zeitkonzeption, die unserem Wachbewußtsein unvertraut bleibt. Ist daher unsere Abwehr, unser Hochmut, gegenüber der Magie nicht dem Dornröschenschlaf des Normalbewußtseins entsprungen?

4. Die Verfechter mechanistischer Weltentwürfe, die im

Zwangszusammenhang von Druck und Stoß ihre kleinliche Größe entfalten, die von linearen Zeitstrecken nicht abstrahieren können und sich im Oben-Unten/Rechts-Links-Universum verschanzen, die Raum als ausgedehnte Zeit und Zeit als ausgedehnten Raum mißkonzipieren – sie alle werden dem Zauberer niemals die Hand reichen, es sei denn, um ihn an den Pranger zu führen.

5. Der Ethnologe hat den Kontakt zur modernen Wissenschaft verloren, noch immer klammert er sich an das Weltbild der Jahrhundertwende. Die Wissenschaften der eigenen Kultur haben ihn überholt. Mit der klassischen Ethnologie Taylors und Frazers lebt er den Traum des materiellen Bauklötzchenuniversums und zieht eine sterile Befriedigung aus der klassischen Physik der Mechanik. Sein tragischstes Versagen ist aber dieses: er hat sich selbst überlebt und eingeschlossen in eine dreidimensionale Würfelwelt, über die jeder Physiker mitleidig lächelt – ein Fossil der modernen Wissenschaft.

Mongolische Schamanin. © Amelie Schenk

Schamane bei der Séance, Sachalin, Sibirien.

Foto: B. Pilsudski, Ende 19. Jh., © Rautenstrauch-Joest-Museum, Köln

Schamanin der Korjaken mit Zuhörern, Sibirien.

Schamane aus dem Altai.

Gitskan-Schamane, Kitwanga, bei einer Heilzeremonie.

Foto: G. T. Emmons,

12 Schamanenkämpfe – geistige Duelle

Das Übernatürliche, das Metapsychische oder das Transpersonale läßt sich genauso wie auch die normale Existenz in den Rahmen von Kampf und Auseinandersetzung ums Überleben spannen. So wie im täglichen Dasein alle Lernprozesse Prüfungen einschließen, so war es immer auch eine Tradition des magischen Lehrweges, Kraftproben zu veranstalten. Die Prüfung, der Wettkampf und die öffentliche Vorführung der erlangten Fähigkeiten stehen nicht nur am Ende schamanischer Ausbildung, sondern sind deren integraler Bestandteil. Erfahrene Schamanen prüfen die Fortschritte der Schüler, und wie bei jeder Ausbildung gibt es solche, die besser und andere die schlechter abschneiden oder gar nicht bestehen. Auch vergewissern Schamanen sich immer aufs neue ihrer eigenen Kräfte, indem sie sich testen und überprüfen, wobei es auch den Vergleich mit anderen zu wagen gibt. Das immaterielle Duell des Schamanenkampfes ist deshalb eine zentrale Dimension jeder magischen Tradition. Der Wettkampf ist Teil der schamanischen Ausbildung und gehört zu den unvermeidlichen sozialen Pflichten. Jeder Zauberer muß immerfort bereit sein, sich mit feindlichen Mächten zu messen, denn die Gefahren, die aus der anderen Welt in Form von Geistern und polymorphen Wesenheiten oder durch irdische konkurrierende Schamanen drohen, sind vielfältig und tückisch. Dauernde Wachsamkeit für sich selbst, die Familie und den Stamm erheben den Schamanen zum Herrn über Leben und Tod, zum Bewahrer unserer mittleren Dimension, die zwischen Ober- und Unterwelt im empfindlichen Gleichgewicht schwebt. Sicherlich ist das kämpferische Element im Schamanentum Ausdruck der besonderen Lebensbedingungen der Stammesgesellschaft, die von feindlichen Kulturen umgeben ist und deren Subsistenz durch den Wechsel des Jagdwildes und durch ökologische und klimatische Verhältnisse dauernd in Frage gestellt wird.

Die Kämpfe zwischen Schamanen nehmen die unterschiedlichsten Formen an, in die wir uns, da die Gesetze des Transpsychischen noch kaum erforscht sind, nur sehr schwer einfühlen können. Darüber hinaus verhindert es die uns unbekannte Symbolik und Metaphorik einer Kultur, das Transpersonale angemessen zu begreifen. So benutzt zum Beispiel der Yekamus der Yamana Feuerlands seine Fähigkeit, sich zur Größe eines Bergrückens aufzublähen, um seine Patienten vor Angriffen feindlicher Schamanen abzuschirmen. Er schiebt sich als schützende Wand zwischen den Kranken, den er gerade heilt, und die bösartigen Kräfte. Ist der feindliche Zauberer stärker, schiebt er diesen »geistigen Berg« beiseite; gelingt dies nicht, muß er sich unbedingt zurückziehen (Gusinde 1931, Bd. 2). Wie wollen wir nun diese sinnbildliche Darstellung verstehen?
Der allen Kulturen eigene Zug zur Mythisierung und Mystifizierung transpersonaler Geschehnisse verhindert oft den direkten Zugang zu den Schilderungen der geistigen Duelle der Schamanen. Liegen die Kämpfe länger zurück, nehmen sie den Charakter von Legenden und Lehrbeispielen an, werden, von unserem Standpunkt, zu Märchen, deren Schöpfung wir gänzlich der freien Imagination zuschreiben. Schamanenkämpfe mit ihren paranormalen Kampftechniken gehören aber durchaus nicht in die Kategorie der Märchen, sie sind selbst heute noch allgegenwärtige und lebendige Wirklichkeit. Da nur Eingeweihte um die transpersonalen Techniken und Rituale wissen, welche zum Angriff und zur Verteidigung notwendig sind, und normale Stammesmitglieder eher dazu neigen, die Erzählungen darüber zu wörtlich zu nehmen und dem Geschehen oft einen mechanischen, sich auf der materiellen Ebene abspielenden Charakter verleihen, und während darüber hinaus die Ethnographen diese veräußerlichte Ausdrucksweise übernommen haben und deswegen die ganzen Vorgänge sinnbildlich oder als erhöhte Einbildungskraft aufgefaßt haben, stehen wir immer noch vor einer Mauer des Schweigens und des Unwissens.
Zwar hat der Voodoo-Tod manche wissenschaftliche Würdigung erhalten, doch wurde er kurzschlüssig vorwiegend mit Sugge-

stionstheorien gedeutet (Long, Winkelman 1983). Vermutlich lassen sich einige Todesfälle beim Schamanenkampf durch Hypnose oder Selbstsuggestion erklären, aber das dürfte weniger häufig als angenommen der Fall sein; nur weil sich in unserer Wissenschaft gerade die Suggestionstheorie erhöhter Beliebtheit erfreut, können wir nicht davon ausgehen, daß die seit Jahrtausenden praktizierten Schamanenkämpfe sich damit restlos erklären lassen. Weder die gegenwärtig modernen Hypnosehypothesen noch die transpersonale Forschung sind hinreichend in das schamanische Universum und die Struktur veränderter Bewußtseinszustände eingedrungen, um darüber wissenschaftliche Aussagen machen zu können.

Ebenso wie die Initiationsmethoden und die dabei auftretende Bewußtseinsumstellung real und wirksam sind, so scheint auch im alternativen Bewußtseinszustand eine Kommunikation zwischen Personen möglich zu sein, die wir bisher noch nicht gewürdigt haben, weil sie unserem kausal-mechanistischen Weltbild so fremd ist. Die Kämpfe zwischen Schamanen finden auf einer geistigen Ebene statt, wobei wir zunächst drei Typen unterscheiden dürfen. Erstens können diese Kämpfe in einem alternativen Bewußtseinszustand ausgeführt werden, der auch über Entfernung hinweg physische Wirkungen hervorrufen kann. Der innere Mechanismus eines solchen Vorgangs ist uns derzeit keineswegs geläufig, sicherlich spielen hier aber auch parapsychische Phänomene hinein. Zweitens kann der Schamane sein Bewußtsein vom Körper trennen und mit seinem Geistkörper den Feind angreifen; hierbei handelt es sich um eine Spielart von außerkörperlicher Erfahrung. In diesen Fällen versperrt der Schamane seinem Gegner meistens den Rückweg zu dessen Körper oder »tötet« ihn auf eine einfallsreiche Weise, wodurch dieser aus dem außerkörperlichen Zustand nicht mehr aufwacht und stirbt. Drittens kann der Schamane natürlich seine Hilfsgeister aussenden, die für ihn den Auftrag erledigen, wobei er sich aber nicht unbedingt in einen alternativen Bewußtseinszustand begeben muß.

Große Teile des schamanischen Universums, wenn nicht die

meisten, bleiben uns – auch mit der Transpersonalen Wissenschaft – noch verschlossen. Es hat wenig Sinn für uns, das Unverständliche, Bizarre und Absurde etwa kulturell oder symbolisch deuten zu wollen – ein Fehler, den die bisherigen Religionstheorien zur Genüge gemacht haben. Wir müssen uns vielmehr damit abfinden, die unlogisch erscheinende Welt des Schamanenkampfes zunächst möglichst unangetastet zu lassen.

Ein spontanes Schamanengefecht erlebte der Eskimoforscher Peter Freuchen (1961, 165 ff.). Ein starker Sturm zwang ihn und seinen Gefährten, ein Zelt am Repulse Bay aufzusuchen, dessen Bewohner er zufällig kannte. Hier kam es ganz unerwartet zu einem erbitterten Kampf zwischen dem anwesenden Schamanen Anaqaq und einem feindlichen Schamanen von Netchilik, einem notorischen Seelenräuber. Der Vorfall entwickelte sich wie folgt: Ein kleiner Junge, der draußen Wasser lassen wollte, kam angstvoll und verschreckt wieder zurück; er hatte etwas Seltsames gesehen – ein Tier, eine Art Schnee-Eule, nur größer und mit furchterregendem Blick. Alles erstarrte, Panik machte sich breit, und Anaqaq rüstete sich zum Gefecht. Seinen Oberkörper umwickelte er mit einer Harpunenleine, seine Haare band er zu einem Knoten, die Ärmel krempelte er hoch, er biß in ein Stück Leder und murmelte seltsame Worte. Allmählich erfüllte ihn eine berserkerhafte Wut, und mit Gebrüll schoß er aus dem Zelt heraus und stürzte sich ins Kampfgetümmel, an dem, den Geräuschen nach, mehrere Parteien teilzunehmen schienen. Im Zelt konnte man die fürchterlichen Schreie hören: zwei mußten sich an den Kehlen gepackt haben. Freuchen wollte hinaus, doch man hielt ihn zurück, und als er neugierig durch einen Zeltspalt hinausspähen wollte, zerrte man ihn fort: Schon manch einer hätte beim Anblick der fleischgewordenen Geister das Augenlicht verloren. Das Kampfgetöse verebbte nun. Bald hörte man vom Strand aus energische Schritte näherkommen und zwei Männer postierten sich am Türeingang, um Anaqaq beim Eintritt zu überwältigen. Als er ins Zelt sprang, schrien die Frauen und Kinder auf und nur mit Freuchens Hilfe, zu dritt, gelang es ihnen,

den Besessenen herunterzudrücken und zu beruhigen. Sie schafften ihn in eine Ecke und deckten ihn zu. Dann befragte man ihn; doch wie immer in diesem Zustand kann der Angakok nur mit Ja oder Nein antworten. Seine Hände waren blutig und auch aus seinem Mund strömte Blut. Der feindliche Schamane war, so erfuhr man nun, durch die Luft geflogen gekommen, um den kleinen Jungen zu verschlingen. Vor einiger Zeit hatte er schon zwei kleine Mädchen getötet. Nun sei er aber ein für allemal besiegt, er sei in einer Eisspalte eingeschlossen und könne niemandem mehr Leid antun.
Der Eskimo Samik erzählte Knud Rasmussen die Geschichte seines Großvaters Titqatsaq, der mit großer Vorliebe seinen Körper verließ und durch die Lüfte flog. Einmal begegnete er auf einem solchen Seelenflug einem anderen großen Schamanen von Utkuhikjalik, Muraoq, der ebenfalls auf Himmelsreise war. Muraoq breitete seine Flügel aus und glitt wie ein Vogel dahin; dabei kam er jedoch Titqatsaq zu nahe; sie prallten zusammen, Samiks Großvater stürzte ab und landete hart auf dem Eis. Besorgt flog Muraoq zu ihm hinunter, rief seinen Hilfsgeist herbei und heilte seinen Freund. Kaum war Titqatsaq wiederhergestellt, erhob er sich und stieß Muraoq so fest an, daß nun dieser seinerseits hinabstürzte. Noch zögerte er, nun auch ihm zu helfen; da sie jedoch gute Freunde waren und Muraoq ihm schon oft beigestanden hatte, heilte er ihn (1931, Vol. 8, 299f.).
Only One, ein Tsimsyan-Schamane von der kanadischen Nordwestküste, der seine ungewöhnlichen Fähigkeiten in einer Höhle erworben hatte, erlangte so viel Ruhm und Erfolg, daß sich, wie so häufig in Stammesgesellschaften, andere Schamanen absprachen, ihn aus dem Weg zu räumen. Sie wollten ihm eine Falle stellen und schickten einige Männer zu ihm. Als sie mit dem Kanu in seinem Dorf landeten, sagten sie: »Oh! großer Halaait, unser Herr läßt nach dir schicken, damit du seinem Sohn hilfst, der schwer krank ist und im Sterben liegt. Die anderen Halaait können nichts für ihn tun. Nun bittet er um deine Hilfe.« Doch während dieser Rede flüsterte Only Ones Geisthelfer ihm zu: »Diese Männer lügen. Ihr Häuptlingssohn ist gesund und gibt

lediglich vor, krank zu sein, denn sie wollen dich töten.« Trotzdem entschied sich Only One, mit den Botschaftern zu gehen. In Begleitung einiger seiner Leute bestieg er das Kanu, und so paddelten sie zum Dorf ihrer Feinde, wo der Sohn des Häuptlings scheinbar krank daniederlag. Only One erkannte augenblicklich, daß er ihm etwas vortäuschte und sagte zu ihm: »Ich bin umsonst gekommen. Du bist zu krank. Du wirst nie mehr gesunden, denn du wirst in Kürze sterben.« Da überkam den jungen Mann nun tatsächlich eine große Schwäche und er ängstigte sich. »Gebt mir Wasser! Ich brauche frisches Wasser. Ich bin sehr durstig«, sagte Only One. Als ihm das Gewünschte gebracht wurde, warnte ihn wiederum sein Hilfsgeist: »Trink nicht davon, es ist Urin, vermischt mit einem gefährlichen Gift.« Only One drehte nun den Spieß um und reichte dem vermeintlichen Kranken von dem Wasser. Dieser wehrte sich energisch und wollte das Gebräu nicht annehmen. Doch Only One bestand darauf, daß er trank, und so starb der Häuptlingssohn. Siegreich kehrte Only One zu seinem Kanu zurück und verließ das feindliche Dorf (Barbeau 1958, 76ff.).

Die Anfeindungen, der Neid und Haß anderer Schamanen gegen den berühmten Only One waren so groß, daß sie ihm immer wieder nach dem Leben trachteten. Als Only One einmal von einem kranken Schamanen zu Hilfe gerufen wurde, zeigte sich, daß der von übelgesinnten Halaait verhext worden war. Das aber war von der Wudahalaait, der Kannibalen-Gesellschaft, geplant und in die Wege geleitet worden, um Only One aus seinem Dorf zu locken, um ihn töten zu können. Sie dachten sich einige Fallen aus, die sie auf dem Weg, der zum Kranken führte, auslegten, z. B. ein unsichtbares, magisches Netz, in dem sich Only One verstricken, und eine ebenso unsichtbare Grube, in die er hineinfallen sollte. Da diese Fallen für einen gewöhnlichen Menschen nicht wahrnehmbar waren, konnten sie ihm auch nichts anhaben; sie waren eigens für Only One erschaffen. Doch der erkannte vorzeitig die Gefahr und wußte ihr auszuweichen. Die Ursache der Krankheit seines Patienten diagnostizierte er richtig: Die anderen Halaait hatten Teile seiner Exkremente eingewickelt und in den Leichnam eines vor kurzem verstorbenen und an einem geheimen Ort begrabenen Schamanen geschmuggelt. Das verursachte seine Krankheit. Kaum hatte Only One den Ursprung des Leidens erkannt, sandte er jemanden dorthin, um den Beutel aus der Leiche herauszunehmen; nach der Entnahme verbesserte sich der Zustand des Kranken sofort. Nach diesem Erfolg Only Ones über seine Widersacher war man nur noch aufgebrachter und wollte nun alles daransetzen, ihn endgültig auszuschalten. Sie luden ihn zu einem großen Fest ein und reichten ihm Menschenfleisch, das ihn vergiftet hätte. Doch der Halaait, dem er das Leben gerettet hatte, setzte ihn rechtzeitig von der Gefahr in Kenntnis. Only One schnitt ein Loch in seinen Magen, so daß das Fleisch wieder herauskam. Sein Hilfsgeist schmuggelte es in das Essen der feindlichen Halaait, die bald alle in Agonie lagen und starben. So überwand Only One all seine Feinde (Barbeau 1958, 76ff.).

Die Payé der Tukano in Südamerika führen ihre kriegerischen Scharmützel unter Drogeneinfluß aus. Während die Körper der beiden Parteien daheim in tiefer Trance liegen, treffen sie sich im Himmel, im Erdinneren, im Wasser oder auf einem Berg und schießen mit Blitzen aufeinander, verwandeln sich in Schlangen und Jaguare und errichten um das Herz des Gegners einen Steinwall, wodurch seine Welt immer kleiner und kleiner wird; als Abwehrmaßnahme kann der Angegriffene sich zwar in eine Fliege verwandeln, aber ist das Universum für ihn erst einmal auf die Größe einer Orange geschrumpft, dann kann er auf keine Rettung mehr hoffen (Reichel-Dolmatoff 1975, 100f.).

Für die Lappen ist die Unterwelt ein Ort der Gefahren. Nicht nur die dort lebenden Wesenheiten vermögen dem Schamanen zu schaden, sondern auch fremde Schamanen mit feindlichen Absichten können ihn in die Irre leiten, so daß er für immer dort bleiben muß. Viele Schamanen, heißt es, seien so auf der Strecke geblieben. So wie die Schamanen der Jakuten jedes Jahr Tiergeister-Kriege inszenieren, bekämpfen sich auch die Lappen-Schamanen, indem sie sich gegenübersetzen und ihre Hilfsgeister in Gestalt von Rentierbullen oder Geistvögeln aufeinander hetzen.

Bei den skandinavischen Lappen heißt der Hilfsgeist Sueje, Schatten, und es gibt Schatten-Fische, Schatten-Rentiere und Schatten-Schlangen, die den Schamanen bei seinen Reisen in die Unterwelt begleiten, damit er die Verstorbenen oder entführten Seelen heimholen kann. Wird etwa bei einem Kampf solch ein Schatten-Tier verletzt, so überträgt sich das auch auf den Besitzer des Tieres, wird das Tier getötet, muß auch der Schamane sterben (Holmberg 1964, 284, 293). Ein Beispiel dafür ist ein Kampf zwischen zwei Lappen-Schamanen: Bei einer großen Feier brach die Gastgeberin urplötzlich tot zusammen. Ein anwesender Schamane machte unverzüglich Anstalten, die Seele zu verfolgen; mit einm Wal, einem Rentier, das einen Schlitten zog, und einem Ruderboot als Hilfsmittel wollte er der Seele hinterherjagen. Nachdem er jedoch lange getanzt hatte, sackte er in sich zusammen – Schaum stand ihm vor dem Mund, sein Gesicht verfärbte sich schwarz, sein Bauch öffnete sich, als sei er aufgeschnitten worden, und er starb. Nun griff ein zweiter Schamane ein, der das Schicksal des ersten erforschen wollte. Ihm gelang es, die Gastgeberin wieder zu verlebendigen und auch das Unglück des anderen Schamanen abzuklären: Dieser war in Form eines Wals durchs Meer geschwommen. Da lauerte ihm ein feindlich gesinnter Schamane mit einem spitzen Pfahl auf, womit er auch seinen Bauch aufschlitzte, was sich dann auf der materiellen Ebene durch einen aufgerissenen Bauch kundtat (Holmberg 1964, 294).

Von einem anderen Wettstreit mit äußerst tragischem Ausgang berichtet Edward S. Curtis (1907, 58). Der Kampf fand zwischen den Indianern Medicine Child und Hair-in-a-Lump statt. Wie sie zusammen rauchten, fragte Medicine Child: »Bist du stark?«, worauf Hair-in-a-Lump bestätigte: »Ich habe viel Macht.« Medicine Child sagte: »Hast du schon einmal diese Halme, die im Frühling bei Hochwasser zittern, betrachtet? Meine Medizin wird dich ihnen ähnlich machen!« Hair-in-a-Lump antwortete: »Meine Medizin wird dich mit Blindheit schlagen, so daß du den Rest deines Lebens in Dunkelheit wandeln wirst!« Daraufhin bereitete jeder in seinem Zelt seine Medizin vor. Schon bald begann Hair-in-a-Lump so zu zittern, daß er kaum eine Schale Wasser halten konnte, ohne sie zu verschütten. Medicine Child verlor noch am selben Tag für immer sein Augenlicht. Als Hair-in-a-Lump diesen Zustand nicht länger ertragen konnte, meinte er zu seinem Neffen: »Ist das gut, mein Sohn? Ich werde niemals mehr so wie ehedem leben können; immerzu werde ich zittern müssen, so wie jetzt. Ziehe mir meine Kriegskleidung an, bemale mich mit meiner Medizin und töte mich dann.« Er redete so lange auf seinen Neffen ein, bis dieser zuletzt einwilligte: »Gut! Ich werde dich töten.« Er kleidete den zitternden Mann, bemalte ihn und sagte: »Mein Vater, schau mich an. Siehst du meinen Zeigefinger? Den sollst du mit dir nehmen!« Damit hackte er ihn ab, legte das Gewehr an die Brust seines Onkels und drückte ab.

Die meisten Schamanenkämpfe werden wohl mit der Seele ausgefochten, jedoch kommt auch die Verwandlung in materielle Formen wie in Tiere, zum Beispiel Vögel, in Wolken oder in andere Menschen vor. Da Stammeskulturen und Jägergesellschaften eng mit der Tierwelt verbunden leben, ist es sehr naheliegend, daß sich Schamanen der Tiergestalt für ihre Kämpfe bedienen. Eine Tschuktschen-Erzählung berichtet von einer solchen Tierverwandlung: Der eine Schamane fragte den anderen, in was er sich verwandeln werde. »In den Falken«, antwortete dieser, »und du?«. Darauf gab jener zurück: »In den großen Taucher!« Beide nahmen nun die Gestalt dieser Vögel an und der Kampf begann (Bogoras 1907, 443).

Bei den mandschurischen Tungusen, so Shirokogoroff (1935, 371), befanden sich die Schamanen ununterbrochen im Kriegszustand, nicht nur untereinander, sondern auch die Schamanen der verschiedenen Stämme bekriegten sich ständig. Die besonders kampflüsternen Schamanen nennt man Bulantka; sie können für einen anderen Schamanen gefährlich werden, denn sie lauern ihm auf, sobald seine Seele in die Unterwelt eindringt und versuchen dann, sie zu fangen. Die Transformationsfähigkeit in Tiere – in Vögel oder Insekten – nutzen sie, um ihre Opfer zu beobachten. Und auch in ihrer immateriellen Form verwenden sie auf der Jagd nach Tieren und Menschen Pfeil und Bogen; ihre

Opfer sterben oft einige Tage nach dem tödlichen Pfeilschuß. Shirokogoroff berichtet von einem Scharmützel zweier Schamanen, das für beide noch recht glimpflich endete: Eines Nachts jagte ein Schamane im Salz-Sumpf und sah ein glitzerndes Feuer, das langsam herniederstieg. Er zog sein Messer und begab sich auf den Heimweg. Dort erzählte er allen sein Erlebnis: Sanyuni, ein anderer Schamane, sei gekommen, erklärte er. Er forderte alle auf, Ruhe zu bewahren, und legte sich schlafen. Während des Schlafs verfolgte er den angreifenden Schamanen; er suchte dessen Lagerplatz auf und fand Sanyuni vor dem Zelt sitzen. Er beschimpfte ihn, nannte ihn einen gemeingefährlichen Menschen, der nachts in Form des Feuers umhergehe. Sanyuni gab alles kleinlaut zu und versprach, es nie mehr zu tun.

Die Lappen lassen ihre Geisttiere gegeneinander zum Kampf antreten. Wenn ihr Geisttier, das ihr Hilfsgeist oder auch ihre eigene Seele sein kann, dem anderen unterliegt, sind sie auf der physischen Ebene anschließend erschöpft, wird aber ihr alter Ego getötet, so sterben sie bald (Harva 1938, 479). Geschichten aus der finnischen Lappmark schildern, wie die Noaidit, die Schamanen, sich magische Wettkämpfe liefern. So entführen sie z. B. die Rentierherden des Gegners und jagen sie zu ihren eigenen Weideplätzen.

In vielen Geschichten wird vom unglücklichen Ausgang und vom Tod der Schamanen während des Wettstreits berichtet. Eine besonders tragische Legende handelt von zwei Jukagiren-Schamanen, die auf verschiedenen Daseinsebenen kämpften. Sie ließen ihre Hilfsgeister gegeneinander antreten, bzw. sie verließen ihren Körper, und ihre Seelen schickten sich zum Gefecht an. Man sagt, daß sich die Schamanen bei diesen Auseinandersetzungen gegenseitig beschießen, N'eayi'nuni, oder sich gegenseitig auffressen, N'eleu'nununi. Ein Schamane sagte zu seinem Freund: »Laß uns versuchen, uns durch die Felsen zu graben. Wir wollen sehen, wer sich zuerst durchgräbt.« Jeder sandte seinen Geisthund aus, um die Arbeit zu erledigen. Der eine besaß einen männlichen und der andere einen weiblichen Geisthund. Beide gruben sich Seite an Seite durch den Felsen, bis der männliche

Hund zur Mitte des Berges gelangte, dann aber nicht weiterkam; er hatte verloren. Nun schlug der besiegte Schamane einen Flugwettbewerb vor. Sie legten ihre Mäntel um und flogen, nachdem sie sich in Störche verwandelt hatten, auf und davon. Als sie über den Strand flogen, sahen sie unten ein Haus stehen; sie glitten hinab und trafen in dem Haus die Frau des Herrn des Ozeans, Co'bun Po'gil, an. Die Frau empfing sie freundlich, bewirtete sie, und als die Schlafenszeit kam, legte sich der Schamane, dem die Geisthündin gehörte, so wie es bei den Jukagiren üblich ist, zu den Kindern in eine Ecke des Zeltes, während sich der andere Schamane zur Frau des Herrn des Ozeans legte. »Du solltest besser bei den Kindern in der Ecke des Zeltes schlafen«, sagte sie ihm. »Ich bin verheiratet, mein Mann mag das nicht.« Doch er verwarf ihre warnenden Worte. Am anderen Morgen fand ihn sein Gefährte tot auf. Der Herr des Ozeans hatte ihn erschlagen. Aber auch den flüchtenden Schamanen ereilte bald sein Schicksal. Er begegnete einem kopflosen, einäugigen Mann, dessen Mund in der Achselhöhle lag. Mit ihm verbrachte er die folgende Nacht; und am nächsten Morgen, der Einäugige schlief noch, nahm er dessen Eisenstiefel, zog sie an und stieg in den Himmel auf. Alsbald hörte er das Bitten und Flehen des Einäugigen, er möge ihm doch seine Stiefel hinunterwerfen. Doch der Schamane war nicht zu erweichen, da warf ihm der Einäugige einen Handschuh nach, der ein Stück seines Gewandes abriß, das nun herabfiel. Der Kopflose verschlang den Fetzen, worauf der fliegende Schamane seine bittende Stimme erhob, er wolle unbedingt das Stück Stoff wiederhaben und würde dafür auch die Stiefel zurückgeben. »Nun ist es zu spät, wir haben uns schon genug Schaden zugefügt«, erwiderte der Kopflose. Der Schamane ließ sich nicht einschüchtern durch seine Worte und rief zurück: »Gut, dann sollst du diesen Ort nicht mehr verlassen; du wirst dort sterben!« Der Kopflose war ebenfalls ein Schamane gewesen, und als der fliegende Schamane heimkehrte, sagte er zu seiner Familie, die sich über das Wiedersehen freute: »Freut euch nicht, ich werde nicht mehr lange leben.« Und wie er es angekündigt hatte, war er am nächsten Morgen tot (Jochelson 1924, Vol IX, 213f.).

Viele Geschichten über Schamanenwettkämpfe enden damit, daß beide Gegner sterben. So geschah es auch bei den beiden Yamana-Schamanen, zwei Brüdern, die sich verfeindet hatten. Auch die Bevölkerung ergriff Partei und stellte sich jeweils hinter den Schamanen, dem sie die meiste Zuneigung schenkte, wodurch das ganze Dorf sich verfeindete und auseinanderzog. Es kam die Zeit, da wollten beide ihre Kräfte miteinander messen. Der eine verließ im Traum seine Hütte, bestieg ein Kanu und paddelte bis zur Mitte des Kanals, wo er mit dem feindlichen Bruder zusammentraf, der ebenfalls träumend vom gegenüberliegenden Ufer näherkam. Jeder träumte nun, er schleudere einen spitzen Yekus, eine Pfeilspitze, in das Herz des anderen. Beide paddelten danach zurück und schliefen weiter in ihrer Hütte. Am nächsten Morgen fühlten sich beide schwach und elend, Blut floß ihnen aus Mund und Nase; kurze Zeit darauf starben beide (Gusinde 1931, Bd. 2, 1392f.).
Da der Schamane über Mittel verfügt, die den materiellen Waffen weitgehend überlegen sind, ist es nur natürlich, daß traditionelle Gesellschaften ihn in allen Lebenslagen, besonders auch im Krieg, beanspruchen.
Bei den Ewenken zieht der Schamane um das Gebiet seiner Sippe einen geistigen, aus seinen Schutzgeistern bestehenden Zaun: Vogelgeister schützen den Luftraum, Fischgeister die Gewässer, Tiergeister die Taiga. Will ein Schamane einer anderen Sippe Schaden zufügen, so sendet er Krankheitsgeister zur Mündung des eigenen Sippenflusses hinunter, wo das Wasser in die untere Welt fließt und wo sich die Flüsse aller Sippen treffen. Von dort schwimmt der Krankheitsgeist den Sippenfluß der feindlichen Sippe hinauf und verbreitet dort Krankheit, Tod und Viehseuchen. Vorher muß er allerdings den immateriellen Sippenzaun überwinden. Natürlich ist der einheimische Schamane auf der Hut, kontrolliert seine Geisterwachen und ist jederzeit auf einen Angriff vorbereitet (Friedrich 1955, 50).
Auch die Hunza in Nordpakistan setzten ihre Daiyal (Schamanen) bei kriegerischen Streitigkeiten ein. Berühmt war Ali Beg, ein Daiyal aus Satpura, der vor ungefähr 100 Jahren lebte

und im Krieg gegen Ladakh eine wichtige Rolle spielte, denn er verhalf seinem Volk zum Sieg. Als sich die beiden Heere gegenüberstanden, und die Ladakhi 18 Paar Hunde gegen die Hunza losließen, trat Ali Beg aus den Reihen der Kämpfer hervor und flüsterte dem ersten Tier etwas ins Ohr, woraufhin ihm das ganze Rudel wie ein Haufen zahmer Schoßhündchen folgte. Nun griffen die Ladakhis zu einer beeindruckenderen Kriegslist: sie schickten einen Zauberer aus, der fliegen konnte. Da stieg Ali Beg auch in den Himmel und packte den feindlichen Magier am Fuß, so daß dieser sich ergeben mußte. Um dem Feind noch mehr zu imponieren und um ihn mürbe zu machen, nahm Ali Beg vor den Augen aller feindlichen Krieger ein glühendes Eisen in den Mund. Jetzt machten die Hunza den Ladakhi weis, sie verfügten über mehrere solcher gewaltigen Krieger und Zauberer, Ali Beg sei nur einer der schwächeren. Daraufhin gab sich das feindliche Heer geschlagen (Friedl 1965, 55f.).
Bei religiösen Feiern und Festen oder bei Initiationszeremonien werden rituelle schamanische Wettkämpfe zur Erheiterung und Belustigung durchgeführt. Ein Kampf endet hier selten mit dem Tod, oft aber mit Krankheit oder Bewußtlosigkeit des Unterlegenen. Allerdings hat dann der Sieger, so bei den nordamerikanischen Indianern, die Pflicht, seinen Kontrahenten wiederherzustellen. Die Schamanenwettbewerbe werden aber nicht nur öffentlich vorgeführt, sondern auch in geschlossenen Medizingesellschaften oder geheimen esoterischen Organisationen, wie es etwa bei den Pueblostämmen üblich ist.
Bei den Washo-Indianern veranstalten die Schamanen einen Wettkampf, um zu beweisen, wer über die größten Kräfte verfügt. Eine Form des Wettkampfes besteht darin, möglichst viele, in den Erdboden gerammte und in einer Linie stehende Pfähle durch bloßes Daraufzeigen umzuwerfen. Als Sieger wird derjenige gefeiert, der durch psychische Fernwirkung oder Psychokinese die meisten Pfähle umstößt. Eine weitere Form der Kraft-Demonstration ist das Anbieten einer Pfeife oder heutzutage einer Zigarette, die mit Kraft aufgeladen ist. Derjenige nun, der davon raucht, fällt schlagartig bewußtlos zu Boden. In diesem

Fall schickt der Schamane seine Kraft nicht aus, sondern sie ist fest mit einem Gegenstand verbunden und schädigt jene Pesonen, die ihn berühren.

Die Lakota-Indianer kennen den Elch-Träumer, den Hehaka gaga, er besitzt Macht über Frauen, schützt sich und andere Männer vor ihren Listen und verhilft den Männern zu den gewünschten Ehefrauen. Bei großen Festen verkleidet er sich als Elch, seine jungen Helfer als Hirsche, und so führen sie ein recht wirklichkeitsnahes Schauspiel auf: sie nehmen ganz die Eigenschaften ihrer Tiere an, weiden und gehen zur Tränke, wo sie schließlich von einem Jäger, einem anderen Medizinmann, überrascht werden. Der Elch-Träumer zieht um sich und seine Gefährten einen magischen Kreis und macht so alle unverwundbar. Bald entflammt zwischen den beiden Medizinmännern ein Kampf, der allerdings schnell bitterer Ernst wird. Mit magischen Waffen versuchen sie sich gegenseitig zu verwunden. Derjenige, der eine Verletzung davonträgt, muß vom anderen wieder geheilt werden. Wunden und Heilung sind gleichermaßen wirklich und nicht nur simuliert (Standing Bear 1978, 217).

Von einem andersartigen Schamanenwettbewerb bei den Crow berichtet Robert Lowie (1951, 30): Ein Medizinmann verkündete lauthals, er könne alle seine Gegner der anderen Gruppe mit einer einzigen Handbewegung zu Boden schlagen. Während er tanzte, stimmten seine Rivalen einen Abwehrgesang an, doch als er den Arm bewegte, und so tat, als wolle er sie beiseitedrücken, fielen alle in eine Richtung um. Nun erhob sich ein Mitglied der anderen Gruppe, lief viermal um das Feuer, stieß den Eulenschrei aus und verschwand urplötzlich; man fand ihn bald auf der Spitze eines Zeltes sitzend, ohne verstehen zu können, wie er dorthin gekommen war.

Der berühmte Selk'nam-Medizinmann Tenenesk zeigte dem Ethnologen Martin Gusinde folgendes Kunststück: er legte drei kirschkerngroße Steine auf die flache Hand, starrte mit aller Konzentrationskraft darauf, und als er sie anblies, verschwanden sie. Ähnliche Fähigkeiten besaß eine Medizinfrau. Sie entkleidete sich ganz, ließ sich allerlei Gegenstände auf die Hand legen,

kleine Pilze, Schneckengehäuse, Steine und Stöckchen, und konzentrierte sich, bis all diese Dinge sich mit einem Mal in Luft auflösten – anschließend rematerialisierte sie sie wieder.
Eine andere, zumeist tödlich endende Form von Wettkämpfen zwischen Medizinmännern stellt die folgende Kraftprobe dar: Ein Yekamus wirft einen Yekus auf seinen Widersacher. Falls dieser den Fremdkörper nicht abfängt, wird er getroffen, ermattet und stirbt. Wird der Yekus aber aufgefangen oder nicht weit genug geworfen, steht der angreifende Medizinmann als der schwächere da.
Wenn wir sehen, über welche Kräfte die Medizinleute der Yamana und Selk'nam verfügten, stellt sich die Frage, warum sie ihre Fähigkeiten, auf Distanz zu töten, dann nicht auch gegen die eindringenden Europäer benutzt haben. An Versuchen, sich auf diese Weise zu wehren, hat es nicht gefehlt, jedoch blieb dies ohne Erfolg.
Stoßen zwei magisch denkende Kulturen aufeinander, kommt es zwischen ihren Magiern und Weisen zu heftigen Schlachten. Die Schamanen der dominanten Kultur zeigen oft die größeren Kräfte, wie etwa das Beispiel Padma Sambhavas lehrt, der den Buddhismus in Tibet verbreitete und in großen geistigen Gefechten die Magier der einheimischen Bön-Religion besiegte. In gleicher Weise errang auch der heilige Patrick in Irland, wo sich ihm die Druiden entgegenstellten, den Sieg und legte somit dort den Grundstein zur Verbreitung des Christentums.
Uns sind nur sehr wenige Beispiele von schamanischen Angriffen auf die weißen Eroberer überliefert. Zwar existieren verstreut anekdotische Beweise von Opfern der Magie, jedoch scheinen die Schamanen im allgemeinen davon Abstand genommen zu haben. Die Zuni-Indianer zum Beispiel hielt die Skepsis der Weißen gegenüber schwarzer Magie davon ab, solche gegen sie zu praktizieren (Kalweit 1983).
In literarischer Form beschreibt Lyall Watson (1976) die Geschichte von Tia, einem indonesischen Mädchen, das schon in jungen Jahren ganz spontan parapsychische Fähigkeiten entwikkelte, die der herrschenden islamischen Doktrin entgegengesetzt

waren. Die Geschichte Tias ist der Widerstreit zwischen alter animistischer Naturreligion und moderner mohammedanischer Gesetzesstrenge. Tia besaß die Kraft, auf paranormale Weise Menschen zu heilen. Schließlich erweckte sie einen Ertrunkenen von den Toten und zündete durch geistige Kraft die Moschee der Insel an. Das war zuviel – es kam zur Auseinandersetzung mit dem Iman, der sich, um seine Selbstbeherrschung und die Macht seiner Religion zu demonstrieren, ein Auge aus dem Kopf riß. Nach dieser unglaublichen Szene und den anhaltenden Verfolgungen durch den Iman verschwand Tia und tauchte nie mehr auf. Das dogmatische Priestertum hatte die urwüchsige Kraft des Schamanen besiegt.

Auch die keltischen und germanischen Legenden und Göttersagen sind voller übernatürlicher Kämpfe. Bekannt ist das tragische Ende des Zauberers Merlin, dem Lehrer von König Artus, dem Begründer der sagenumwobenen ritterlichen Tafelrunde. Im Wald begegnete Merlin der schönen Jungfrau Niniane; er verfiel ihrem zauberhaften Wesen und ließ sich von ihr verleiten, sie seine Zauberkünste zu lehren. Jedesmal, wenn er sie traf, bat sie ihn, ihr mehr zu zeigen. Er offenbarte ihr alles, bis sie zu ihm sagte: »Lehre mich, wie ich einen Mann ohne Ketten und rein durch Kraft des Zaubers fesseln kann, so daß er, wenn ich ihn nicht selbst freigebe, nie mehr entweichen kann.« Merlin seufzte, sein Schicksal vorausahnend, aber zeigte ihr auch diese letzte Kunst. Als Merlin einmal in ihrem Schoß einschlief, inzwischen waren sie unzertrennlich geworden, und er hatte die Ritter der Tafelrunde verlassen, um nie mehr zurückzukehren, setzte sie gegen ihn den Zauber ein. Als er erwachte, befand er sich in einem unendlich hohen Turm auf einem wunderschönen Lager liegend. Da rief er aus: »Du hast mich betrogen, wenn du jetzt nicht immer bei mir bleibst, denn niemand außer dir kann mich aus diesem Turme ziehen.« Oft besuchte sie ihn und gern hätte sie ihm die Freiheit wiedergegeben, aber der Zauber war zu stark geworden, sie konnte ihn nicht mehr brechen. Die Elfenkräfte, Liebe und Rausch, diese keltischen Urmotive, hatten wieder einmal den Sieg davongetragen (Monmouth 1978).

Die Schatten alles Seienden

Die Welt des Physikers stellt sich dem Beschauer dar als Schattenspielaufführung des Bühnenstücks Alltagsleben. Der Schatten meines Ellbogen ruht auf dem Schattentisch, während die Schattentinte über das Schattenpapier fließt . . . Das freimütige Gewahrwerden, daß die physikalischen Wissenschaften es mit einer Welt der Schatten zu tun haben, gehört zu den bedeutsamsten Fortschritten der jüngsten Zeit.

Sir Arthur Eddington (Nobelpreisträger für Physik)

13 Der größte Segen kommt zu uns auf dem Wege der Verrücktheit

»Ach, dagegen läßt sich nichts machen«, sagte die Katze; »hier sind alle verrückt. Ich bin verrückt. Du bist verrückt.«
»Woher weißt du denn, daß ich verrückt bin?« fragte Alice.
»Mußt du ja sein«, sagte die Katze, »sonst wärst du doch gar nicht hier«.

Lewis Carroll. Alice im Wunderland

Der größte Segen kommt zu uns auf dem Wege der Verrücktheit.

Sokrates

Spirituelle und magische Anschauungen traditioneller Gesellschaften haben seit jeher die rationale Phantasie des abendländischen Geistes herausgefordert und zu drastischen, ja geradezu aggressiven wissenschaftlichen Pamphleten geführt. Einer dieser ruhmreichen Deutungsversuche sei hier gewürdigt: der Schamane im Kleid des westlichen Psychotikers. Psychose, Schizophrenie und Epilepsie scheinen dem mit veränderten Bewußtseinszuständen Unvertrauten höchst angemessene Beschreibungen des psychisch Unbekannten zu sein – des Unbekannten, denn besaßen Psychiater und Psychologe jemals einen Schamanen als Freund, schüttelten sie je einem die Hand . . .
Der ungarische Sibirienforscher Vilmos Diószegi schildert Schamanen als nervenschwach, neurotisch und geisteskrank; häufig seien sie von Halluzinationen geplagt, oft physisch und seelisch erkrankt, litten unter Kopfschmerzen und stammten aus nervlich belasteten Familien, die viele Geisteskranke aufwiesen. Eine größere Anzahl ehemaliger Schamanen sei menschenscheu, mit psychischen Defekten behaftet und sie seien offensichtlich zu den Abnormen zu rechnen.

An anderer Stelle meint er jedoch, Schamanen stünden, was ihre geistigen Fähigkeiten anbelange, weit über dem Bevölkerungsdurchschnitt. Die Sensibilität ihres Nervensystems und ihre psychische Konstitution seien besonders weit entwickelt (1968, 314f.).

Charakteristischer Ausdruck jeder Wissenschaft ist die Verfangenheit im Prokrustesbett historischer Meinung. Das Hinüberspiegeln abendländischer Psychiatriebegriffe auf andere Kulturen gehört zu dieser Selbstbefangenheit. Die Urväter der modernen Psychiatrie, Kraepelin und Bleuler, schufen eine handfeste Begrifflichkeit für den psychiatrischen Diskurs. Ihre Definitionen bildeten auch für die Völkerkundler bald die Grundlage zur Beschreibung aller fremdländischen Erscheinungen, die nicht ins westliche Bild von Rationalität, Linearität, Egokontrolle, Antiemotionalität und protestantischer Ethik paßten. Die Inanspruchnahme der Psychopathologie durch die Ethnologen ist bis heute weitgehend ein Instrument zur Auslöschung nichtabendländischen Weltgefühls geblieben.

Besonders der Schamane mit seiner bizarren Welterfahrung zog naturgemäß die Freunde alles Psychiatrischen an. So sind für Bogoras die sibirischen Tschuktschen-Schamanen hysterisch und ähneln mit ihren listigen Täuschungsmanövern den Geisteskranken; außerdem sind sie hochgradig erregbar und halb-verrückt. Viele (nicht alle) der tungusischen Schamanen sind für Shirokogoroff verrückt, und Krader bestätigt uns, daß die Schamanen der Burjäten unter nervösen Störungen leiden. Für Wilkin ist der Ursprung des indonesischen Schamanentums in der Geisteskrankheit zu suchen. Loeb beschreibt die Schamanen von Niue als epileptisch und mit nervösen Störungen behaftet. Auch Paul Radin zieht Vergleiche zwischen Epileptikern und Hysterikern einerseits und Schamanen andererseits. Ebenso ist für George Devereux der Schamane neurotisch und psychotisch. Devereux bemerkt, daß in einer Gesellschaft der Verrückten der Verrückte als normal angesehen werde und umgekehrt. Er geht so weit zu behaupten, nur in einer anomischen Kultur werde der Schamane als gesund verstanden. Merkwürdigerweise beschreibt er jedoch an anderer Stelle die Schamanen der Mohave-Indianer als normal. Gleicherweise ist für den Psychiater Silverman der Schamane ganz eindeutig ein Schizophrener, der kulturell toleriert ist.

Besonders sibirische Schamanen werden als schizophren gekennzeichnet. Das rührt daher, daß sie bereits zu einer Zeit erforscht wurden, als noch ein rohes Pathologieverständnis die Psychologie bestimmte. Zudem ging man davon aus, Schamanen mit diesen einmaligen psychiatrischen Merkmalen, gäbe es bloß in Sibirien. So unterschied man einen indianischen Medizinmann von einem sibirischen Schamanen oder afrikanischen Heiler oder Medium. Dieses Verwirrspiel löst sich ganz leicht auf, wenn man erkennt, daß Völkerkundler Begriff und Wirklichkeit gleichsetzen: Unterschiedliche Begriffe gaukeln ihnen unterschiedliche Prinzipien vor. Heute wissen wir, gleichgültig wie wir den Meister des inneren Weges bezeichnen: er wirkt in allen Ländern und bei allen Völkern stets mit den gleichen Mitteln, besitzt die gleichen Erkenntnisse und Fähigkeiten.

Doch fahren wir fort: Andere Begriffe, die mit dem Schamanentum in Verbindung gebracht wurden und werden, sind: Schwachsinn, angeborene Psychopathie, ökologische Deprivation (durch lange arktische Finsternis und monotone Polarnächte, die sollen hysterieauslösend wirken), Idiotismus, Wahnsinn ... Fast das gesamte Pandämonium der Psychiatrie wurde auf den Schamanen losgelassen. Ein Schamane konnte so groteskerweise gleichzeitig zum Neurotiker, Epileptiker und Psychotiker werden.

Für das imperialistisch-missionarische Christentum stehen Schamanen mit Teufelsanbetern auf einer Stufe, sie sind Ausgeburten Satans. Hier geraten wir in die Nähe der Hexenprozesse, das heißt die Ausrottung unseres einheimischen, europäischen Schamanentums. Mit der Ablösung der Religion durch die Wissenschaft setzte sich eine verwissenschaftlichte Form des Hexenprozesses durch: Psychiatrie und Psychologie als Inquisitoren. Ein neues Begriffsrepertoire entstand, das westlichen Kolonisatoren und Eroberern als intellektuelle Rechtfertigung für alle verübten

Verbrechen und Ungerechtigkeiten diente. Stellvertretend für viele derartige Definitionen zitiere ich hier jene von B. Laubscher: »Der Hexenmeister paßt weitgehend in die Klasse der abnormen Charaktere, die in unserer Kultur als Psychopathen bekannt sind. Sie zeigen im Leben alle Schattierungen abweichenden Verhaltens, und es ist nicht unwahrscheinlich, daß viele psychotische Personen sind, die sich in einer Erholungsphase befinden oder stabilisiert haben, ohne aber einsichtig zu werden« (1937, 227). In gleicher Absicht nennt Ruth Benedict den Schamanen »supernormal«, einen »Abnormen durch Berufung«. Damit meint sie, der Schamane sei zwar abnorm (für uns), aber angepaßt an seine Gesellschaft – demnach wohl eine abnorme Gesellschaft. Die Stoßrichtung dieser pamphletischen Wissenschaft ist eindeutig: Wir, die Guten, triumphieren über das Schlechte, das Andere. Ist das Völkerkunde, ist das Wissenschaft? Noch deutlicher drückt Devereux sich aus: »Primitive Religion und ›rückständige‹, primitive Gebiete im allgemeinen sind ›organisierte Schizophrenie‹.« Traditionelle Gesellschaften verstanden als gigantische Hospitäler des Irrsinns – welche Heroik des Gedankengangs ...

Tatsächlich haben Schamanen und Psychotiker etwas gemeinsam. Mircea Eliade sieht im Psychotiker einen »nachäffenden Mystiker«, dessen Erleben zerstört und aufgelöst ist, der dem oberflächlichen Auge ein scheinbar echtes Spektrum mystischer und religiöser Erfahrungen vorspielt. Der Geisteskranke wird hier als mißglückter Mystiker vorgestellt. Eine ähnliche Ansicht vertritt Erich Neumann (1978, 128), der zwischen Hoch- und Niedermystik unterscheidet. Erstere setze ein starkes, in dieser Welt beheimatetes Ich voraus, letztere zeitige ein fragmentiertes, chaotisches Ich, das von der Fülle der transpersonalen Erfahrung überwältigt und bis zur Unkenntlichkeit aufgelöst wurde. Und der große Forscher des menschlichen Bewußtseins, William James, sagt:

Die klassische und die niedere Mystik entspringen der gleichen geistigen Ebene, jenem gewaltigen subliminalen oder transmarginalen Reich, dessen Bedeutung die Wissenschaft erst zu erahnen beginnt, über das wir aber wirklich nur wenig wissen. Dieses Reich enthält jede Art von Sein, »Engel und Schlange« liegen dort Seite an Seite (1961, 326).

Doch diese Zusammenlegung von hoch und niedrig, so differenziert sie zunächst erscheinen mag, bringt uns nicht weiter. Wir benötigen ein umfassenderes Modell: das Bewußtseinsspektrum. Das Prinzip, das sich durch alle Stufen des Seins zieht, ist die Bewußtseinserweiterung, die Zunahme des Einheitsempfindens, die Fähigkeit zur Transmutation in alle Dinge und Wesen, gewissermaßen ein geistiger Stoffwechsel. Einige psychische Zustände seien hier angeführt; sie treffen auf den Schamanen ebenso wie den Psychotiker zu, nur bezieht letzterer diese Erfahrungen auf die Ebene des Ego – tatsächlich kommen sie aber nur für höhere Bewußtseinszustände in Frage. Der Psychotiker verwechselt Selbst und Ich, Unbewußtes und Überbewußtes und bildet zudem, was die erste Übung des Schamanen wäre, kein starkes Ich aus. Deshalb erfährt er Icherfahrungen als schamanische Erfahrungen und zieht transpersonale Erlebnisse auf die Ebene des Personalen hinunter, was sich dann auf der Ichebene als religiöser Wahn darstellt. Normale Ichgefühle deutet er als transpersonale Offenbarung und wird so zum »nachäffenden Mystiker

In diesem Sinne wäre die Psychose allgemeine Verwirrung, ein Würfeln mit den Stufen des Bewußtseinsspektrums. Die innere Einsicht – wo man steht – ist kurzgeschlossen worden, der Psychotiker rast hoch und runter auf der Klaviatur der Bewußtseinsebenen. Er dreht die Ebenen spiegelbildlich um, hohe Töne sind dann tief und tiefe hoch. Die schizophrene Welt ist eine gespiegelte Welt, die Schrift steht auf dem Kopf, man liest von rechts nach links. Das ist das Paradox der Schizophrenie. Jede geistige Erkenntnis besitzt eine Rückseite, eine Schattenwelt, ein Negativbild ihrer selbst: die Verzerrung, die pathologische Deutung. Kein Schritt, gleichgültig wie hoch angesetzt, ist sicher vor der eigenen Farce, dem Janusgesicht, dem Doppelkopf, die auf uns lauern, überall – der natürliche Schatten aller Erfahrung, der Schatten alles Seienden.

Der Schizophrene ist also kein Schamane, aber der Schamane durchläuft psychotische Episoden, wandelt er doch am Abgrund des Seins – und der Psychotiker durchläuft sporadisch schamanische Episoden, hat echte schamanische Einsichten, Einblicke in eine höhere Welt, weshalb Schizophrenie und Epilepsie von vielen Völkern zu Recht als »heilige Krankheiten« verehrt werden.
Worauf lassen sich nun Unzahl und Fülle unserer Verwahrungsanstalten des Irrsinns zurückführen? – Nicht daß Stammeskulturen keine Psychose kennen, aber sie tritt dort nicht in dem Maße auf wie bei uns. Ich glaube, die westliche Ablehnung veränderter Bewußtseinszustände verurteilte Menschen wie Hölderlin, Nietzsche, van Gogh, Antonin Artaud, John Clare, Rimbaud und andere zum Scheitern, führte zur Herabwürdigung, im wahren Sinn des Wortes, von veränderten Bewußtseinszuständen auf die Egoebene und zur »psychotischen Diskrepanz«, einer unerträglichen, unzulässigen Verdichtung von Ich und Selbst, Bewußtem und Überbewußtem, und bewirkte so jene eigenartige innere Spaltung zwischen Engel und Teufel, Weisheit und Irrsinn. Da wir keine höheren Bewußtseinszustände anerkennen, stutzen der Psychiater und natürlich die Gesellschaft und später sogar der Patient selbst sie auf das Ego, das Maß aller Dinge, zurück – so wird Schizophrenie geboren. Wieviele Weise, wie viele Schamanen, Heiler und Seher, Wissende und Heilige haben sich fesseln lassen von den Fallstricken psychiatrischer Weltfremdheit und trügerischer Ichbesessenheit? Wann endlich steht ein Spartakus unter den Patienten auf und zerreißt die Fesseln . . .?!
Der Schamane dagegen kann durch die mythischen und kulturellen Leitbilder seinen persönlichen Standort bestimmen, er weiß, was ihn erwartet, durch welche Euphorien und Qualen er zu gehen hat – Menschen vor ihm haben den Weg geebnet und eine Landkarte der inneren Räume gezeichnet.
Gute und schlechte Kräfte der Psyche sind benannt, Götter, Dämonen und Geister – sie sind die Straßennamen auf der Wanderung durch die Gefilde des Bewußtseins.
»Heilige Krankheit« nannten die Griechen die Epilepsie, weil sie

glaubten, davon befallene Menschen seien von den Göttern bevorzugt und besäßen die Fähigkeit zur Weissagung. Heute fragen wir uns erneut: Dürfen wir Epilepsie als Krankheit betrachten? Epileptische Anfälle lassen sich durch verschiedene psychologische Beeinflussungen und Reizungen der Sinne hervorrufen; darüber hinaus treten Anfälle auf, wenn das Gehirn sich aus einem irgendwie gearteten Ungleichgewicht befreien will, worin wir eine Art biologische Selbstheilung erblicken dürfen. Sollten wir nicht besser Epilepsie und die dem Anfall vorausgehende »Aura«, das untrügerische Gefühl der nahenden Entladung des Gehirns, als einen veränderten Bewußtseinszustand begreifen und damit nur teilweise als pathologisches Syndrom? Die Schilderungen der psychischen Empfindungen von Epileptikern während des Anfalls weisen viele mystische und schamanische Züge auf. Klassisch sind die Beschreibungen Fedor Dostojewskis, der, selbst Epileptiker, in seinem »Idiot« schreibt, in den wenigen Sekunden des Anfalls fühle man die Gegenwart einer unendlichen kosmischen Harmonie, dafür könnte man sein ganzes Leben hingeben. Hinweise, daß Schamanen Epileptiker sind, habe ich nicht gefunden. Sollten jedoch einige von dieser Krankheit befallen sein, dann haben sie diese vielleicht bewußt unter Kontrolle gebracht.
Der Südafrikaner Adrian Boshier war Epileptiker. In jungen Jahren durchwanderte er zu Fuß Afrika und wurde später durch die Begegnung mit einheimischen Schamanen in verschiedene Riten eingeweiht. Die Stämme bei den Makgabeng-Bergen bemerkten als erste seine Fähigkeit, mit der Geisterwelt Fühlung aufzunehmen. Als Boshier durch ihr Gebirge wandern wollte, verhörten ihn die Ältesten und weigerten sich, ihm die Erlaubnis dazu zu geben. Auf dem Höhepunkt der Versammlung überkam ihn plötzlich sein altes Leiden – ein epileptischer Anfall. Sofort erkannte man in ihm einen Auserwählten, einen von den Geistern auserkorenen: seinem Wunsch wurde stattgegeben.
Epilepsie gilt in Afrika als heilige Krankheit, die – hervorgerufen von den Geistern – einen in Sphären höheren Wissens geleitet. Doch Boshier, gequält vom Gedanken, einer in unserer Gesell-

schaft so sehr diskriminierten Krankheit ausgeliefert zu sein, freundete sich nur schwer mit der »Geisterwelt« an. Rrasebe, die Sangoma, seine geistige Lehrerin, sagte zu ihm:

Du mußt die Geister gewähren und dir helfen lassen, anstatt sie dauernd abzuwehren. Um mit ihnen zu arbeiten, bedürfen sie des Lichts. Ich habe dir das Auge gegeben, aber es ist noch geschlossen, und Dunkelheit herrscht in deinem Inneren. Die Geister sind verärgert, und die Krankheit ist das Zeichen, das sie dir senden. Gib ihnen, was sie brauchen. Laß sie an deiner Seite essen (Watson 1982, 166).

Psychotiker erfahren eine geistig erhöhte Welt, ihre Wahrnehmungen und Gefühle sind hyperaktiv. Das kann zum Durchbruch einer neuen Kreativität, zum Wesen der Dinge, zum Wesenskern der Mitmenschen führen. Neben dem Gefühl der Bedeutungshaftigkeit aller Geschehnisse, der Tiefe aller Ereignisse besteht ein Gefühl der Angst, die letztendlich siegt und den Menschen übermannt. Es ist die Angst vor einem mahlstromartigen Hineingerissenwerden in alle Formen und Wesen des Lebens, in den geöffneten Rachen der Wahrheit. Die mannigfaltigen geistigen Symptome der Psychose wollen wir hier nicht aufzählen. So viel sei aber gesagt: Wir verstehen diese »Krankheit« als eine Erfahrungsstörung im allgemeinsten Sinne. Wir können von einer Offenheit für Reize sprechen, und das birgt natürlich die Gefahr des Verlusts der Kontrolle in sich. Die Reizüberflutung kann nicht eingedämmt noch überhaupt sinnvoll eingeordnet werden, hilflos zieht sich das Bewußtsein schneckenartig in sich selbst zurück; psychischer Rückzug, körperliche Blockaden, der Verlust der Spontaneität machen sich bemerkbar.
Der russische Physiologe Pawlow meinte, bei Überreizung setze eine schützende Hemmung des Gehirns ein, die sich als geistiger Zusammenbruch kundtue. Andere Psychiater sprechen von »positiver Desintegration«, der Zusammenbruch sei ein Durchbruch zu neuen schöpferischen Einsichten, zu einer sinnvollen Wiederverlebendigung der Persönlichkeit. Psychose wäre dann eine Reaktion der Körperweisheit auf äußere krankmachende, ungesunde Zustände.

Berühmt-berüchtigt ist Sigmund Freuds ethnozentrische, ganz dem abendländischen Gedankengut verbundene Anschauung einer Gleichheit von Kind, Psychotiker und Primitiven. Dagegen gäbe es nichts einzuwenden, sähe er diese Gleichheit positiv, nämlich in einer Fähigkeit, veränderte Bewußtseinszustände zu erfahren; nach der Psychoanalyse aber gründet sich die Gemeinsamkeit auf Irrationalität. Westliche Wissenschaftler fanden seit jeher Gefallen daran, ihr verschwommenes, rein subjektives Wissen über Primitive als Mörtel für pseudoanthropologische Geschichtsentwürfe zu benutzen. Der Primitive steht hier im Dienst einer globalen Theorie der Menschwerdung, jederzeit abrufbar ist er Lückenbüßer und Prototyp für heroische evolutionistische Geschichtsgemälde. Die Unkenntnis der Lebensweise von Stammeskulturen ist gerade recht, erlaubt sie es doch, den »Primitiven« nach Belieben in jede Theorie zu stecken. Psychiatern und Psychoanalytikern leistet er wertvolle Hilfe zur Bestätigung dunkler Ideen. Er ist Metapher für geistige Regression, Urbild des Schizophrenen, und selbst Biologen ist er ein begehrliches Objekt, als »Zwischenkieferknochen« der Evolutionsgeschichte. Als letztes Beispiel sei Kurt Goldstein angeführt, der dieser peinlichen Komparatistik besonders ehrgeizig frönt. Hier einige Aperçus aus der Pandorabüchse historischer Verblendung: Schizophrenen und Primitiven ist gemeinsam die konkretistische Sprache und das konkretistische Denken, die abstrakte Haltung fehlt ihnen gänzlich. Beide zerlegen ein Ganzes nicht in Teile, ein Gegenstand erscheint ihnen von jedem Gesichtspunkt aus anders. Konzepte und Symbole liegen jenseits ihres Verständnisses, sie schaffen es nicht Ich und Außenwelt zu unterscheiden, äußere Ereignisse verschmelzen mit der inneren Erfahrung, zufälliges Beisammensein von Dingen, Personen und Ereignissen wird kurzschlüssig aufeinander bezogen. Beide sind äußerst suggestibel für jede Anschauung und Verbindung, die man ihnen vorschlägt, und sie klammern sich an ein Objekt oder eine Idee, bis sie sich nicht mehr davon lösen können. Imagination unterscheiden sie nicht von wirklicher Erfahrung, Randerlebnisse stellen sie unrechtmäßig in den Mittelpunkt. – Welche Pathologie, welche Prälogik, welche Inferiorität – doch wessen? Einige ehrliche Forscher haben sich daraufhin ernsthaft und mit aller Abstraktionskraft des zivilisierten Denkens gefragt: »Wie konnten diese primitiven Rassen unter diesen Bedingungen überleben und evolutiv aufsteigen zu höheren Rassen, wenn ihr Denken und Handeln so unrealistisch war?« Nun, das frage ich mich auch. Diese Skizze schizophrenen und primitiven, sprich schamanischen Verhaltens, auf wen trifft die zu – auf die Wissenschaftler selbst?

Sir James Frazer, »Vater der Völkerkunde«, rief auf die Frage, ob er denn schon einmal einen Primitiven gesehen habe noch mit Pathos aus: »Gott bewahre!« Doch das können wir den modernen Völkerkundlern nicht mehr vorwerfen, haben sie doch persönlich alle abgelegenen Schlupfwinkel der »Primitiven« ausgekundschaftet und erforscht. Was ihnen jedoch fehlt, ist der echte, intime, freundschaftliche Kontakt zu Schamanen, was sie versäumt haben, ist wirklich ins Weltbild des Schamanen einzusteigen, als Schüler des Schamanen – wie sonst wollten wir deren »Träume« erkunden?

Heute dürfen wir sagen, daß der Versuch, Schamanen und Stammesgesellschaften mittels psychiatrischer Begrifflichkeit zu diffamieren, gewissermaßen den »harten« Imperialismus durch einen »weichen« oder Wissenschaftsimperialismus zu ersetzen, fehlgeschlagen ist. Natürlich haben die Vernichtungsaktionen und Völkermordkampagnen in der Psychiatrieideologie einen starken Rückhalt gefunden, doch aller wissenschaftlichen Gutachten und Inferioritätsbeweise zum Trotz wehren sich viele – wenn auch von Täuschungen getriebene und Ich und Außenwelt verwechselnde – Stämme erstaunlich tapfer gegen die Terroranschläge und Überfälle des abstrakt und realistisch denkenden westlichen Menschen.

Wir spüren heute eine gegenläufige Bewegung: Psychotiker, Schamane und Kind erfahren erhöhte Aufmerksamkeit. Die transzendentalen Erlebnisse des Schizophrenen betrachten wir mit einer gewissen Achtung, den Schamanen sucht man als

Schüler auf, und das Kind gilt immer mehr als vollwertiges Mitglied der Gesellschaft.

David Cooper spricht von der Wiederentdeckung der Verrücktheit als einem Bedürfnis der Erneuerung des Menschen. Die westliche Gesellschaft habe die »Sprache der Verrücktheit« unterdrückt und es gehe nun darum, sich die Kräfte der Kreativität und Spontaneität wieder anzueignen. Verrücktheit ist für ihn Umstrukturierung der entfremdeten Lebensgewohnheiten. Psychose wäre dann eine Vervollkommnung zu einer weniger entfremdeten Seinsweise hin. In traditionellen Kulturen, sagt er, sei eine stärkere Kontinuität zwischen menschlichen und sensitiven außermenschlichen Systemen vorhanden, da diese Menschen ein ursprünglicheres Bewußtsein besäßen, das dem mystischen Bewußtsein sehr nahe stehe. Für Cooper ist die Psychose, die Innerlichkeit ein Schritt in die Welt, ein Versuch, die ursprünglichen Verbindungen allen Lebens wiederherzustellen. Um die schizophrene Initiation zu verstehen, benötigten wir nicht eine neue Methode, sagt er, sondern eine neue Geisteshaltung.

Um das Verhältnis von Psychose und Schamanentum zu verdeutlichen, möchte ich hier zwei Ideen verbinden: die Idee des Bewußtseinskontinuums und das holografische Prinzip. Normaler und alternativer Bewußtseinszustand dürfen nicht als zwei gegensätzliche Erfahrungstypen betrachtet werden. Ich möchte hier eine Hierarchie vom normalen bis zum höheren Bewußtsein entwerfen. Das verbindende Prinzip dabei ist die Verstärkung des Gefühls der Einheit mit der Umwelt.

1. Im Normalbewußtsein ist die Trennung von Ich und Außenwelt am größten. Die Einheit des Seins wird entweder gar nicht oder nur als mechanische Wechselwirkung erfahren.

2. Bei einer leichten Gefühlsintensivierung verbindet sich das Ichgefühl unmittelbar mit der Umgebung, den Dingen und Wesen; Einfühlungsvermögen, Emphatie und Mitgefühl entwickeln sich – das Ich dehnt sich über die Grenzen des Normalen hin aus. Den einfachen Gefühlszustand möchte ich demnach als potentielle Bewußtseinserweiterung begreifen. Ein angenehmes, wohliges Gefühl, ausgelöst durch eine entspannte oder gemütliche

Situation ließe sich verstehen als andeutungsweise Verschmelzung zwischen Ich und Umwelt.

3. Bei Zunahme der Gefühlsintensität kann die Trennung von Ich und Umwelt zeitweise verlorengehen. Bei starker emotionaler Konzentration, bei Angst oder starken Wunschvorstellungen, aber auch bei Liebe, Haß und Wut identifizieren wir uns oft in einer Weise, daß unser Ich-Bewußtsein fast durch das jeweilige Wunschobjekt ersetzt wird.

4. Ein veränderter Bewußtseinszustand wäre als äußerst starke Emotion zu deuten. Es kann zur vollkommenen Abspaltung vom Normal-Ich kommen, so daß andere Inhalte das Bewußtsein ganz erfüllen. Stanislav Grof (1976) führt folgende Identifikationserscheinungen auf: Identifikation mit dem Evolutionsprozeß, mit anderen Menschen, Tieren, Pflanzen, mit anorganischer Materie und dem Bewußtsein von Zellen und Zellgeweben oder mit unserem Planeten als ganzem. Abraham Maslow (1973) erwähnt andere Erscheinungen bei Gipfelerfahrungen, die wir als Einheitserleben beschreiben können: Erfahrung des ganzen Universums als ein einheitliches Ganzes; nicht-bewertende, nicht-vergleichende, nicht-urteilende Denkvorgänge, wodurch Figur und Grund weniger scharf voneinander abgehoben werden; Erfahrung der Welt als gut, lebenswert, wunderbar, man fühlt, die Welt wirklich zu verstehen; Auflösung von Widersprüchen und Gegensätzen durch die Erkenntnis oder das Gefühl ihrer Gemeinsamkeit; Verlust von Angst, Hemmung und Kontrolle . . .

5. Auf der nächsten Stufe ließe sich das Auftreten von paranormalen Erscheinungen ansiedeln. Offenbar tritt durch ein starkes Einheitsgefühl zwischen Ich und Dingumwelt zum Beispiel Psychokinese auf oder in bezug auf andere Personen Telepathie und Hellsehen.

6. Als höchste Stufe dürfen wir das nicht-konditionierte, von allen Vorstellungen und menschlichen Belangen befreite Bewußtsein betrachten.

Wie wir sehen, ist das Bewußtseinsspektrum holografisch organisiert. Jede Stufe verwirklicht das Erlebnis der Einheit in mehr oder weniger ausgeprägter Form. Wir können von verschiedenen

Stufen der Erleuchtung sprechen, wobei das Normalbewußtsein eine untere Form der Erleuchtung darstellt, eine Miniatur-Erleuchtung. Das Ziel des schamanischen Einweihungsweges ist die Ausweitung und Vertiefung des normalen Gefühls, das wir alle kennen. Schamanentum ist deshalb kein irgendwie dunkler, unverständlicher oder mysteriöser magischer Weg, sondern einfache Erhöhung der gefühlsmäßigen Welterfahrung. Wollten wir den Schamanen verstehen, müssen wir eigentlich nur in unsere eigenen Gefühle eindringen. Was heißt Gefühl, was Erfahrung und Wahrnehmung, das ergründen wir dabei – alles andere sind schöne Worte, leere Schlachtengemälde des Intellekts.
Was ich mit dieser Hierarchie, diesem Spektrum des Gefühls ausdrücken wollte ist: Jede einzelne Gefühlsebene zielt auf die Verwirklichung der universellen Einheit hin, jede ist in sich, auf ihrem Niveau Verwirklichung der Einheit. Wir erkennen hier ein Mikro-Makro-Prinzip: wie im Großen so auch im Kleinen . . .
Der Schamane ist also weder ein Psychotiker noch ein kindliches Wesen – das wäre Ethnozentrismus, doch hat er andererseits, positiv gesehen, viel mit ihnen gemeinsam. Bei der positiven Betonung der Gemeinsamkeiten sollte jedoch nicht übersehen werden: Kinder leben von Natur aus in einem veränderten Bewußtseinszustand, Psychotiker werden zu solchen, weil sie die veränderte Erfahrungsweise nicht ertragen oder verarbeiten können. Der Schamane dagegen ringt sich durch Übung und Berufung, bewußt und gezielt, zu einer anderen Sicht der Welt durch. Alle drei weisen große Übereinstimmungen in ihrem Erleben auf, unterscheiden sich jedoch auch maßgeblich: Das Kind bleibt bewußtlos eingebunden in seine Erfahrung, der Psychotiker wird davon verfolgt und gegeißelt, der Schamane meistert elegant beide Welten, normale und veränderte, ist Mittler zwischen beiden. Das Kind hat noch kein individuelles Ich ausgebildet, vermutlich lebt und kommuniziert es mehr auf unter- oder überbewußter Ebene. Der Psychotiker weist eine fragmentierte und verwirrte Ichstruktur auf, er weiß nicht, wo er steht: Ich, Unbewußtes und Überbewußtes wirbeln durcheinander, eines wird für das andere gehalten, Anomie herrscht vor. Der Scha-

mane beherrscht Ich- und Überich-Welt souverän. Natürlich durchläuft er am Anfang seiner Einweihungsphase typische psychotische Erlebnissequenzen. Wie eine Nußschale auf dem Ozean wird seine Psyche von stürmischen Wellenbergen hoch- und niedergezogen, er verwechselt Sichtbares und Unsichtbares, Lebendiges und Totes. Mit Hilfe eines Lehrers, des irdischen oder des Jenseitigen, lernt er zu unterscheiden und den bizarren Erfahrungen ruhig ins Angesicht zu schauen. Weiß er, was eine Vision ist und was eine normale Erfahrung, so hat er die Phase der »Schmerzen«, der Krankheit, des Leidens, der Verwirrung überwunden, hat er auch dem Psychotiker in sich widerstanden. Er ist geheilt und nun übergesund, jenseits der Krankheit. Doch er kann wieder zurückfallen in psychotische Phasen, besonders wenn ihn ein anderer Zauberer verhext, ihn seiner Kraft beraubt oder aus der Ferne seinen klaren Blick durch psychische Verdunkelung trübt, seine Hilfsgeister »tötet«, stiehlt oder sonstwie unwirksam macht – das ist der Kampf der Schamanen, der entscheidet, wer stärker ist, wer die transpersonalen Kräfte besser meistert, denn es gibt große und kleine Schamanen, wissende, erleuchtete oder nur halbgebildete, mit einseitigen Fähigkeiten. Alle Völker unterscheiden große und kleine, allgemeine und spezialisierte Schamanen.
Aber auch die Psychotiker unserer Kliniken könnten sich unter entsprechenden Anleitungen zu höherer Erkenntnis aufschwingen, sicherlich nicht alle, doch zumindestens einige von ihnen. Aber wer sollte sie leiten: der Psychologe, der Arzt?... Die Psychologie steckt in den Kinderschuhen, gemessen daran, was Schamanen leisten, und die Psychiatrie bleibt überwuchert vom rein medizinischen Denken. Wir benötigen eine neue Klasse von Ärzten und Therapeuten, solche mit Eigenerfahrungen, und keine mehr, die mit der Spritze in der Hand über die trostlosen Korridore ihrer Irrenheime jagen. Für diese neue Klasse von Ärzten und Psychologen steht das schamanische, das transpersonale Training dem sachlichen Wissenserwerb gleichberechtigt gegenüber. Eine solche Ausbildung würde neben dem Erlernen des traditionellen Wissens asiatischer Kulturen alle Arten senso-

rischer Deprivation zur Ausschaltung aller Ich- und Körpervorstellungen beinhalten; das Ertragen langer Einsamkeits- und Fastenperioden, Visionssuchepraktiken, die Einnahme psychedelischer Drogen, ferner künstlich hervorgerufene außerkörperliche Erfahrungen, die Kenntnis der Seele und die Reise ins Jenseits oder in andere psychische Welten. Das ist die Grundlage der Urmedizin, der Ursprung allen schamanischen Wissens. Besonders die Reise in andere geistige Welten gehört unabdingbar zur Psychologie der Zukunft, zur echten schamanischen Therapie. Ohne sie ist auf transpersonalem Gebiet nichts zu erlangen.

14 Verkehrte Welten, schamanische Paradoxa

Dieses Kapitel benennt noch einmal die Ursprünge des Heilens. Das Heil als Ausdruck einer paradoxen Welt wird dem unheiligen als Ausdruck unserer linear-euklidischen Welt gegenübergestellt. Gleichzeitig deute ich damit eine neue Psychologie an.
Der Urheiler, der Schamane, sie leben in einer in sich gedrehten, einer von uns ver-rückten Welt. Der Schamane ist der Narr, der alles umkehrt, auf den Kopf stellt. Aber ein heiliger Narr – heilig ist der Geheilte, der Krankheit der Täuschung Enthobene. Doch welche Welt ist die verkehrte, seine oder die unsere? – schamanisches Paradox oder Paradoxie der Logik?
Der weiße Mann *hat*, der schwarze Mann *ist*. Da wir nicht sind, nur künstlich haben, wo sind wir dann? Die auf den Kopf gestellte Welt ist die unsere, *wir* sind Antipoden des wirklichen Seins.
Im Vorhergegangenen habe ich eine wahre Welt gezeigt. Wahr ist aber nur das schwer begreifliche, besser, das gänzlich Unbegreifliche. Kurzum: Was wir begreifen, was wir berühren, ist kaum *die* Welt; wirkliche Welt bleibt ungreifbar. Worüber Sie hier lasen, war die unsichtbare Welt, die Quelle unserer pseudorealen Tatsachen. Tatsächlich bestimmt sie die sichtbare Welt. Wieder ein Paradox! – das unsere oder das schamanische? Fragten Sie: »Wie läßt sich Schamanisches leicht und zügig ergründen?«, so antwortete ich: »Es ist genau das Gegenteil von uns! Krempeln Sie schlichtweg alle Taschen unserer Welt um, dann funkelt bald Schamanisches in Ihren Augen.«
Husko, eine Ainu-Schamanin, betonte gegenüber dem japanischen Forscher Emiko Ohnuki-Tierney, tieferes Wissen sei nicht in Worte zu fassen, der einzige Weg, etwas über Schamanen in Erfahrung zu bringen, sei letztendlich selbst ein Schamane zu werden (1973, 16). – Erneut ein Umkehrungsparadox: der For-

scher als Schamane! Was würde er dann erforschen? Die Hohlheiten des Nur-Forschens, des Nicht-Erfahren-Wollens?
Ich glaube, unser abendländisches Denken wurde jahrhundertelang geschult, sich geradlinig auszurichten, von einem sichtbaren Punkt A zu einem sichtbaren Punkt B in der materiellen Welt, und eingewiesen in kausale Erklärungsmodelle, in Euklids sparsamen Daseinsentwurf, Newtons mechanisches Universum, Descartes naives cogito ergo sum und »durch Vernunft zum Wissen«, Kants festgefügte Raum-Zeit-Konstanten, Luthers herzlose Ethik und Arbeitsmoral, Marxens ökonomisches Sein, welches das Bewußtsein bestimmt... Aber das ist nur *eine* Möglichkeit zu leben, *eine* Weise sich einzurichten, und sicherlich nicht die beste. Wann endlich erfahren wir das? Mutig stülpt dagegen der Schamane unsere naive Weltsicht von außen nach innen – ein geistiger Bilderstürmer. Sein Geheimnis ist einfach, es zu verwirklichen beinahe unmenschlich, denn wer hat den Mut, den Tag als dunkel, Nächte als hell zu erleben. Diogenes, sagt die Legende, tappte – eine Laterne in der Hand schlenkernd – bei voller Helligkeit wie im Dunkeln über den Markt Athens: »Ich suche das Licht«, war seine Antwort. Wir hingegen leben in einem dunklen Land, befinden uns auf der Fahrt durch ein schwarzes Reich. Wer hat so viel Unverfrorenheit, so viel Licht in sich, unseren lichtlosen Zustand ganz zu erfühlen...?
Das erste schamanische Paradox: Fortschritt, Zukunft entsteht nur im Gang durch die Kategorien der Verblendung, durch Leiden. Leidensweg ist gleich Erkenntnisweg, je größer das eine, um so größer das andere. Unsere westliche Apologie alles Leidlosen, Frohen, Übermütigen – ist das nicht Flucht vor der Wirklichkeit? Wollten wir die fundamentalste unserer Täuschungen beim Namen nennen – wäre das nicht die Suche nach leidloser Lust? Doch wie kommt es zum lustvollen Dasein? Wir nehmen an, durch Lust. Durch Leiden erreicht es der Schamane.
Der Weg des Mystikers ist der des Leidens an den Definitionen der Welt, den fortwährenden Einrahmungen, Umzingelungen, Wahrheitsbeweisen. Er sehnt das Chaos herbei, den unmenschli-

chen Zustand. Er ist süchtig nach anomischer Lust, doch das dreht sich in unserer Weltenebene um und beschert ihm Leiden. Schreitet er jedoch rigoros durch die Kategorien der Täuschung, erreicht er das reine Land: Freude, Wissen, Ausgeglichenheit, Stille . . . und schließt einen Pakt mit der Natur.
Wir suchen das Glück und meiden das Unglück; das führt – durch das Labyrinth der Hindernisse kreisend – naturgemäß ins Unglück. Nur wer das Leiden anerkennt, erwirbt die Weisheit des ungesicherten Lebens. Nur einen Weg gibt es zur Erleuchtung, zum Schamanen: den steinigen Weg.
Stammeskulturen wissen um die Härten der Schamanenschulung, um die Verzweiflung des Schamanenschülers. Deshalb lehnen es viele Berufene ab, diesen Weg zu gehen, sie lassen den Keim der Kraft von anderen Medizinleuten aus sich »herausnehmen«, die erste Vision sich zertrümmern. Angst steht in den Gesichtern der Lernenden geschrieben, Todesangst.
Westliche Therapie und Heilung sucht dagegen das El Dorado des Geistes in sanften Kurven zu erreichen, im gepolsterten Abteil, durch betuliches Gespräch. Was kommt dabei heraus? Verweichlichte Gefühlsmenschen, introspektive Gelehrte, sensible Ästheten! Der Schamane aber ist Naturmensch, unzivilisiert, brutal gegen sich selbst, oft hart im Umgang, gefühllos mit seinen Schülern, doch großzügig, weiträumig im Denken, bis zur Selbstauflösung. Er hat dem Tod ins Auge geblickt, er »reist« bewußt in den Tod. Unseren unersättlichen Lebensdrang kann er nicht teilen. Jeder Tag ist ein guter Tag zum Sterben, da ist nichts, woran es sich klammern läßt . . . Künstliches Herumkramen am eigenen psychischen Komplex auf der einen, urwüchsiges, naturhaftes Dasein, beim Schamanen, auf der anderen Seite. Und noch einmal in einem Satz: Selbstheilung heißt Erkenntnis, Bewußtseinstransformation – das ist schamanische Paradoxie.
Während wir, um menschlicher zu werden, mit Menschen verkehren, erlernt der Schamane das Menschsein durch Einsamkeit. Nur auf sich selbst verwiesen, abgeschlossen von der Gesellschaft, huldigt er asketisch dem Alleinsein. Weil er die

Welterfahrung der anderen hinter sich gelassen hat, ein Einzelgänger geworden ist – muß er allein sein, seine Freunde und Gefährten sind aus einer anderen Dimension: Geister, Verstorbene, personifizierte Erd- oder Wasserkräfte, Tierseelen, Naturwesen, nicht-räumliche Entitäten, Zeitexistenzen. Er besitzt seine Hilfsgeister, vielleicht eine überirdische Geliebte, eine Geist-Frau, er verkehrt mit Dahingeschiedenen wie wir mit unserem leiblichen Nachbarn. Seine Kontakte sind mental, tagträumerisch, er spricht mit der Seele, hört in andere Welten hinein. Was wir als tot betrachten, ist ihm lebendig. Der Bereich des Todes ist ihm natürliches, überquellendes Leben, der Bereich der unbeseelten Natur dauernder Gesprächspartner. Der Schamane ist aufgeschlossen, beziehungsfreudig für die ganze »tote« und lebendige Welt. Daher seine Lebensfreude, sein funkensprühendes phantastisches Wesen. Daher sein paradoxer, umgekehrter Lebensstil! Natürlich dreht er im Grund nichts um – es ist nur ein Denkmodell, das uns hilft, ihn zu verstehen – er kommuniziert einfach in größerem Maßstab als wir.
Sehen heißt für uns nach außen, für den Schamanen nach innen schauen. Das ist das schamanische Grundparadox: Mit geschlossenen Augen die Welt sehen. Wir würden sagen eine innere Welt. Doch das ist nur eine Metapher. Da ist kein Außen und Innen. Alles liegt vor uns, eins sichtbar, eins unsichtbar, je nach Anschauung und Erkenntnis. Was wir sehen, sieht der Schamane auch, nur stärker, anteilnehmender, gefühlvoller, klarer. Daher sein geistiger Scharfblick, daher sieht er mehr und anderes. Wahrnehmung ist ein Sinneskontinuum, auf dem es sich immer weiter gehen läßt, unsere Welt endet nicht mit dem »Gefühl«, mit dem »Denkintellektuellen«, mit »Genie«, »Orgasmus«, »Ästhetik«, »Musik« – das sind nicht die letzten Grenzen, die Gipfel des Genusses. Da, wo wir enden, beginnt der schamanische Genuß . . . Der Schamane bleibt uns fremd, weil er dort den ersten Schritt tut, wo wir den letzten wagen. Seine Erkenntnisse, sein Genuß gehen ins Uferlose, seine Gefühle gleiten ins Unendliche, seine Wahrnehmung wird zum wahren Nehmen einer sich immer erweiternden Wirklichkeit. Unsere Kultur nimmt das Lichtspek-

trum für das ganze Spektrum, was interessieren uns Gamma- und Röntgenstrahlung, was Ultraviolett, wer kümmert sich um Ultraschall? Das sind Wortleichen auf weißem Papier, Lehrbuchweisheiten.

Der Schamane denkt nicht, er ist weder ein primitiver Denker, noch ein träumender Poet des Phantastischen, er erfährt ganz einfach eine erweiterte Welt. Er ist kein Erfinder raffinierter Innenwelten. Hingebungsvoll erlebt er das ihm Gegebene und gliedert es ein in seine Kultur. Der Schamane speichert kein erlerntes Sachwissen, er sitzt nicht auf der Hörsaalbank, seine Heilkräfte erwirbt er in der Todesdimension, entdeckt sie durch Vision, personifizierte Naturkräfte flüstern sie ihm zu. Der Schamane paukt keinen Lehrstoff, er wird umgewandelt, ohne seinen Willen, nicht durch Aufnahme intellektuellen Wissens, sondern durch psychische Umkremplung – nach dem Prinzip: Innerstes nach außen. Daher ist er ein Umgekehrter. Er ist die lebendige Verkörperung des »Innen«, des Verborgenen, des Skeletts, weshalb das Knochengerüst, auf Trommel und Schamanenkleid aufgezeichnet, so oft sein Wesen symbolisiert. Der Schamane ist ein Clown, ein Narr, er ist Abbild einer antimateriellen Welt, Spiegelbild, Antimaterie. Der Schamane ist immun gegen jene Krankheiten, die er zu heilen versteht – wie logisch eigentlich und doch uns so fremd. Welcher Arzt könnte das von sich behaupten? Wogegen ist *er* immun?, frage ich, gegen innere Erkenntnis?

Hier nun noch einmal die schamanischen Paradoxa im Abriß:

Leiden als Erkenntnisweg, lernen durch »Schmerzen«.

Von der geistigen »Zerstückelung« zur geistigen Neugeburt und Entfaltung. Er stirbt um zu leben.

Er geht ins Dunkel, das Innere eines Berges oder der Erde, um das Licht zu erfahren. Die Dunkelheit als Licht.

Er muß sich opfern, enthaltsam leben, Tabus einhalten, geben, um später nehmen zu können. Er opfert *sich,* um sich zu erhalten.

Er besitzt doppelte Augen, ein doppeltes Sehen; er sieht mit dem Seelenleib.

Der Schamane spricht, aber jene archetypische, andeutungsvolle Sprache der geistigen Welt.
Er vervollkommnet nicht den Körper, er verläßt ihn und vervollkommnet den Geist.
Er besitzt zwei Körper, den Leib und den Seelenkörper.
Er reist viel; mit dem Seelenleib durcheilt er parallele Universen, geistige Universen.
Seine Freunde sind geistige, unsichtbare, andersdimensionierte »Schwingungsgestalten«.
Er muß krank werden, um gesund zu werden.
Er stirbt, um heilig, um ein Heiler zu werden. Er stirbt für den Patienten.
Selbstheilung kommt bei ihm vor der Heilung anderer.
Er wird zum Heiler, indem er die Krankheit selbst erfährt, und überwindet er sie in sich selbst, dann später auch im Patienten. Er heilt nicht das Symptom, er heilt den Ursprung, die »Idee« der Krankheit.
Letztendlich können wir ihn nicht einmal einen Heiler nennen, er ist nur ein Abbild der Naturprinzipien, sie wirken durch ihn, durch seine Offenheit fließen sie frei, weil er selbst Freiheit von menschlichen Gesetzen und Ideen verkörpert. Er ist der Kanal, durch den die Natur zu uns hinüberfließt, das Fenster in die Urwelt.
Der Schamane ist der Antipode des Mediziners, des Arztes. Der Schamane ist Antiteilchen, Antimaterie, das Wesen des »schwarzen Loches«, geistiges Pendant zu unserer materiell-mechanistischen Daseinsebene.
Aufgrund all dieser Bestimmungen ist der Schamane die Inkarnation der Paradoxie. Was er uns lehrt, ist der negative Weg des alles umkehrenden Narren.

15 Energien des Lebens, Kräfte des Universums

> Ich tadele die Weißen nicht für ihre Kunst, Kraft durch ihre mannigfaltigen Maschinen zu erzeugen. Doch beeindrucken mich diese Maschinen wenig. Es sind grobe mechanische Apparate, die zusammenbrechen können. Wir Hopi brauchen sie nicht. Wir wissen, wie man Kraft erzeugt – die gleichen Kräfte – ohne Maschinen.
>
> *Don Qochhongva, ein religiöser Führer der Hopi-Indianer. Frank Waters (1969, 26).*

Alle Stammeskulturen leben in Einheit mit der Natur, in Einheit mit den universellen Gesetzen. Ihr Weltgefühl ist eine Symbiose von Gott, Welt und Ich. Ein Weltbild also, das unsere »Hochkultur« noch nicht zu erdenken bereit ist. Ist das symbiotische, synchronistische, synergistische Universum der Höhepunkt natur-mystischer Schau des Stammesmenschen, so ist der Glauben an eine alles Sein durchwebende Kraft ein zweiter Höhepunkt in der Naturphilosophie von Naturgesellschaften. Jeder Stamm besitzt für diese universelle Energie seinen eigenen Begriff. Nennt es die pazifische Bevölkerung Mana, so sprechen die indianischen Stämme der Crow von Maxpé, der Dakota von Wakan, der Hidatsa von Xupa, der Algonkin von Manitu, die Huronen von Oki, die Feuerländer von Waiyuwen, die afrikanischen Sotho von Moya, die Massai von Ngai, die Bantu von Nzmbi, die Pygmäen von Megbe, die Australier von Joja, die Dajak Indonesiens von Petara, die Batak Sumatras von Tondi, die Malegassen von Hasina . . . Das gleiche meinen das Ch'i oder Quigong der Chinesen, das Ki der Japaner, das hebräische Ruach

und das Prana oder Akasha der Inder – Akasha, die Matrix des Universums, das mysterium magnum, der primordiale Ozean.
Diese Begriffe sind vieldeutig, sie beziehen sich auf Gott, das Sein als Ganzes und gleichermaßen auf Hilfsgeister, die dem Schamanen bei seinen Vorstößen in andere Bewußtseinszonen oder beim Heilen unterstützen. Die südamerikanischen Desana bezeichnen es als Tulári. Alles von der physischen Kraft bis hin zur übernatürlichen und sogar den »durchdringenden Blick«, den der Seher besitzt, ist Tulári, was soviel heißt wie in Trance gehen oder den magischen Flug, das Verlassen des Körpers, meistern (Reichel-Dolmatoff 1975). Angesprochen ist jedenfalls ein Kraftprinzip, das den mechanisch-materialistischen Gesetzen der euklidischen Geometrie übergeordnet ist.
Die Eskimo glauben, allen Steinen, Seen, Vögeln, Pflanzen oder künstlich von Menschen hergestellten Gegenständen wohne eine Kraft, eine geistige Essenz inne, die sie Inuat nennen und die verkörpert ist in Hilap Inua, dem Herrn der Kraft. In eben diesem Sinne geht für die Bewohner der Mentawai-Inseln Indonesiens von allem, was eine Seele hat, Bajou, eine Art Strahlung aus. Übernatürliche Wesen und Geister besitzen ein starkes Bajou, das für den Menschen gefährlich werden kann. Bajou ist auf Gegenstände übertragbar, die, damit aufgeladen, Stammesfetische werden können (Schefold 1980). Die Pima-Indianer nennen den Vorgang des psychischen Krafterwerbs Vaikita oder »Olla hineingießen«. Die Schüler werden »erschossen«, das heißt mit Olla-Energie angefüllt. Der Lehrer hustet aus sich weiße Bälle heraus, die er in die Brust des Schülers reibt: nun entfaltet sich Kraft (Russell 1908, 256f.). Die australischen Aborigines sprechen je nach Stamm von Alcheringa, der Traumzeit, von Ungud oder Djugur – sie tauchen geistig ein in die mythische Urzeit der Stammesheroen, die Quelle und Ursprung des Lebens bedeuten. Wer sich in diese vergangene Zeit oder Dimension einstimmt, hat Anteil an der Kraft und Fülle des Lebens. Diese Kraft wird keineswegs, wie wir denken mögen, symbolisch verstanden; sie ist wirksam und sichtbar. So berichtet Helmut Petri (1962, 174) von Djigal, einem Traumexperten, der seine Quarzkristalle durch

Taschenlampenbirnen ergänzte, die er während der Traumreise gegen seinen Leib pressend zum Aufleuchten brachte. Seine Kräfte setzte er ganz materialistisch gleich mit elektrischer Energie.

Entsprechend der spirituellen Physiologie der Hopi-Indianer läuft durch die Erde eine Achse, an der entlang mehrere Vibrationszentren liegen, durch die der primordiale Ton der Schöpfung und des Lebens, der durch das ganze Universum hallt, zu hören und zu fühlen ist. Der Körper des Menschen gilt als Abbild des Erdkörpers, seine Vibrationszentren, fünf an der Zahl, liegen entlang der Wirbelsäule. Das Symbol des untersten Zentrums, unterhalb des Nabels, ist die Schlange, Ausdruck der Erdmutter, die alles Leben gebiert. Dieses Vibrationszentrum reguliert die Zeugungskraft, es steht mit dem höchsten Vibrationspunkt, Kópavi, der »offenen Tür« am Scheitel, in Verbindung, sein Symbol ist die Antilope. Antilope und Schlange drücken die Polarität des Lebens aus – das Feinstoffliche und das Grobstoffliche. Wenn wir atmen, bewegt sich Kópavi, die Fontanelle, wie beim Säugling sachte auf und ab. Das Pulsieren der Fontanelle ist Ausdruck unserer Kommunikation mit dem Schöpfer; so war es zumindest früher, in der vorangegangenen Phase der Schöpfung, bis dieser Fleck sich zunehmend verhärtete, so wie er sich auch bei uns mit zunehmendem Alter verhärtet. Erst beim Tode des Menschen öffnet er sich erneut, damit das Leben, die Seele, den Körper verlassen kann. Unter Kópavi befindet sich das zweite Zentrum, unser Gehirn oder Denken. Mit dem dritten Vibrationsorgan, das in der Kehle liegt, bringt der Mensch Töne hervor, die dem Klang des Universums und den Vibrationen des Planeten ähneln. Mit der Stimme lobt und huldigt der Mensch daher der Schöpfung. Das Herz ist das vierte Zentrum, es pulsiert im Einklang mit der Vibration des Lebens.

Hopi-Medizinleute halten Kristalle vor die Vibrationszentren der Wirbelsäule, schauen hindurch und erkennen so den Ursprung von Krankheiten. Eine normale Person sieht natürlich nichts durch das Kristall, nur der Medizinmann ist dazu aufgrund seiner besonderen Begabung in der Lage (Frank Waters 1963, 272ff).

Die spirituelle Physiologie der Hindus kennt sieben Vibrationszentren oder Chakren. Das Muladhara Chakra an der Basis der Wirbelsäule ist symbolisiert durch eine sich zusammenrollende Schlange, sie ist identisch mit der Zeugungskraft und windet sich – bei psychischer Höherentwicklung – in Form von Energie die Wirbelsäule aufwärts durch die anderen Chakren bis zum höchsten, dem Sahasrara Chakra an der Fontanelle. Erreicht die Kundalini-Energie das höchste Bewußtseinszentrum, erlangt der Yogin Erleuchtung oder, wie die Hopi sagen: »Der Mensch spricht mit dem Schöpfer«.

Das Leben der Stammeskulturen ist eine kontinuierlich fließende geistige Erfahrung. Alle Naturaspekte werden empfunden als Ausdruck einer nicht-materiellen, geheimnisvollen Kraft des Lebensgrundes. Diese Energie oder Blaupause des wahrnehmbaren Seins läßt sich speichern oder anzapfen, ist von einem Menschen oder einem Gegenstand auf den anderen übertragbar und mag positiv zur Heilung oder negativ zur Zerstörung verwendet werden – nicht anders als wir auch die Elektrizität handhaben. Elektrizität ist gewissermaßen eine profane Form der Urenergie, ein um die Essenz geschmälerter Aspekt der Lebensenergie.

Die Suche des Schamanenschülers ist die Suche nach der Lebenskraft, dem universellen Fluidum, der feinstofflichen Ursubstanz des Seins. Unterschiedslos ist das auch die Suche des westlichen Wissenschaftlers: nach den letzten Grundlagen der Materie, den »Materiewellen«, der Matrix des Daseins. Anders als er ist jedoch der Schamane der psychisch, nicht der intellektuell geniale Erforscher des Lebensatems. Auch in der Geschichte der Wissenschaft gab es immer wieder mißglückte oder nicht zu Ende geführte Versuche, eine Lebenskraft, ein überräumliches Daseinsfeld zu postulieren, angefangen bei Platons »Ideen«, den verschiedenen Vorstellungen der Alchemie dann Hans Drieschs Entelechie, Henri Bergsons Elan vital, Franz Anton Mesmers tierischem Magnetismus, Harold Saxon Burrs Lebensfeld, das eine ordnende Wirkung auf die Körperstruktur besitzt und an dem sich noch nicht auftretende Krankheitssymptome oder der Gesundheitszustand erkennen lassen. Das Lebensfeld verschwindet interessanterweise bereits vor dem Eintritt des Todes. Burrs revolutionäre und empirisch gut abgesicherte Entdeckung wurde typischerweise nie richtig zur Kenntnis genommen. A. M. Gurwitsch postulierte die mitogenetische Strahlung. Bestimmte Vibrationen sollen sich dabei von einem Molekül zum anderen ausbreiten, so daß sich jede Zelle als ein kleiner Radiosender verstehen ließe. V. S. Grischenko forderte 1944 einen fünften Materiezustand, der in allen lebendigen Organismen existiere, was er als biologisches Plasma bezeichnete. Nach einem anderen Russen, Viktor M. Inyushin, besteht Bioplasma aus freien Elektronen und Protonen, läßt sich speichern und ist nicht nur innerhalb des Organismus übertragbar, sondern auch nach außen hin, und zwar über große Entfernungen, und es sei für telepathische und psychokinetische Erscheinungen verantwortlich. Andrija Puharich glaubt, alle Objekte, lebendige und tote, umgebe ein Psi-Plasma-Feld. Er glaubt, das lokale körperliche Gravitationsfeld könne durch psychische Veränderungen geschwächt werden, wodurch sich das Psi-Plasma-Feld ausdehne, hin zu anderen Menschen, und so sich ein telepathischer Kontakt ergebe. Vielleicht, spekuliert er, interagieren alle Psi-Plasma-Felder und beeinflussen sich gegenseitig, was bedeuten würde: Jede Person übt auf alle existierenden Dinge eine Wirkung aus. Puharich geht noch weiter und vermutet, nach dem Tode bleibe dieses Plasma erhalten, was er als »nukleare Psi-Entität« bezeichnet, die z. B. verantwortlich wäre für Geistererscheinungen (Puharich 1973).

Die tiefe, innige Verwurzelung der Lebenskraft-Anschauung bei Naturvölkern und historischen Großkulturen galt unserer Wissenschaft bisher als Ausdruck äußerster Primitivität. Sie wollte nicht sehen, daß hier Versuche vorliegen, die zersplitterte Erscheinungswelt, so wie sie auf uns wirkt, durch eine dahinterliegende Wesenswelt zu vereinen, zusammenzubinden. Und selbst heute, nach all den fortschrittlichen Modellen in der Quantenphysik und Paraphysik, haben wir uns nicht aufraffen können, den

»Wilden« die universelle menschliche Suche nach einer Urgrundlage, der Einheitsenergie des Seins, zuzusprechen – ein Armutszeugnis für die moderne Welt. Der »Primitive« hat nicht nur kein Recht zu sein, auch das Recht der Erkenntnisfähigkeit macht man ihm noch streitig. So reichen sich bis heute Ethnozentrismus, koloniale Arroganz, blinder Bekehrungswahn und evolutionstheoretisch überhöhter Dünkel die Hände – eine fatale Allianz, die bekanntlich auch vor Völkermord nicht zurückschreckte.

Alle Kulturen, ganz besonders die ersten, kleinen Kulturen dachten und denken an eine Urkraft, in der das Dasein unmanifestiert und keimhaft gespeichert ist. Das abzutun als magische Selbsttäuschung, als Form unentwickelten Denkens, nenne ich unentwickeltes Denken. Was, entdecken wir eines Tages – und wir stehen kurz davor –, sie haben recht gehabt, die »Primitiven«? Was geschieht dann mit ihnen? Nun, nicht viel: Zu diesem Zeitpunkt werden sie nicht mehr da sein. Die Kraft des Schamanen ist erlahmt, sie reisen lieber benzinangetrieben als geistig ihren Körper zu verlassen, und selbst wenn sie sich, vage und konfus, an ihre Stammesvergangenheit erinnern, so ziehen sie doch die Luftfahrt der geistigen Fahrt vor.

Wenn sich tatsächlich in allen Dingen und Wesen, im Donner und Blitz, im Atem und im Blick diese geheimnisvolle Kraft kundtut, wäre es dann nicht sinnvoll, sich ebenso gegenüber Naturerscheinungen zu verhalten wie Schamanen, sollten wir uns dann nicht diesen Kräften gegenüber ehrfurchtsvoll erweisen und uns ihrer Macht versichern? Die westliche Auseinandersetzung mit dem »Heiligen« muß bei der Vorbelastung unserer Kultur auf einen dunklen Weg führen. Es ist der Weg der Degeneration, so wie in zersetzten und dekulturierten Stammesgesellschaften Schamanen ihre Fähigkeiten meistens für negative Beeinflussungen bereitstellen.

Hat nicht Albert Einstein in seiner einheitlichen Feldtheorie versucht, alle uns bekannten Kräfte in einer Theorie zu verschmelzen? Ist David Bohms Theorie der »unentfalteten Ordnung« der unterquantenphysikalischen Bedingungen nicht

gleichfalls ein Bestreben in diese Richtung? Ist die Suche unserer Physik nach den kleinsten, unteilbaren Teilchen, nach Quarks, nach überlichtschnellen Teilchen nicht getragen vom gleichen Verlangen, nämlich die verwirrende, scheinbar unzusammenhängende Vielfalt, den »Partikelzoo«, in einer einzigen Formel auszudrücken und zu erkennen? Ist, frage ich mich, Wissenschaft nicht ein in allen Menschen seit Urzeiten verwurzelter Drang, ein allen Erscheinungen zugrunde liegendes Prinzip, den Stein der Weisen, die *eine* Energie zu finden? Für mich sind die modernen Hochenergie- und Mikrophysiker die neuen Ritter der Tafelrunde. Was heute die Mikrophysik behauptet, hätte um 1900 zweifellos als pure Metaphysik, als haarsträubender Okkultismus gegolten. Doch trotz aller revolutionären Formulierungen sind wir unfähig, unser Leben als einen kosmischen Energieozean wahrzunehmen. Nach wie vor ist solche Art der Wahrnehmung nur in verändertem Bewußtseinszustand überhaupt möglich. Wir könnten uns nun in eine Diskussion über neue Energiemodelle stürzen und versuchen, Übereinstimmungen mit dem Weltbild des Schamanen zu finden. Aber nur oberflächlich ließe sich Gemeinsames finden: Wir haben die Erkenntnisstufe des Schamanen noch nicht erreicht. Erst später, wenn wir einmal auf gleicher Höhe sind, wird genügend Echtes dabei sein, das sich vergleichen ließe.
Nun zwei Beispiele des persönlichen Umgangs mit Kraft: David Jones (1972) schildert den Werdegang Sanapias, einer indianischen Medizinfrau der Komantschen. Ihre Ausbildung erhielt sie von ihrer Mutter, einem Onkel, der Großmutter mütterlicher- und dem Großvater väterlicherseits. Den Höhepunkt ihrer mehrjährigen Einweihungszeit stellte die Kraftübertragung ihrer Mutter dar. In der ersten Phase träufelte diese ihr Kraft in die Hände und in den Mund, das sind die Körperteile, an denen die Kraft des Adlerdoktors am größten ist. Die Mutter gab ihr ein Stück glühende Holzkohle, das sie nach einigem Zögern nahm und mit Erstaunen feststellte, daß es nicht schmerzte. Statt Hitze fühlte sie Kälte. Bei der Übertragung der Kraft in Sanapias Mund zog die Mutter viermal zwei Adlerfedern durch ihren Mund. Beim

vierten Mal verschwand eine der Federn. Sie verblieb den Rest ihres Lebens in ihr. Nicht die Federn selbst, sagt Sanapia, sondern nur ihr Symbol, die Kraft verweile in ihr. Von nun an durfte sie bestimmte Dinge nicht mehr essen. In der zweiten Übertragungsphase legte ihre Mutter ein Ei in sie hinein. Sie konnte nicht erklären, wie das Ei aus der Hand ihrer Mutter verschwand, doch glaubt sie auch in diesem Fall, das Wesen des Eis und nicht dieses selbst sei nun in ihr. Damit ging das Tabu einher, keine Eier mehr zu essen. Später entwickelte sie jedoch einen solchen Appetit auf Eier, daß sie einen anderen Adlerdoktor das Ei wieder entfernen ließ, wobei auch ihre diesbezüglichen Fähigkeiten verlorengingen. Interessanterweise bildete sich anschließend bei ihr eine Abneigung gegen Eier heraus. Die dritte Kraftübertragung bestand im Erwerb eines Medizingesanges, der ursprünglich ihrem Onkel gehört hatte. Diesen Gesang verwendet sie, da er sehr stark ist, nur bei wirklich schwierigen Fällen. Durch den Gesang erscheinen die Hilfsgeister, verstorbene Mutter und Onkel, und geben Rat. Damit sind jedoch zwei Tabus verbunden: sie darf niemanden unmittelbar um etwas bitten, was sie im Alltag dadurch umgeht, daß sie sich umständlich und gewunden ausdrückt. Zum anderen soll sie bei Heilungen immer allein sein, lediglich andere Adlerdoktoren dürfen helfen. Den dritten Test bestand sie nicht. Die Nacht über sollte sie allein auf einem Berg verbringen. Sie ging – nachdem ihr die Mutter erzählt hatte, womit sie rechnen müsse – bei Dunkelheit heimlich zurück zum Haus, übernachtete dort und schlich bei Dämmerung wieder auf den Berg. Sanapia glaubt, die vielen Krankheiten, die sie als junge Frau durchstehen mußte, rührten von dieser Verweigerung her. Die Mutter hatte ihr gesagt, Wesen würden auftauchen, sie schlagen und versuchen, sie um ihre Medizin zu bringen. Mit dem Abschluß der Kraftübertragung zog sich ihre Mutter von der Heilertätigkeit zurück, und von Sanapia erwartete man, daß sie nach der Menopause mit dem Heilen beginne.

In ihrer Laufbahn als Heilerin erschien ihr Krafttier, der Adler, nur zweimal. Er sieht aus wie ein gewöhnlicher Adler, doch viel größer. Beim ersten Mal fühlte sie den Wind seiner Schwingen,

beim zweiten Mal kündigte ein Krabbeln in ihrem Körper seine Ankunft an. Als der Adler auftauchte, verblaßte alles andere um sie herum, und als er vor ihr landete, schlug ihr Herz so heftig, daß sie einer Ohnmacht nahe war.
Sanapias Kraft ist nicht ihre eigene, sie kommt von den beiden Hilfsgeistern. Sie hat nur die nötigen Vorbereitungen zu treffen, aufnahmebereit zu sein. Nur durch die Einnahme von Peyote, dem psychedelischen Kaktus, entfaltet sie selbst Kraft.
Unmittelbare Verbindung oder Begegnung mit der reinen Kraft würde einen Menschen sofort töten, nur durch einen Vermittler ist Kontakt möglich. Die Kraft selbst ist unerschöpflich; sie besitzt eine ganz andere Dynamik und Wirkung als die uns bekannten Energieformen.
Bevor Sanapia zu heilen beginnt, ergreift ein Zittern sie, und ein Kältehauch streift ihren Körper. Dann singt sie ihren Medizingesang so lange, bis ihr Onkel und ihre Mutter als zwei Lichter erscheinen. Sie erinnert diese an ihr Versprechen, ihr beizustehen. Haben die Geister mit dem Medizinadler gesprochen, geben sie ein Zeichen, daß sie die Kraft erhalten hat. Das Erscheinen des Adlers schildert sie so:

Ich war bereits müde, und ich weinte. Ich saß da und sah meine Mutter wie zu Lebzeiten. Auf einmal fühlte ich, wie mich ein kalter Windstoß niederdrückte. Er druckte auf meinen Kopf und glättete rings um mich herum das Gras, und ich mußte mich mit meinen Händen abstützen, denn er war so heftig, daß ich dachte, er würde mich geradewegs wegblasen. Meine Decke wurde fast weggeweht, ich hielt sie fest ... meine Haare waren ganz verzaust. Ich bekam Angst und begann zu zittern. Oh, dieser Wind blies Staub in meine Augen, und als ich sie rieb, beruhigte sich plötzlich alles ... wie ein Traum war es, so wie nachts im Schlaf. Ich sah den Adler ... groß war er ... seine Federn schimmerten schön. Ich war dumm, ich begann erneut zu weinen ... so wie eine alte Frau. Aber ich hörte es in meinem Kopf: »Geh schon, mach ihn gesund, Du schaffst es!« Dann sah ich nichts mehr... Ich glaube, er verschwand dann

Nach solchen Erlebnissen kommt die Kraft über sie, die sie auf die Patienten zu übertragen versucht; rituell verwendet sie dabei lediglich Rauch und eine Adlerfeder.

Der Werdegang eines Schamanen läßt sich als eine kontinuierliche Anhäufung von Kraft beschreiben. Die psychische Stärke eines jeden Schamanen ist verschieden. Sobald ein Schamane seinen »Ruf« erhält, wird er zum Träger, wie Eduardo Calderon, ein peruanischer Curandero (Heiler), sagt, von Cuenta, von Kraft. Einerseits durchdringt Cuenta das ganze Universum, andererseits wirkt sie an manchen Orten und in bestimmten Personen stärker. Auf jeden Fall ist Cuenta gleichgültig gegenüber moralischen Werten des Menschen, sie läßt sich sowohl zum Guten als auch zum Schlechten einsetzen – Schwarz- und Weißmagier bedienen sich ihrer in gleicher Weise. Die Cuenta-Vorstellung läßt sich vergleichen mit dem Umlauf des Kapitals. Geld läßt sich vermehren, verschenken und kaufen, und es kann verlorengehen. Der eine hat mehr Geld als der andere, wodurch er mächtiger ist; man kann Geld auf einer Bank anlegen, diese Anlage besitzt potentielle Macht, die jederzeit freigesetzt und zum Kauf von Gegenständen verwendet werden kann. Die gleichen Prinzipien treffen auch auf die Kraft zu.
Vorrangiges Ziel in der Laufbahn eines Curanderos ist es, so viele Machtobjekte wie möglich zu erwerben, in denen sich Cuenta manifestiert – sie vergrößern seine Heilkräfte. Diese Gegenstände kann ein guter Freund schenken, man findet sie an heiligen Orten und an bekannten Machtplätzen bei bestimmten Bergen, Seen und Höhlen. Außergewöhnliche Lebensumstände führten Eduardo zu solchen Machtobjekten hin. Träume weisen ebenso wie der psychedelische Kaktus San Pedro den Weg zu Kraftgegenständen. Alle Funde entfalten jedoch ihre eigentümliche Macht erst, wenn Eduardo seine eigenen Machtanteile hinzufügt. Eduardo begann seine Heilertätigkeit mit einer kleinen Anzahl von Machtobjekten. Sein Lehrer aus Ferrenafe stimmte mittels seiner eigenen Cuenta Eduardos Gegenstände ein: seine Rassel, den Dolch und die beiden Stäbe. Unter dem Begriff »einstimmen« verstehen wir folgendes: Jeder Gegenstand besitzt eine Aufgabe im Heilzeremoniell, seine Macht muß auf eine bestimmte Fähigkeit hin ausgerichtet sein. Zum Beispiel ist ein Stein oder ein Rehfuß nur für Liebeszauber oder Verhexung zu

gebrauchen. Der Heiler bedient sich dieser Utensilien nur, wenn es angebracht ist. Erhält ein Curandero ein Machtobjekt geschenkt, das mit einer anderen, fremden Cuenta, besetzt ist, so gilt es, diese zu »zähmen«, damit sie dem Heiler gehorcht. In einer Ausgrabungsstätte fand Eduardo die Gerätschaften eines Zauberers vergangener Zeiten. Findet man solche Gegenstände, ist äußerste Vorsicht geboten. Zuerst muß ihre Cuenta überprüft werden. Eduardo nahm die Fundstücke mit nach Hause, weil er glaubte, diese »zähmen« zu können.

Ich nahm sie mit, um sie zu prüfen und festzustellen, welcher Art sie waren. Und dann kam es so, daß diese Gegenstände sich gegen mich auflehnten. Seltsame Tiere und monströse Bestien stürzten daraus hervor, gierig und blutrünstig. Als ich dann die Geräte auf meine Mesa (Tisch mit allen Machtgegenständen) stellte, verzerrten sie sich und wurden schwarz. Die Geräte begannen zu bluten. Wesen mit ungeheuerlichen Fangzähnen, aus denen Blut strömte, kamen hervor und verlangten meine Frau und meine Kinder. Ich versuchte sie hinauszuwerfen. Ich reinigte die Gegenstände mit Weihwasser und brannte sie ab, denn von dem Tag an, als ich sie mit nach Hause brachte, setzte auf meinem Dach ein Lärm ein, der sich anhörte wie das Galoppieren wilder Tiere. Und sie ließen mich nicht in Ruhe, bis ich mit meinen Schwertern kabbalistische Hiebe ausführte, um diesen Einflüssen entgegenzuwirken ... Die Geräte waren nutzlos für mich. Es waren schwarze Geräte, Gegenstände der Hexerei ... Und all dies Böse blieb durch die Jahrhunderte hindurch nur aus dem Grund erhalten, weil diese Geräte durch einen Menschen von solchem Charakter eingestimmt wurden oder ihre Wertigkeit erhielten ... (Sharon 1980, S. 85f.).

Neben Cuenta spricht Eduardo auch von »Magnetismo«, wenn er die Kraft eines Menschen erwähnt. »Die magnetische Kraft ist etwas, das dem Einzelnen, dem Menschen innewohnt ... Derjenige dagegen, der diese Kraft gezielt, klug und wissend einsetzt, dessen Handlungen führen zu einem bedeutungsvollen, großen Triumph. Die meisten Curanderos kennen diese natürlichen Grundlehren von der magnetischen Kraft des Menschen und der Elemente ...« (S. 82). Der magnetische Strom steigt im linken Bein hinauf und im rechten hinab; das gleiche Prinzip besteht in den Händen. Der Magnetismus verbindet nach Eduardo die

Menschen auch untereinander, weshalb viele Curanderos beim Heilen die Hände auflegen.
Soviel zur Wirkung der Kraft. Nun häufen sich Berichte, daß sich Heilenergie auch sichtbar äußern kann, durch blaue Emanationen, blaue Farbzungen und Lichter.
Vinson Brown (1974, 159ff.) bechreibt eine Schwitzhütten-Zeremonie, die der Lakota-Medizinmann Fools Crow durchführte. Fools Crow erzählte ihm, wenn jemand bei einer Zeremonie schlechte oder skeptische Gedanken habe, würden die auftretenden blauen Lichter normalerweise orange werden. Bei einem jungen weißen Mann, der einige Zeit zuvor an einer solchen Inipi-Zeremonie teilgenommen hatte, zeigten sich orange Lichter – einige Zeit später verübte er Selbstmord.

Dann sprach Fools Crow, während die Trommel nur leise erschallte, ein langes Gebet in Lakota, und als er zu singen begann, wurde die Trommel lauter. Allmählich wurden die Lichter gelöscht, bis wir alle von der Dunkelheit eingehüllt waren. Jetzt schienen die Rasseln vom Fußboden emporzuschweben und sich nahe der Decke, die wohl über drei Meter hoch war, zu bewegen. Wie sie so rasselnd dahinglitten, sang man ein wunderbares, endloses Lied. Schließlich sanken die Rasseln auf den Boden zurück, rasselten aber sanft weiter. Plötzlich nahm ich ein Licht im Raum wahr. Es war ein winziges blaues Licht wie das eines Leuchtkäfers. Ich erinnere, wie mich ein Gefühl großer Freude durchstömte, weil es blau war. Es tanzte umher und bald erschien noch ein anderes, ebenfalls tanzend, bis der Raum voll war mit umherirrenden Lichtern. Eins kaum auf zehn Zentimeter an mein Gesicht heran und schwebte vor mir, während ich tief einatmete und mein Bewußtsein auf den großen Geist konzentrierte. Dann bemerkte ich, wie diese Lichter vom Boden bis zur Decke des Raums sprangen und von Ecke zu Ecke. Kam eines einem der Anwesenden nahe, sah ich die Umrisse seines Gesichtes für eine Sekunde im fahlen, geisterartigen Widerschein, und besonders das dunkle Gesicht eines Indianers nahm den Ausdruck schwer lastenden Geheimnisses an. Inzwischen war ich überglücklich, denn alle Lichter waren blau, nicht ein einzigstes orange, sie schienen voller Lust und tanzten zum Schlag der Trommel.

Einige Weiße haben die blauen Funken während der Schwitzhüttenzeremonie gesehen. Es handelt sich keineswegs um Halluzinationen. Viele Kulturen erkennen in blauen Lichtentladungen günstige Vorzeichen, einer gelungenen Kommunikation mit den Geistern, Göttern oder dem Selbst. Lyall Watson (1976) berichtet, daß indonesische Stämme glauben, je nach Stimmung, um sich herum eine Art Rauch zu erzeugen; ganz besonders bei starken Gefühlen entstehe um den Körper eine Art Schatten, der jeweils verschiedene Farben aufweise. Sibirische Völker kennen die Erscheinung des blauen Rauches. Bei den Ostjaken ist der blaue Rauch, der ihren Erfahrungen nach über dem Zauberer entsteht, ein Zeichen seiner Verbindung mit den Geistern (Pallas). Die Mansen sprechen gleichfalls von blauem Rauch, der sich um den Schamanen herum bildet, es ist die ankommende Gottheit. Bei den Chanten entsteht während der Séance ein blauer Nebel oder Rauch über dem Schamanen (Suew). J. B. Müller schildert, daß bei den Chanten ein blauer Dunst auf dem Höhepunkt der lärmenden Séance entstehe, der als der wahrsagende Geist verstanden wird; die Umstehenden weichen dann zurück, und der Schamane wird niedergeworfen (Autoren zitiert in Balász 1963, 64ff.).

Vielleicht entsteht das blaue Leuchten nur im Auge selbst, nicht aber in der Wirklichkeit. So rufen Magnetfeldänderungen elektrische Potentiale hervor, die, wenn sie aufs Auge wirken, oft als hellblaues Leuchten beschrieben werden. Diese »magnetischen Phosphene« entstehen, wenn eine Wechselspannung von 10-100 Hertz durch den Kopf des Menschen fließt.

Von der großen Cheops Pyramide wird gelegentlich berichtet, sie strahle ein blaßblaues Licht aus. Baron von Reichenbachs Od Energie soll blau gewesen sein ebenso wie Wilhelm Reichs Orgon-Energie. Dinshah P. Ghadiali, ein indischer Forscher, entwickelte eine Behandlungsmethode mit farbigem Licht. Entzündungen und Infektionen sollen durch Bestrahlung mit blauem Licht schneller heilen. Wilhelm Reich glaubte, die Membranen roter Blutkörperchen enthielten die Orgon-Energie – sie zeigten bei 4000facher Vergrößerung einen tiefblauen Schimmer.

Der russische Ingenieur Yakov Narkevich-Todko erzielte 1890 durch die Verwendung elektrischer Ladungen elektrographische Photographien. Dabei zeigten sich seltsame blaue Flammen, die von den lebenden Körpern abstrahlten. Es gibt Berichte, nach denen beim Öffnen eines Ofens ein blauer Feuerball herausgeflogen kam. Die Erklärung dafür ist: Der Schornstein bildet statische Elektrizität, wenn elektrische Stürme in der Nähe sind. Die Elektrizität sammelt sich im Ofen und tritt dann als Feuerball aus. Die sogenannte Synchrotron-Strahlung, die durch sehr schnell beschleunigte Teilchen entsteht und die härter als jede noch so hoch dosierte Röntgenstrahlung ist und sogar die Struktur von Molekülen und Atomen durchdringt, gibt ebenfalls ein bläuliches Licht ab.

Ob die hier angeführten wenigen Beispiele miteinander in Beziehung stehen, bleibt dahingestellt. Fest steht auf jeden Fall, blaue Lichtemanationen und Schamanentum, blaues Licht und veränderte Bewußtseinszustände hängen irgendwie miteinander zusammen. Blaues Licht und Heilenergie ist vielleicht eins.

16 Transtherapeutische Philosophie

> Menschensohn, du wohnst inmitten eines widerspenstigen Geschlechts, das Augen hat zu sehen und doch nicht sieht und Ohren hat zu hören und doch nicht hört.
>
> *Hesekiel 12,2*

> Statt Gottbesessenheit erntete er Gewissensruhe, statt Lust Behagen, statt Freiheit Bequemlichkeit, statt tödlicher Glut eine angenehme Temperatur.
>
> *Hermann Hesse. Der Steppenwolf*

Ergreift einen Schamanen der Wahaerama, einem Volk Mittelcerams, die geistige Kraft, dann ist das Alahatala, dem Schöpfergott, zu verdanken, denn nachdem er durch den Mittelpfosten des Hauses herabgestiegen ist, fällt sein *Schatten* auf den Schamanen . . . (Röder 1948, 71).

Ich habe die letzten Kapitel »Die Schatten alles Seienden« überschrieben. – Der erste Schatten ist die ver-rückte Welt, die des Schizophrenen und Schamanen gleicherweise. Den Schatten stelle ich hier vor als die wirkliche Welt; mein Modell ist eine auf den Kopf gestellte Welt. – Der zweite Schatten ist der Narr, der Schamane als heiliger Narr, lebt er doch in einer paradoxen Seinsschicht, in einem umgekrempelten Dasein, er ist gleichsam »Antimaterie«, ein »schwarzes Loch«, die ebenfalls Schattenwelten und Ursache unserer realistischen Scheinwelt sind. – Der dritte Schatten, das sind die Lebensenergien, der unsichtbare sich bewegende Grund, feinstoffliche, geistige Wirkungen, Urstoff, Prima Materia.

Die Ur-Metapher des Schattens habe ich also als Leitbild gewählt. In diesem Kapitel soll nun unser Entwicklungsstand, der Forschungsstand des Schattens, besprochen und gedeutet werden, wobei auch die Möglichkeit des »Heilers in uns allen« Gehör finden soll. – Erinnern wir uns an Walt Disney's Kindergeschichte »Peter Pan«, der seinen eigenen Schatten zu fangen versuchte – das ist die Geschichte des Heilers.

Der Schatten hinter allem Seienden verweist auf unser wirkliches Wesen. Der eigentliche Schatten ist der Körper, das Leben, das Sichtbare. Kern und Schale haben wir unwissentlich vertauscht, um unbeschwerter, unzweideutiger zu leben.

Heilung kommt nicht von der sichtbaren Welt, Heilung kommt aus einer unsichtbaren Schattenwelt. Dieser Welt gehört unser Feinstoffkörper, unser Energieleib an, dessen sichtbare Form der Körper ist. Das Schattenland ist die Heimat des Schamanen, hier »operiert« er, gibt »Spritzen« und »Arzeneien«. Wenig wissen wir über dieses Land, den »Quantenbereich des Heiligen«. Was uns Schamanen darüber erzählen, sind Metaphern, Bilder, die aber bereits durch das Gehirn gelaufen sind und gefiltert wurden.

Meines Erachtens ist alles menschliche Streben ausgerichtet auf höchsten Lustgewinn, nicht Freudschen Lustgewinn, nein, auf totale Freiheit, Erleuchtung, Absorbiertwerden von der »strahlenden Welt«. Explosion des Status quo, des Normalbewußtseins, das scheint mir in allen gesellschaftlichen Kulten und psychischen Regungen der wirkliche transzendente Impuls, der Trieb der Evolution zu sein. Spiel, Tanz, Gesang, Freude, Liebe ist Suche nach Ekstase. Ekstase ist die Auflösung, die endgültige Absetzung der alles zerschneidenden Zeit, des alles beengenden Raumes. Ekstase, Trance, Erleuchtung, schamanische Jenseitsreise sind Abschaffung der Zeit. Zeit, das ist unser größter Feind, die schädlichste aller Illusionen. Aber noch einmal: Was ist Spiel, geselliges Beisammensein, Kunst? Jede Form der Konzentration ist die angeborene Sucht nach Jetzt, nach Dasein und Augenblick. Der Augenblick ist zeitlos, der Versuch seiner Ausdehnung zur Ewigkeit ist Trance, und noch weitergehend kommt es zur Erleuchtung, bis schließlich das Menschsein verlischt. – Der Mensch als geistiger Vulkan, dauernd brodelnd, dem Ausbruch nahe. Das Brodeln ist unsere Welt: verkappte Formen der Transzendenz, scheinbar profan, wirklich aber heilig und heilend. Aber was heißt schon heilig – ich sage frei ... Wissenschaft oder Kunst, Spiel oder Liebe, es sind alles Formen eines einzigen Urbedürfnisses. Wir können noch weitergehen: Schauen wir uns ein einfaches Gefühl an, nehmen wir »Gemütlichkeit« – auch hier der Keim zur Konzentration, Inneneinkehr, das Leben als innere Ruhe. Doch ich sehe, es ist schwer zu erfassen ... Das Wort kann uns nichts geben, es bleibt Formel, man muß es erfühlen, schlagartig. Nehmen wir »Hingabe«: das ist Selbstaufgabe, Suche nach Durchdringung unter dem Deckmäntelchen der Hingabe an Wissenschaft, Kunst oder die Familie. Die Urform der Hingabe ist, ob wir nun wollen oder nicht: Freiheit vom Ichbewußtsein, Aufgesogenwerden von allem. Es gibt nur eine Fessel: Ichbewußtsein. Die Suche nach Freiheit, eingegossen in alle Lebensäußerungen, versteckt unter Tarnkappen, eingeengt in Zwangsjacken, als Spektakel in Kinos und Theatern, als wilde Motorradfahrt oder himmelwärts jagende Rakete, ja selbst jede Art von Trunkenheitsrausch. Selbst wenn wir das nicht gerne hören: Der Rausch kennt keine Ambivalenzen, keine Dualität von Gut und Böse. Rausch ist ein physiologisches Prinzip, bar jeder Wertung, sich des Guten und Bösen gleichermaßen bedienend. Es gibt nur ein Kontinuum: sich steigernde Konzentration. Je enger das Rampenlicht des Bewußtseins, um so größer der Rausch, die Ichauslöschung, die evolutive Qualität des Menschen, die Wahrnehmung – totale raumzeitlose Wahrnehmung. Das hängt wiederum mit der Zeit zusammen. Freiheit vom Zeitablauf entsteht und damit kosmische Freiheit, das ist Ziel des Menschseins, jeder persönlichen Ambition und Entfaltung, ob nun bewußt oder unbewußt. Das ist das Gerüst für eine neue Psychologie: die Erkenntnis, daß die Psyche ein zeitloses Hologramm ist, in dem jede Regung das ganze Sein widerspiegelt und jede Handlung, jeder Gedanken, jedes Gefühl Ausdruck verdünnter, totaler Erfahrung ist. Untersuchten wir die menschliche Gesellschaft einmal nach diesem Prinzip, so gelangten wir sicherlich zu einer wahrhaft transzendentalen Anthropologie und Soziologie. Doch die Größe im kleinen bleibt uns verborgen, nach wie vor scheint das Kleine – und das ist der Trugschluß der Transzendentalisten – profan: es gibt keine Profanität, nur heiligen Ausdruck, nur Größe.

Seit der Aufklärung diskriminierte die aufsteigende Wissenschaft das Urtümliche als primitiv, das Vergangene als archaisch. Heute dagegen erkennen wir zunehmend: Das »Primitive« ist die Grundlage, das Urtümliche, das ewig Unvergängliche, das Archaische die Zukunft. Der Kreis zwischen Vergangenheit und Zukunft schließt sich. Die schamanische Psychotherapie ist eine Therapie der ganzen Person, der Energien des Körpers. Was Schamanen in farbigen Bildern kundtun – Zeichen ihres Lebes in der Natur – drücken moderne Physiker und Energieforscher in Kurven und Tabellen aus. Noch meinen beide nicht genau das gleiche, denn wir haben erst angefangen, das reiche Erkenntnisgewand des Schamanen, seine Reise durch jene Unzahl unbekannter geistiger Welten nachzuvollziehen. Was uns aber erwartet, ist atemberaubend, erstickt unsere Hoffnung auf eine Wirklichkeit der physischen Welt: Es gibt viele Universen, geistiger und physischer Natur – und wir sind eins davon. Die Heilung des Schamanen kommt aus anderen Räumen, anderen Zeiten, anderen Energiedimensionen; wollen wir seinen Bildern folgen, müssen wir zu diesen anderen Räumen aufbrechen. Nur, je weiter wir dem Schamanen folgen, desto rascher entfernt er sich, nimmt immer wieder Standpunkte jenseits unseres Erkenntnishorizontes ein, umhüllt uns ganz, erdrückt unser kleinkariertes Ichdenken, unseren Wissensdurst.

Vielleicht glaubt der eine oder andere Leser, ich hätte hier etwas erzählt über Heilung – weit gefehlt, das ist der Anfang, das Vorwort zu einer Dimension der Heilung, die hier verborgen, ungenannt blieb, die meines Wissens bisher niemand angeschnitten, niemand niedergeschrieben hat: Es ist die Geschichte vom Uranfang der Welt, der Erschaffung der Menschen, der Entwicklung der Grundgesetze des Menschseins, der Entstehung von

Krankheit und Tod, wie es die Mythen berichten. Hier kämen wir dem wirklichen schamanischen Wissen auf die Spur. Urschamanen wirkten am Anfang der Zeiten, als sie noch wirkliche Demiurgen waren und Kontakt zu allen Lebewesen, Dingen und Göttern besaßen, doch seltsam genug: Heute, da das Schamanentum, die Medialität, die Heilkraft gänzlich verfallen sind, schwingen wir uns gleichzeitig auf, machen einen neuen Anfang, Moderne Schamanen, Physiker, greifen zu den Sternen, zu anderen Universen, suchen die Verbindung zu den »Göttern«. Es ist ein gesamtmenschlicher, planetarer Prozeß, bei dem unsere scheinbar verdorbene und abgestorbene Kultur und Wissenschaft zum Zuge kommt. Der Urschamane stand am Anfang der menschlichen Entwicklung, und er wird – wenn auch im Gewande des Physikers – am Ende stehen. Anfang und Ende werden sich ähneln. Mit technischen Mitteln, mit Paraphysik und Quantenmechanik greifen wir die paralogischen, paradoxen Prozesse des Lebendigen auf, es sind alte schamanische Symbole und Weisheiten, sie gelangen in einem neuen Kleid ans Tageslicht, im Rahmen einer vom Intellekt bestimmten Kultur.

Warum tritt heute das Archaische wieder aus dem Nebel der Uranfänge hervor?: Weil wir nach langen Irrfahrten den Weg in die Heimat wiedergefunden haben. Wir nähern uns dem Ziel und dem Abfahrtshafen, wir kommen heim zum Ursprung. Die Segel sind gesetzt, die Turbinen rollen, angetrieben von der Kraft des Geistes, nicht mehr von mechanischen Antriebswerken! Jetzt wird alles möglich ...

Ich möchte nun einige der modernen physikalischen Weltentwürfe vorführen, um sie dem schamanischen Weltbild gegenüberzustellen und um zu zeigen, wie unsere Wissenschaft sich zunehmend dem schamanischen Denken nähert. Wann und wo sich beide Erkenntniswelten endgültig treffen und vereinen werden, ist ungewiß, unvermeidlich jedoch, daß sie es tun werden.

Der britische Nobelpreisträger Brian D. Josephson erwägt 1975 die Existenz paralleler mit uns berührungslos verschachtelter Welten, die wir, wie er glaubt, nicht wahrnähmen, weil sie durch

das Normalbewußtsein weggefiltert würden; durch bestimmte Bewußtseinstechniken ließen sie sich aber möglicherweise sichtbar machen.
Ein sechsdimensionales Weltbild entwirft der Physiktheoretiker Burkhard Heim, es bezieht sowohl die Relativitätstheorie als auch die Quantenmechanik ein. Gebilde höherdimensionierter Art, die in unsere Welt eintauchen könnten, bezeichnet er als »Syntropoden«, als Schatten mehrdimensionaler Strukturen.
Der französische Naturforscher und Philosoph Teilhard de Chardin ist der Ansicht, es gebe jenseits des materiellen Universums ein »psychisches Weltall«, ein außerhalb unserer Sinneswahrnehmung gelegenes, nicht meßbares Universum, das weiterentwickelteren galaktischen Kulturen als der unseren Zugang zu höheren raum- und zeitlosen Dimensionen ermögliche.
Von Öffnungen zum zeitneutralen Hyperraum spricht auch John Archibald Wheeler von der Princeton Universität, von sogenannten kosmischen »Wurmlöchern«, die um 20 Größenordnungen kleiner sein sollen als die Bausteine der Atome. Der gesamte Raum sei von Löchern durchsetzt, die uns mit dem Hyperraum verbinden würden, der mit uns Seite an Seite existiere. Im Wheelerschen Weltmodell liegt unsere Welt, unser physisches Universum, auf einem Radkranz, auf dessen gekrümmter Oberfläche. Das Kranzloch stellt den Hyperraum dar. Dieser Idee wurde schon in Einsteins und Rosens sogenannten »Einstein-Rosen-Brücken« Rechnung getragen, dabei handelt es sich um Raumverwerfungstunnel durch die intergalaktische Entfernungen zeitlos überbrückt werden könnten.
Auf der Oberfläche eines sich aufblasenden Ballons siedelt der Astrophysiker John Gribbin unser Universum an, das sich, wie er meint, ausdehne, womit Gribbin erklärt, daß Galaxien sich mit nahezu Lichtgeschwindigkeit von ihrem Mittelpunkt entfernen. Spiegelbildlich zur Außenhaut des Ballons, auf der wir uns befinden, gäbe es auf der Innenhaut ein Universum, eine Antiwelt, die sich von uns durch entgegengesetzte Ladung und durch einen umgekehrten Zeitrichtungspfeil unterscheide.
Nikolai Kozyrew, einer der bedeutendsten sowjetischen Astro-

physiker, nimmt ebenfalls Welten an, die zu uns in einem spiegelbildlichen Verhältnis stehen, in denen jedoch die Kausalität voll erhalten bleibe. Darüber hinaus glaubt Kozyrew mit seinen Experimenten zeigen zu können, daß die Zeit eine gewisse Qualität besitzt, und zwar nicht subjektiver, sondern objektiver Natur; er spricht von Zeitdichte, Zeitintensität und einer energetischen Qualität der Zeit. Wenn das der Fall ist, beeinflußt diese quasimaterielle Zeit auch materielle Strukturen. Physische Strukturen existierten damit nicht *in* der Zeit, sondern *mit Hilfe* der Zeit. Alle Dinge beeinflußten sich somit durch die Zeit. Durch jede materielle Interaktion würde Zeit gedehnt oder neu gebildet werden, was Kozyrew mit seinen Experimenten nachgewiesen haben will. Er kommt zu dem Ergebnis: Zeit wird durch Ursachen gedehnt und durch Wirkungen beschleunigt. Informationsaustausch zwischen Systemen findet daher durch die Zeit selbst statt, und zwar in Nullzeit. Seiner Ansicht nach lassen sich damit auch Psi-Erscheinungen wie Telepathie und Präkognition erklären. Gleicher Ansicht ist Charles Musès, ein amerikanischer Physiktheoretiker, der annimmt, Zeit sei die Ursache aller freiwerdenden Energie.

Kurzum: »An dem Tag, an dem die Wissenschaft beginnen wird, nicht-physikalische Erscheinungen zu untersuchen, wird sie in einem Jahrzehnt größere Fortschritte machen als in allen vorhergehenden Jahrhunderten ihres Bestehens«, so Nikola Tesla, das vielleicht größte Genie unter allen Physikern, hier genau ist der Punkt, an dem Physiker und Schamane sich gegenübertreten werden.

Auch das folgenreichste Paradigma des westlichen Geistes, der Gedanke einer Evolution des Menschen, wird sich in einer Philosophie der Zukunft gänzlich auflösen. Friedrich Nietzsche verstand den Menschen als die Brücke und nicht als das Ende, und Dogen, der große Zen-Meister des mittelalterlichen Japans, drückte es noch unmißverständlicher aus: »Du hast nun die Spitze eines hundert Meter hohen Pfahles erklettert – und jetzt geh weiter...« Wohin sollen wir weitergehen, wenn wir nach Nietzsche die Brücke – den Menschen – überquert haben oder, nach

Dogen, der Pfahl – die erste Stufe des Erleuchtungsweges – zu Ende ist? Für Nietzsche ins Übermenschliche, für Dogen in die »Luft«, ins Immaterielle.
Ich sage: Evolution ist ein historisches Paradigma. Evolutionsidee aber als ein dreidimensionales Konzept entbehrt, wenn wir den Bereich des Anschaulichen verlassen, des Sinns. Das Evolutionsdenken geht aus von *einer* Zeit, von einer wirklich existierenden, das ganze Universum durchdringenden *einen* Zeit. Diesen naiven Gedanken hat schon Lewis Carroll seinerzeit entlarvt, als er Alice alle großen Zeitparadoxa erleben ließ:

»Aber in unserem Land«, sagte Alice, noch immer nach Atem ringend, »gelangt man im allgemeinen woandershin, wenn man lange Zeit so schnell läuft, wie wir es eben taten.«
»Eine langsame Sorte von Land!« bemerkte die Königin. »Hier dagegen mußt du aus Leibeskräften rennen, wenn du am selben Ort bleiben willst. Und wenn du woandershin willst, mußt du doppelt so schnell rennen« (1963b, 44).

Der Schamane pendelt zwischen Welt und Überwelt hin und her, er ist ein Mensch zweier Welten. Seine Kartographien und Skizzen des Überraums bleiben bildlich, sehr menschlich; die moderne Physik dagegen wird konkreter, doch gleichzeitig unanschaulicher und damit dem Alltagsverstand kaum mehr verständlich. Das Universum, das uns die Physik nach Dogons Verlassen des Pfahles anbietet, ist atemberaubend, erschütternd und relativiert alles Menschliche. Schamane und Physiker kommen hier einander näher. Arthur C. Clarke, Wissenschaftler und Science Fiction Autor, drückt das wie folgt aus: »Jede hinreichend fortgeschrittene Technologie ist ununterscheidbar von Magie.« Und der große Psychologe Carl Rogers bemerkt: ». . . der Gipfel wissenschaftlichen Wissens gleicht der mystischen Gipfelerfahrung . . .«
Evolution ist eine Idee, geboren aus dem dreidimensionalen Denken einer linearen, eindimensionalen Zeitvorstellung. Zweifellos eine naive Theorie. Im Gegensatz dazu bieten Mathematik und Physik und das schamanische Weltbild multidimensionale, parallele Universen und einen holographischen Kosmos

an, in denen Evolution nur eine Möglichkeit unter vielen darstellt. – Involution, andere Zeituniversen, die anderen Zeitbedingungen unterworfen sind, das sind weitere mögliche reale Welten.

Ralph Waldo Emerson sagte: »Wir leben in Reihenfolgen, in Unterteilungen, in Teilen, in Partikeln. Zur gleichen Zeit existiert im Menschen die Seele; die weise Stille; die universelle Schönheit, für die alle Teile und Partikel in gleicher Weise aufeinander bezogen sind.« Und Albert Einstein äußerte: »Für uns gläubige Physiker stellt diese Trennung zwischen Vergangenheit, Gegenwart und Zukunft ja doch nichts weiter als eine Illusion dar, wenn auch eine besonders hartnäckige« (am 21. März 1955, in einem Brief). Der Oxforder Physikprofessor Roger Penrose sagte: »... könnte es dann sein, daß die Dinge, für die die Zeit wirklich verstreicht, so etwas wie Auswüchse aus einer tieferen Schicht der Wirklichkeit heraus wären, wo in einem gewissen Sinn die Zeit für alles ›stillsteht‹?« (Temple 1982, 244). Der Normalzustand des Universums wäre nach Ansicht von Pentrose die Masselosigkeit, und alles Ursprüngliche wäre masselos; abgeleitete, zweitrangige Dinge dagegen wären mit Masse behaftet. Materie also verstanden als Schatten wirklicherer Welten.

Dieses Universum scheint eher einem Traum zu ähneln als den uns gewohnten »harten Fakten«. »Wir besitzen unsere Träume nicht, unsere Träume träumen uns« meint David Cooper, der Antipsychiater. Und Niels Bohr äußerte in einem Gespräch: »Nun ja, man kann ja auch sagen, daß wir nicht hier sitzen und Tee trinken, sondern daß wir das alles nur träumen« (Weizsäcker 1971, 424). Und Alice:

»Demnach habe ich doch nicht geträumt!« sagte sie sich. »Außer – außer wir sind alle Gestalten ein und desselben Traums. Ich hoffe bloß, daß es mein eigener Traum ist und nicht der des Roten Königs! Ich mag gar nicht gern eine Traumgestalt von anderen Leuten sein«, fuhr sie bedrückt fort. »Am liebsten würde ich zum Roten König hingehen, ihn aufwecken und sehen, was dann passiert.« (Carroll 1963b, 143).

Das Universum scheint phantastischer, als wir es uns vorstellen können, deshalb darf ich ihnen mit Kekulé, der im Traum die Formel für den Benzolring entdecke, zurufen: »Let us dream Gentlemen!«
Zeitparadoxa und Traumwelten – das liegt jenseits fest definierter Egozustände und einer linearen Evolutionstheorie. »Phantasie ist wichtiger als Wissen«, meinte deshalb Albert Einstein, und sein Mitarbeiter Freeman Dyson ergänzt: »Für eine Spekulation, die nicht auf den ersten Blick verrückt aussieht, gibt es keine Hoffnung!« Und David Cooper sagt zugespitzt: »Die Zukunft der Verrücktheit ist ihr Ende«, nämlich: ihre »Verwandlung in universelle Kreativität, und dies ist auch ihr verlorener Ursprungsort.« (1978, 132).

Was ist nun Heilung, wo soll sie beginnen, wo enden? Versuchen wir wirklich nur körperliche Krankheiten loszuwerden und psychische Mängel auszugleichen? Oder suchen wir mehr? Gilt es tatsächlich nur das zu heilen, was in Krankenhaus und Psychiatrie als Krankheit gilt? Sicherlich, die erste Stufe heißt Heilung von Körper und Psyche. Die zweite Stufe aber heißt Heilung vom »Ichzustand«. Hier öffnen wir uns einer transpersonalen, transtherapeutischen Ebene. Hier heißt Heilung Ausdehnung der Wahrnehmung und der Kommunikation. Die Merkmale der sich nun entfaltenden Welt sind: die Existenz vieler Welten und unterschiedlicher Wesen, eine holographische Daseinsmatrix, parapsychische Energien . . .
Der Schamane vermittelt uns nicht nur neue Heilweisen, er ist ein Vorbild für den Menschen schlechthin, für jeden von uns: er verkörpert die ungenutzten Möglichkeiten eines jeden. Seine Fähigkeiten, sein Weltempfinden jedem zugänglich zu machen, ist die Aufgabe der Psychologie der Zukunft. Wie das zu erreichen ist, muß vorerst noch weitgehend dahingestellt bleiben; einige Gedanken dazu habe ich hier jedoch vorgestellt.
Heilung in Stammeskulturen besitzt, gegenüber unseren Vorstellungen, eine ganz andere Dimension: Für den Schamanen selbst heißt Heilung Transformation, nicht Kurieren irgendeines Übels.

Grundsätzliche Daseinsumpolung ist sein Ziel. Deshalb heißt, wollen wir mit Nietzsche sprechen, Heilung für ihn: »Umwertung aller Werte« hin zum »Übermenschen«.
Voraussetzung für Heilung ist die Entwirrung der begrifflichen Verknotungen unseres Denkens, ich meine: die Welt begrifflos zu erfahren – das ist das Ziel. Der Glaube an die Wirklichkeit der Begriffe, die Einbildung, sie seien Dinge bzw. Dinge seien das, was die Begriffe aussagen, ist die erste zu transzendierende Illusion. Die Erfahrung der »sprachlosen Welt« gehört von Anfang an zur schamanischen Psychologie. Immanuel Swedenborg, der wohl größte aller abendländischen Visionäre und »Schamanen«, sagte: »Ich befinde mich jetzt zum erstenmal in einem solchen Zustand, daß ich nichts weiß und daß alle meine vorgefaßten Meinungen mir entglitten sind, was der Anfang allen Lernens ist, das heißt man muß zuerst wieder ein Kind werden und dann von der Amme Wissen eingeflößt bekommen, so wie es jetzt mir ergeht« (Dusen 1974, 49). Wie gebunden wir an Worte und deren Bedeutungen sind, bleibt uns weitgehend verborgen. Unmöglich ist es uns, die Welt anders als durch den Begriff hindurch wahrzunehmen, wobei völlig gleichgültig bleibt, welches Wort mit welchem Inhalt gefüllt ist. Humpelpumpel, eine jener seltsamen Gestalten, die Alice im Spiegelland begegnen, sagt dazu: »Wenn ich ein Wort benutze, dann hat es die Bedeutung, die ich ihm zu geben beliebe – nicht mehr und nicht weniger.« (Carroll 1963, 116). Doch Alices Begegnung mit dem Reh drückt das Problem am besten aus:

»Bitte, würdest du mir wohl sagen, wie du heißt?« sagte sie zaghaft. »Möglich, daß mir das ein bißchen hilft.«
»Ich will's dir sagen, wenn du ein kleines Stück mit mir weitergehst«, sagte das Rehkitz. »Hier fällt mir mein Name nicht ein.«
So wanderten sie zusammen durch den Wald. Alice hatte dem Rehkitz die Arme liebevoll um den weichen Hals geschlungen. Als sie jedoch eine zweite Wiese erreichten, riß sich das Rehkitz plötzlich aus Alices Armen los und machte einen Luftsprung. »Ich bin ein Rehkitz!« rief es entzückt. »Und du? Ach, du meine Güte, du bist ja ein Menschenkind!« Seine schönen braunen Augen bekamen

plötzlich einen ängstlichen Ausdruck, und im nächsten Augenblick stürzte es pfeilschnell davon. (Carroll 1981, 64).

Zusammenfassung der Philosophie des Schattens

1. Die Prima Materia wirft Schatten. Was wir Substanz und Leben nennen, sind die Schatten einer höher dimensionierten Welt, es sind Spiegelungen, Fußabdrücke, Echos des Uferlosen. Leben definieren wir daher mit dem Schamanen als Suche nach dem Wesenhaften, das ist der Initiationsprozeß des Urheilers. Das ist das Ur-Paradoxon des Schamanen.

2. Wie der Körper Ausdruck des Gengutes oder die Schale Ausdruck des Kerns ist, so ist Leben Ausdruck eines Strebens, die Heimat zu erreichen. Wir befinden uns fern der Heimat. Wir sind »Aus-geburten« unserer wirklichen Welt. Gestrandete sind wir an den Gestaden der Illusion. Anders formuliert: Ein angeborener Trieb und Instinkt des Menschen sucht Ekstase, Rausch, Erfülltsein von sprudelnder Energie, sucht Symbiose, Synästhesie, Synergie, sucht den veränderten Bewußtseinszustand, die schamanische Initiation. Das ist unsere Form der Erinnerung an die »Heimat«. Der Schamane ist aus diesem Grund der wirkliche Mensch, der seine wirklichen Potentiale entdeckt. Wir sind vergeßliche, die Heimat verdrängende Schattenwesen.

3. Es gibt ein Kontinuum, eine Hierarchie des Bewußtseins: das ist das Mikro-Makro-Prinzip, das kosmische Hologrammprinzip. Wie im großen so im kleinen: Jede geistige Regung, jede Empfindung ist Miniaturausdruck des »Mitschwingens mit allem«. Gefühle sind verdünnte kosmische Harmonie. Schamanische Therapie intensiviert dieses Mitempfinden und bringt uns damit der transmateriellen Kommunikation mit allen Formen und Wesen näher. Das heißt schamanische Existenz.

4. Die Urtherapie des Schamanen ist die Zukunftstherapie der modernen Welt. Modernes wird archaisiert, Urtümliches wird

Schamane der Copper-Eskimos, Kingiuna.
Foto: Leo Hansen, 1923, © Nationalmuseum, Kopenhagen

Avilik-Eskimo, gefesselt bei der Séance, um 1880.
© American Museum of Natural History

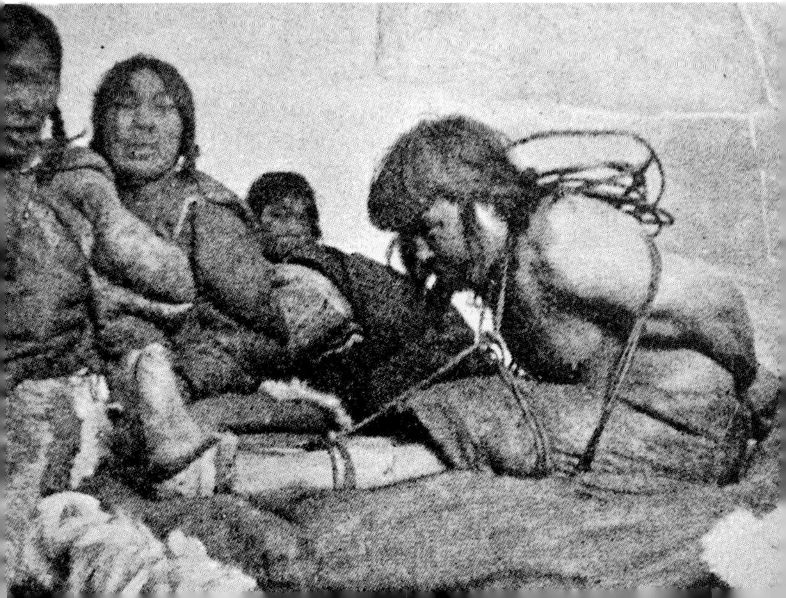

Oben: Golden Schamane, Sibirien, mit Helfer.

Heq-Schamane der Copper-Eskimos, 1923, Kanada, Nordwest-Territorien.

Foto: Leo Hansen,

Schamane der Korjaken, Nordsibirien.

Foto: W. Jochelsen, © American Museum of Natural History

Schamanin der Ewenken, Sibirien.

Foto: Fred J. Maroon, © Louis Mercier

modernisiert werden. Subatomare Physik, Energieforschung und das unmittelbare schamanische Erfühlen der Ganzheit werden die institutionalisierte, verbürokratisierte, verkulturalisierte Religion und die Technologie des »Eisens«, die mechanische Technik, transzendieren, und eine Psychophysik des Lebens begründen. Die Prinzipien des Schamanentums werden hochmodern, während die mechanische Technologie veraltet; die zukunftsträchtigen Anteile in beiden werden einen Bund schließen.

5. Schamanen erleben ein Vielwelten-Universum. Sie kommunizieren mit Wesenheiten anderer Sphären und reisen in Daseinsebenen von quasimaterieller Natur. Die moderne Physik spricht diesbezüglich von Parallelwelten, Antiwelten, Spiegelwelten, Energiedimensionen. In der subatomaren und makrophysikalischen Dimension zerbröckelt die vom mechanischen Materialisten so heiß geliebte Geist-Materie-Dualität – beides scheint sich nicht wirklich zu unterschciden. »Materie ist gefrorene Energie«, sagte Albert Einstein, und Isaac Newton fragte sich in seiner »Optik«: »Wäre es nicht denkbar, daß die Stoffe und das Licht sich ineinander umwandeln.« Wir müssen uns relativieren, wir stehen mitten in einer Kopernikanischen Wende: Nicht die Erde ist der Mittelpunkt, nicht die Sonne ist der Mittelpunkt, noch irgendeine ferne Galaxis – der Mittelpunkt ist überall! Der Mensch ist ein Nichts im Rahmen der Vielwelten-Hypothese und besitzt doch die Möglichkeit zu allem. Und das schamanische Bewußtsein ist es, das das Gengut des Geistes entschlüsselt, die Tore zu anderen Kosmen öffnet.

6. Zeit scheint der goldene Schlüssel, das Mysterium magnum zu sein. Zeit gedacht als quasimateriell, als Wesen, als das alles zusammenhaltende Bindemittel. Zeit ist damit nichts Wesenloses, es ist das Leben selbst. Es gibt nichts als Zeit. Wir sind Zeitwesen, Zeitreisende. »Gescheite Leute«, sagte der Zeitreisende in H. G. Wells' »Die Zeitmaschine«, »wissen ganz genau, daß Zeit nur eine Art Raum ist« – und umgekehrt.

Die Psi-Phänomene, mit denen Schamanen arbeiten, sind vermutlich Zeitphänomene. Der Schamane manipuliert Zeit. Die Frage nach der Zeit ist eine Urfrage, die die Zukunft der Menschheit entscheiden wird.

7. Evolution ist ein Mythos, eine Spekulation, die in der Sackgasse dreidimensionaler Denkmentalität endet. Gerade Linien, Linearität, euklidische Geometrie, Kausalität bestehen vielleicht wirklich, aber wohl – ich weiß es nicht – nur als lokales Phänomen, als lokale Illusion. Auf jeden Fall aber hat der Evolutionsgedanke in einem Vielwelten-Universum wenig Chancen. Die Aversion der Stammeskulturen gegen lineares Denken und Verhalten sind berühmt-berüchtigt, sie trug ihnen den Namen »Primitive« ein. Heute kehrt sich das um: *Wir* sind die Primitiven im Sinne von: die Unwissenden.
Da Chronos alles beherrscht, mag es zeitlich rückläufige Universen, zeitlich »gedehntere« oder »zusammengezogenere« als unsere geben. Vielleicht gibt es alles, was denkbar, ja sogar was undenkbar ist.

8. Unsere Träume träumen uns, sagte ich. Wer ist der Träumer und wer die Traumgestalt? Wer ist wirklicher? Niemand weiß es, denn wie Sören Kierkegaard sagt: »Vor Gott ist der Mensch ewig im Unrecht.«
Wir können nicht hochmütig entscheiden, was Halluzination, was Wirklichkeit ist. Das leistet sich nur der naive Materialist. Wenn Schamanen in einen veränderten Bewußtseinszustand gehen, sprechen viele Kulturen vom »Träumen«. – In naher Zukunft werden sich unsere Träume intensivieren, bizarrere Formen annehmen . . .

9. Was wir benötigen, ist kein Krankenhausaufenthalt, keine Psychotherapie herkömmlicher Art: wir brauchen Schamanenschulen, Medizingesellschaften, Initiationswege, transtherapeutische Methoden. Die Zukunft der Therapie – das lernen wir von Schamanen – ist die Bewußtseinstransformation, die unmittel-

bare Heilung verspricht. Und das wiederum heißt, Kontaktaufnahme zu anderen Seinsschichten, anderen Existenzen, zum Tod, zum Jenseits, zum Überraum. Jedes Bewußtseinswesen kann sich verändern, so mag auch jeder ein Heiler werden, jeder lernen, das Heilige zu sehen. Heilen heißt das heilige Sein erfassen, dies durch sich wirken lassen – nichts sonst. Nur weil es so einfach ist, fällt es uns so schwer...

10. Heilung ist darüber hinaus eingebettet in den Lauf der Geschichte, in das Schicksal dieses Planeten, über das der einzelne Mensch nicht bestimmen kann, die ihm aber sein Ausmaß an Integrität, an Heil, zuweisen. Das ist die Metaperspektive der Heilung, der alle normalen Heilvorgänge untergeordnet sind. Diese Dimension entzieht sich unserer Erfahrung; nur durch Reisen in den Hyperraum haben Schamanen davon Kenntnis erhalten. Die Ursprungsmythen betonen die derzeitige Degeneration der Menschheit. Danach unterlägen wir keiner Evolution, sondern einer Zurückentwicklung, das Heilsein nähme ab. Und heute, mit der endgültigen Ausrottung der Stammeskulturen und dem Nachlassen der Schamanenkraft, befänden wir uns am Endpunkt der Geschichte; die geistige Kraft sei fast ganz dahingeschmolzen. Nun erwarten viele Völker den Untergang, d. h. die Neugeburt der Menschheit, denn der tiefste Punkt der Kultur bringt einen neuen Aufschwung hervor. Die traditionellen Völker und Schamanen erwarten die Neugeburt, wie nicht anders zu erwarten, durch Leiden, durch Katastrophe, durch planetare Zerstörung – ein neues Weltzeitalter stehe vor der Tür. Was wir zu gewärtigen hätten, sei weltweites Chaos, Krise oder – je nach Standpunkt – Reinigung, innere und äußere.

Epilog

Die Geschichte der Wissenschaft ist die Geschichte einer verstümmelten Vision

Shivas Irons (Michael Murphy, Golf in the Kingdom, 1976)

Der weiße Mann hat, der schwarze Mann ist

> Die entfesselte Kraft des Atoms hat alles verändert, und zwar nicht nur unsere Denkweise, und so treiben wir einer beispielslosen Katastrophe entgegen. ... ein neuer Denktypus ist unentbehrlich, wenn die Menschheit fortleben und sich höher entwickeln will.
>
> *Albert Einstein. New York Times (25. Mai 1946, 13)*

> Wir stecken noch immer in der alten geistigen Hülle, wir bewegen uns gotisch, oder barock, oder romantisch, oder scholastisch, oder gnostisch, oder im- oder expressionistisch in einer Welt, die längst einen ganz anderen Stil des Denkens und der Einstellung erfordert.
>
> *Wilhelm Mühlmann. Rassen, Ethnien, Kulturen. (1964, 45)*

Wissen verbindet sich für den westlichen Geist unwissentlich mit rationaler Erkenntnis – Erkenntnis gilt als Synonym für Rationalität. Irrationalität verstehen wir als rational erfaßbar, unfaßbar allerdings und unbegreiflich bleibt uns die Irrationalität der Rationalität. Noch ehe der Gelehrte den »primitiven« Mythos seziert, hat ihn schon längst der zivilisierte Mythos eingeholt und viviseziert und rubriziert. Ich erinnere hier an Bertrand Russells Gehirnchirurgen: Der Chirurg sieht nur das im Gehirn seines Patienten, was sich in seinem eigenen Gehirn abspielt. Sieht etwa die ethnologische Hirnrinde nur »Primitive«, weil sie selbst primitiv ist? Eine Theorie oder Weltanschauung, die es verschläft, ihre eigene Negation in einer höher dimensionierten Metatheorie zu suchen, die es für überflüssig hält, das eigene kulturelle Bewußtsein zu erforschen, distanziert sich zunehmend vom Sinn der Wissenschaft. Schafft Wissenschaft tatsächlich Wissen, müssen wir fragen, oder verschafft sie sich nur solches, das ihrer Selbstbestätigung dient?

Die größte Revolution dieses Jahrhunderts ist die Bewußtseinsrevolution. Zukünftige Forscher werden unser Ringen mit dieser selbstverständlichsten aller Erkenntnis sicherlich belächeln, und doch sind wir gerade erst dabei, einen Zipfel unseres eigenen Bewußtseins zu erhaschen. Wir sind dabei, uns selbst an den Haaren aus dem Sumpf zu ziehen – dem Sumpf des historischen Paradigmas der Anti-Bewußtseinsforschung.

Eine profunde Kritik unserer Anti-Bewußtseinshaltung auf der Grundlage transkulturellen Vergleichs entwickelte sich bis heute nicht, und der bisherige Anti-Ethnozentrismus machte es sich leicht: die so offensichtlichen Unbilden des Kolonialismus und der evolutionistischen Theorie verdammte er – die Quellen unseres ethischen Verhaltens aber nahm man nicht unter die Lupe, und bis heute existiert nicht einmal die vage Idee eines eigenen kulturellen Ausdrucks. Das eigene Wesen bleibt völlig verschleiert, die Vorstellung von einer kulturellen Selbstanalyse unbekannt.

Es ist nicht so, daß unsere Forscher die magische Welt abtun oder totschweigen, sie findet Behandlung wie alle anderen Tatsachen auch, jedoch unter dem Etikett einer Pseudotatsache, des irrealen und vorwissenschaftlichen Wissens, einer archaischen Mentalität. In seinem Buch »Magie. Die sozialwissenschaftliche Kontroverse über das Verstehen fremden Denkens« meint Kippenberg noch im Jahre 1978: »Es wird zur Aufgabe des Ethnologen, die Konfusionen des primitiven Denkens zu lösen«. Ungebrochen herrscht auch heute noch die Tendenz vor, fremdes Denken mit falschem Denken zu identifizieren. Selbst Forscher, die Sympathie und Einfühlungsvermögen in fremde Geistesqualitäten besitzen, mögen sich nicht dazu durchringen, zumindest von einem alternativen Denkmodus zu sprechen. Lévi-Strauss bemerkt zum »primitiven« Denken: »Es bleibt selbstverständlich etwas anderes als das wissenschaftliche Denken und steht auch in gewisser Hinsicht hinter ihm zurück« (1980, 29). Und auch Mythen

benutzt man gern, um die Befangenheit des Denkens von Naturgesellschaften zu charakterisieren, so wenn Lévi-Strauss im Mythos für den »Primitiven« eine Möglichkeit sieht, Macht und Kontrolle über die Umwelt zu erhalten, was er im nächsten Atemzug aber als eine einsichtige Illusion verurteilt, um es schließlich ganz in Widerspruch zum wissenschaftlichen Denken zu stellen. Ähnlich wie die Entdeckung Tahitis als willkommener Anlaß benutzt wurde, Kritik am eigenen sexuellen Pietismus zu üben, wobei man sich eigentlich recht wenig für Tahiti selbst interessierte, so ist heute noch der Mythos vom primitiven Denken bester Gast im Haus der Wissenschaften. Wer erkennt nicht gern die Abartigkeit von anderen, verhilft sie einem doch selbst zum pompösen Aufstieg. Daß unsere Wissenschaft jedoch eines primitiven Gegenübers, eines unentwickelten Vorgängers bedarf, um sich ins Rampenlicht der Evolution zu rücken, beweist kaum Stärke. Der erkünstelte Dualismus primitiv/zivilisiert, Magie/Wissenschaft erinnert eher an eine kitschige Filmromanze vom guten und bösen Helden als an einen allgemein anerkannten, soliden Grundpfeiler anthropologischer Recherchen.
Wir glauben, das andere Denken sei für uns nicht nachvollziehbar. Ja, wir empfinden die Verwendung des Begriffs »Denken« für das »primitive« Denken schon als ein großzügiges, fortschrittliches oder gar theoretisch raffiniertes Zugeständnis. Tatsächlich ist das »primitive« Denken nicht merkwürdiger als unser eigenes, lediglich seine Denkinhalte und Denkbezüge sind andere. Es existiert deshalb kein magisches Denken, sondern nur eine magische Weltanschauung, und diese durchzog die gesamte Antike und das Mittelalter, und in mancher modernen spiritualistischen Philosophie erhält sie sich heute noch. Die bizarre Suche einiger Gelehrter nach dem »primitiven Denken« in traditionellen Gesellschaften ist, genaugenommen, nichts anderes als die Suche nach einem Denkfehler im westlichen Denksystem. Im wesentlichen unterscheidet sich das Denken in Stammeskulturen kaum von modernen westlichen Kulturen. Differenzen ergeben sich allerdings bei der religiösen Weltbetrachtung, denn bei uns ist die Religion als Macht- und Existenzfaktor verlorengegangen

und wurde durch eine ökonomisch-materialistische Lebensform ersetzt. Der Mythos vom »anderen Denken« ist im Grunde die Unfähigkeit und die Verderbtheit unseres Weltbildes, die Natur nicht mehr als eine belebte Ganzheit zu erfahren. Wer das nicht mehr kann, muß sich selbstverständlich über einen »Primitiven« empören. Die Diskriminierung des »anderen Denkens« ist daher zunächst keine Frage des Ethnozentrismus, sondern eher die Reaktion einer denaturierten Kultur auf den Kontakt mit einer natürlichen Kultur: Naturhaß und Naturliebe prallen aufeinander, Lebensentfremdung und Lebensintensität stehen sich gegenüber.

Im Gegensatz zu den Theorien über »primitives« Denken enthüllt die Transpersonale Anthropologie Bereiche des Bewußtseins, die unserer Kultur seit der Aufklärung zunehmend abhandengekommen sind und die in der gegenwärtigen Phase unserer Zivilisation zunächst gänzlich verloren schienen. Ich spreche von Bewußtseinszuständen, die für uns den Beigeschmack von Irrationalität, Hysterie, Pathologie und Mythos aufweisen, in anderen Kulturen aber noch lebensspendende und existentielle Bedeutung haben.

Die Transpersonale Anthropologie versteht sich als eine Wissenschaft, die von den klassischen Theorien bisher unbeachtete Züge des menschlichen Geistes mit neuen, weiterblickenden Methoden angeht und behauptet, daß der Mensch über eine Bewußtseinskapazität verfügt, die durch den psychologischen Horizont einer Verhaltenstheorie, Psychoanalyse oder Tiefenpsychologie nicht abgedeckt werden kann. Die Transpersonale Wissenschaft vertritt nicht mehr jene westlich inspirierte Mono-Psychologie, die glaubt, sämtliche Kulturen mit viktorianischen und mechanisch-behavioristischen Modellen ausloten zu können. Die beiden heuristisch wertvollen Begriffe der Transpersonalen Anthropologie sind »alternativer Bewußtseinszustand« und »transpersonal«. Transpersonal bedeutet die Sphäre des Ego, der personal zentrierten Existenz überschreitend, sich in Areale des Bewußtseins hineinbegebend, die eine räumlich, zeitlich und materiell gesehen breitere Erfahrung erlauben. In unserer Gesellschaft erfahren die meisten Menschen nur ein auf das private Miniaturuniversum eingeschränktes Ego. In Naturgesellschaften dagegen existiert, über die Egosphäre hinausgehend, ein intensiver Kontakt mit meta-personalen Entitäten und transpsychischen Kräften des höheren Selbst. Der Wirklichkeitsspielraum des angeblich archaischen oder urtümlichen Menschen ist vergleichsweise breiter und vieldimensionaler als der des westlichen Menschen. Die Transpersonale Anthropologie stellt eine ganz neuartige Beziehung zum überpersönlichen Bereich her. Sie erkennt darin weder irgendwelche bloßen Symbolwelten noch benutzt sie eine kulturrelativistische Deutung. Sie würdigt den transpsychischen Bereich als gleichermaßen real, überlebens- und wirklichkeitsrelevant wie das alltägliche Verhaltens- und Erlebensrepertoire. Sie nimmt die Behauptungen traditioneller Gesellschaften, höhere Bewußtseinsformen aktivieren zu können, nicht mehr als Metapher oder als kulturelle Beschreibung hin, sondern zeigt eher, daß die moderne Bewußtseinsforschung in weiten Bereichen zu gleichen Resultaten gelangt. Die märchenhafte Welterfahrung in der Magie stellt sich der neuen Generation von Forschern als alternativer Bewußtseinszustand dar, der latente psychische Funktionen erschließt. Was uns früher als phantastisch und primitiv galt, so entdecken wir jetzt, waren die Primitivität und der Phantasiemangel einer sich selbst beschneidenden Methodologie und Erkenntnistheorie. Wir dürfen sagen: Die moderne Wissenschaft hat sich nach einer langen Irrfahrt des Theoretisierens entschlossen, auf der Basis neuropsychologischer Erkenntnisse ihre Fragen auch auf solche Bewußtseinsbereiche auszudehnen, die der traditionellen Mentalität seit Jahrtausenden vertraut sind. Es geht heute nicht mehr darum, einfach aufzuzeichnen, welchen absonderlichen Gebräuchen und magischen Vorstellungen ein Volk anhängt, sondern darum, im Lichte der neuen Erforschung der Bewußtseinsreserven ihren realen und praktischen Lebenswert zu beweisen – ein Unterfangen allerdings, das die Grenzen der anthropologischen Neutralität pietätlos sprengt und die Anthropologie in Übereinstimmung mit der gegenwärtigen Entwicklung der anderen Wissenschaften bringt. Besonders die Religionsethnologie, die, verursacht durch ihre betonte Enthaltsamkeit gegenüber der modernen Bewußtseinsforschung, sich in einem Zustand der Überalterung befindet, bedarf einer Neubelebung. Eine ähnliche Situation liegt auch hinsichtlich des politischen Engagements der traditionellen Ethnologie vor, denn ihre steife, eingefrorene Wissenschaftlichkeit vermag sich nicht zu einer Bewertung und entsprechenden Aktivität durchringen. Die Zeit der Schreibtischethnologie, verbunden mit periodischen Feldaufenthalten, ist obsolet geworden. Die Ethnologie hat sich praktisch für den Kampf der bedrohten Stammeskulturen einzusetzen, sowohl um die anderen Kulturen vor uns selbst zu schützen, als auch um uns selbst und unsere Zivilisation durch neue Lebensmodelle zu regenerieren.

Für die Transpersonale Anthropologie ist die Situation umgekehrt wie für die traditionelle Anthropologie. Sah der klassische Ethnograph den Schamanen von außen, benutzte ihn als Informanten, skizzierte seine Rituale und äußerlichen Körperbewegungen während der Trance, so steht der heutige Ethnograph vor einem ungleich schwierigeren Unterfangen: er hat nicht nur die üblichen Aufgaben zu erfüllen, sondern muß versuchen, selbst in das innere, psychische Universum, den alternativen Bewußtseinszustand des spirituellen Menschen einzudringen, der mit ganz anderen logischen und raumzeitlichen Kriterien lebt, als es das wissenschaftliche Normalbewußtsein des Forschers erfassen kann.

Die Probleme, die sich für die Anthropologie bei der Interpretation magischen Denkens bisher gestellt haben, erscheinen uns heute als Kommunikationsprobleme verschiedener mentaler Funktionsweisen. Unser Bewußtsein erschöpft sich nicht in einer euklidisch-newtonschen Erfahrungsstruktur, diese verkörpert nur einen Sonderzustand, der im westlichen Lebensraum eine Hypertrophie und unangemessene Übergeneralisierung durchlaufen hat.

Die psychischen Gesetze des alternativen Bewußtseinszustandes sind dem Normalbewußtseinszustand so spektakulär entgegengesetzt, daß man geneigt ist, in Kategorien der Ausschließlichkeit statt in solchen gegenseitiger Ergänzung zu denken. Im Augenblick gibt es kaum Darstellungen alternativer Bewußtseinszustände bei Schamanen, denn die neuen psychologischen Erkenntnisse sind noch nicht bis zur Ethnologie vorgedrungen. Die westliche Wissenschaft beschränkte sich in ihrer Erforschung des mentalen Bereichs bisher gänzlich auf das Normalbewußtsein, und Zustände, die damit nicht zu vereinbaren waren, schob man in die Sonderabteilung Psychopathologie ab. Wir sollten daher von einem »Imperialismus des Normalbewußtseins« sprechen, der andere Bewußtseinsformen dominiert und unterdrückt. Während in Stammesgesellschaften mehrere Bewußtseinsformen zugänglich bleiben, hat sich die westliche Welt auf ein Minimum unseres geistigen Spektrums eingeschränkt. Deshalb betonte ich immer wieder, daß unsere Differenzierung des mentalen Bereichs der Psyche des Medizinmannes nicht gewachsen ist. Der Medizinmann benutzt ein breiteres Spektrum an Bewußtseinsformen, demgegenüber der abendländische Normalbürger und die westliche Wissenschaft sich als Stiefkinder des Psychischen ausnehmen. Unser gegenwärtiger Wissenschaftshedonismus besitzt diesbezüglich keine Berechtigung, weshalb unsere Forderung auf Vorherrschaft im Bereich der Psyche unbegründet bleibt. Wir werden also in Zukunft nicht umhinkommen, dem schamanischen Bewußtsein unsere Hochachtung zu zollen. Die Transpersonale Wissenschaft ist dabei, unseren Ideen- und Erfahrungskreis auszuweiten, und fordert uns auf, in die Fußstapfen des Schamanen zu treten.

Erst durch die Entwicklung des materialistischen Weltbildes gerieten höhere Bewußtseinsformen des Menschen in Mißachtung, und die unerquickliche Auseinandersetzung zwischen Wissenschaft und Magie nahm ihren Lauf. Die Konfrontation von wissenschaftlichem Normalbewußtsein und magischem Bewußtsein verliert heute zunehmend an Vehemenz. Die Pioniere der Forschung haben sich inzwischen selbst in die Nähe der traditionellen Welterkenntnis katapultiert. Vergangenheit und Zukunft erwiesen sich als identisch. Es geht nun darum,

im Detail zu belegen, daß die Menschheit alternative Bewußtseinszustände von allem Anbeginn nutzte, um besser überleben zu können.
Der rationale Forschungsstil gebiert nun aus sich selbst heraus die Erkenntnis der Notwendigkeit einer zusätzlichen Forschungsweise. So wie die klassische Physik sich in eine relativistische Physik transformierte, so erkennt heute das Normalbewußtsein seine eigene Begrenztheit und sieht sich nur als eine Stufe auf dem Weg zu umfassenderen Bewußtseinsformen. Gegenwärtig fordert es in einem Akt der Selbstvergessenheit eine neue Ebene der Erkenntnis. Der rationale Modus schiebt seine Denkmöglichkeiten dem Höhepunkt entgegen, treibt alsbald in Grenzbereiche der Erfahrung und beschließt endlich am Punkt ohne Rückkehr seine eigene Destruktion.
Ein Bewußtseinszustand hält sich stabil, indem er abweichende und Unsicherheit stiftende Wahrnehmungen ausschaltet. Jeder Bewußtseinszustand versucht ein Gleichgewicht zu bewahren, jeder strebt größtmögliche Klarheit seiner eigenen Prinzipien an und verdrängt störende Wahrnehmungsformen. Und so wie jeder Bewußtseinszustand zu seiner Transformation eine Reihe bewußtseinsverändernder Praktiken bedarf, so zerstört sich auch unser stabiles Bewußtseinsparadigma oder die herrschende Wissenschaftstheorie erst, wenn genügend destabilisierende, alternative Erkenntnisse vorliegen – und diesen Punkt erreichen wir gerade. Wir stehen gleichsam vor einer zweiten kopernikanischen Wende, einer globalen Bewußtseinsrevolution.
Wie prägt nun die Erfahrung alternativer Bewußtseinszustände das Normalbewußtsein? Die Erinnerung an transpersonale Symbole, paranormale Kontakte, Kommunikation mit nicht-humanen Entitäten usw. bleibt erhalten, übersetzt sich aber in charakteristischer Weise in den Normalbewußtseinszustand. Der Mensch hält an den spirituellen Offenbarungen fest und sucht ihnen erneut durch Rituale nahezukommen, woraus eine Religion mit ihrem gesamten institutionellen Kontext erwächst. Religion und Magie – und Magie ist nichts anderes als die Erfahrung einer transpersonalen Dimension – haben ihren Ursprung in

veränderten Bewußtseinszuständen. Die Gesetze der Magie sind die Gesetze eines höheren Bewußtseinsbereichs. Unsere Ethnologie versucht die magische Sphäre mit den Mitteln des normalen Intellekts in den Griff zu bekommen – ein zum Scheitern verurteiltes Unterfangen, denn eine unsichtbare methodologische Mauer und die vom Normalbewußtsein gefilterte Welterfahrung hindert sie am Betreten anderer Bewußtseinsbereiche und zwingt sie, eine Magie nach den Gesetzmäßigkeiten des eigenen rational-kausalen Denkens frei zu erfinden. Die Erforschung religiöser Phänomene bleibt daher eine Pseudowissenschaft, eingeschlossen in der autistischen Welt des gewöhnlichen Verstandes.

Die dem »primitiven« Weltbild innewohnende Kritik an der westlichen Kultur erhielt bisher nie eine Chance, sich offen zu äußern. Zwar gehört es zur Tradition verschiedener sozialphilosophischer Strömungen, sich der anderen Kultur als Grundlage der Zivilisationskritik zu bedienen, kaum jedoch wagte jemand, das magisch-religiöse Weltbild der mechanisch-materialistischen Gesinnung als Vorbild anzubieten. Das aber soll hier unser Ziel sein, und zwar erstaunlicherweise unter Zuhilfenahme der westlichen Wissenschaft selbst. Ein Paradox, das nur gelingt, weil unser modernes psychologisches und physikalisches Wissen sich in unerwarteter Weise zunehmend den Anschauungen traditioneller Gesellschaften angleicht. Und die Transpersonale Wissenschaft vollzieht nun, nachdem die Mikrophysiker von der Einheit von Physik und Bewußtsein zu sprechen beginnen, den letzten Schritt und entwirft ein weitgedehntes Bewußtseinsspektrum vom einfachen Egozustand bis zur mythischen Einheitserfahrung mit allem Sein. Denn allgemeines Charakteristikum eines alternativen Bewußtseinszustandes ist seine einheitsstiftende Wirkung, gleichgültig, ob ausgelöst durch psychotrope Pflanzen und Pilze, durch Gebete, Tanz, Gesang, Meditation, durch Askesetechniken wie Fasten, Schlafentzug oder Selbstkasteiung. Das Resultat ist immer eine Zunahme geistiger Verbindungen und Wechselwirkungen innerhalb der uns sonst so isoliert erscheinenden Dingwelt. Vom einfachen, etwa durch psychedelische Drogen hervorgerufenen Bewußtseinswandel bis hin zur mystischen Totalitätserfahrung besteht nur von der Intensität her ein Unterschied, nicht aber vom Prinzip der Einheitsbildung, das alle Stufen des transpersonalen Bewußtseins kennzeichnet. Die Erfahrung der Einheit entsteht in einem Prozeß zunehmender Integration und zunehmender Erkenntnis der universellen Interaktion und gegenseitigen Beeinflussung aller Weltaspekte. Begann unsere Wissenschaft mit der Idee eines naiven Zueinanders der Dinge durch Druck und Stoß in Newtons mechanischem Planetenmodell, so erhalten wir heute in der neuen Physik die Bestätigung, daß alle Elementarteilchen sich gegenseitig beeinflussen und voneinander abhängig sind. Auch auf makrokosmischer Ebene erkennen wir die Einheit von Pflanzen-, Tier- und Menschenwelt ebenso wie die notwendige Einheit aller Rassen und Kulturen unseres Planeten.

Mit dieser Diskussion über alternative Bewußtseinszustände wollte ich zeigen, wie unser Umweltverhältnis von einer rational-linearen Mentalität geprägt ist, der es durch einseitige Akzentuierung der Welt nicht gelingt, einen harmonischen Kontakt zum Außen und zum Anderen herzustellen, weil wir die Welt ausschließlich als ein Durcheinander von Einzelaspekten wahrnehmen. Auf den kulturellen, ökologischen und mentalen Notstand der westlichen Zivilisation brauche ich nicht zu verweisen: weil sich die westliche Wissenschaft weigert, ihre eigenen Paradigmenwelten zu hinterfragen und kritisch aufzurollen, stehen wir heute vor einer eskalierenden Katastrophensituation. Die Ursache dafür ist wesentlich in unserem Verhältnis zur eigenen menschlichen wie zur natürlichen Natur zu sehen. Tatsächlich hat die Unkenntnis alternativer Denkstile und Erfahrungsweisen unsere Welt in ein Zirkelschlußdenken ohnegleichen verstrickt. Die Völkerkunde, von der ein Beitrag zur Lösung des Übels zu erwarten gewesen wäre, führte uns aber andere Kulturen nicht als positive Alternative, sondern als abschreckende und unfruchtbare oder als primitive Lebensmodelle vor Augen, von denen wir nichts lernen könnten, und trug so dazu bei, den Prozeß tautologischer Selbstbestätigung zu verewigen.

Die Vergöttlichung der Maschine gilt bei uns als Höhepunkt zivilisatorischer Bestrebungen, ist aber gleichzeitig Ausdruck unserer zusehends verarmenden Innenwelt. Wir haben unsere ganze Kraft in die Maschine gesteckt, und nun bedürfen unsere entleerten psychischen Hüllen der Maschinenwelt – innerlich ausgehöhlt müssen wir nun eine Symbiose eingehen mit den von uns selbst geschaffenen kybernetischen Robotern. Wir sind zu Kyborgs verkommen, zu kybernetisch-organismischen Zwitterwesen, zu Wesen einer schizophrenen Tragödie. Die eigene seelische Kraft hat ihre Funktion eingebüßt, Instrumente aller Art, vom Röntgenapparat bis zum Fernrohr haben der Psyche den Rang abgelaufen. Im Konkurrenzkampf Geist gegen Gerätewelt hat die Maschine ihre eigenen Erfinder übertrumpft, sich verselbständigt und wendet sich heute massiv gegen ihre eigenen Schöpfer. Der Mensch, nur noch hilfloses Ersatzteil seiner eigenen Kreationen und blind gegenüber den inneren Kräften, läßt sich passiv von der Rotation der Turbinen drehen. Magie dagegen, die alles aus dem eigenen Geist heraus gebiert, sieht sich zwar auch eingewebt in die »große Maschine der Naturgewalten«, doch erreicht sie durch Einstimmung und Harmonisierung mit der natürlichen Bewegung, daß sich die Kräfte nicht gegen sie richten. Wirkliche Magie ist nichts anderes als wirkliches Leben, Leben, das dem Ethnologen in seinem wissenschaftlichen Gehrock abhandengekommen ist, von dessen schmackhaften Früchten er nie kostet. Wirkliche Magie ist der Gesamtzusammenhang des Lebens, d. h. alle Facetten des Lebens, die intensiv erlebte, erfühlte und erahnte Bewegung der Natur. In unserem Weltbild existieren Ausbeutungs- und Naturzerstörungsideologie und die Beschneidung des Menschen auf ein isoliertes Ego so dicht beieinander, daß wir Natur und Kultur, Natur und Ich nicht mehr aneinander angleichen können. Unser instrumentelles, zielstrebiges Handeln und Denken betrachten wir als wirkungsvoll, das Denken dagegen, welches sich einzufühlen versucht, rein gefühlsmäßig arbeitet, gilt uns als archaisch und entwicklungsbedürftig.

Der Schlüssel sowohl zur Magie, als auch zur modernen Physik ist das Verhältnis von Materie und Bewußtsein. Für beide ist das Bewußtsein der Kern, um den sich unser Dasein dreht, ganz im Gegensatz zur allgemein gehegten Anschauung der Wissenschaft, die sich vollkommen dem Primat der Materie verschrieben hat. Wie wir heute sehen, kommt sowohl die traditionelle Naturphilosophie als auch die Mikrophysik zur Erkenntnis einer untrennbaren Einheit von Bewußtsein und Materie. Zwischen diesen Wissenschaften wird ein Brückenschlag ungeahnten Ausmaßes stattfinden.

Wenn der Ethnograph sich mutig und selbstlos analysierte, so würde sich rasch seine physische, mentale und spirituelle Selbstentfremdung offenbaren: eine Entfremdung von sich selbst, seiner Arbeit, seinen Arbeitsprodukten, seinen Mitmenschen, von der Natur und vom Kosmos. Was verbliebe, wäre der aller Sinnlichkeit enthobene Sozialroboter. Die wirklichen Vorgänge der Natur sind ihm mit der alles erklärenden und alles zerlegenden Wissenschaft verlorengegangen. Wirkliche Integrität, d. h. intensiv erlebte Verbundenheit mit den natürlichen Lebensvorgängen, den Naturprozessen und den Stationen des menschlichen Lebenszyklus, die er nun bei anderen Völkern studiert, muten ihn kaum anders als primitiv an, denn die Konzepte des Individualismus, Objektivismus und Materialismus haben ihn unfähig gemacht, in den heiligen Verbindungsreichtum traditioneller Gesellschaften einzudringen. Primitiv ist für ihn, wer unzulässige Verbindungen herstellt – modern und wahr ist für ihn dagegen, wer unzulässige Verbindungen erkennt und dann jenes berühmt-berüchtigte Lieblingsspielzeug des westlichen Geistes schafft, das Bauklötzchenuniversum mechanischer Provenienz.

Wenn ich im Titel dieses Kapitel sage, »der weiße Mann hat«, so meine ich nicht nur unsere von Warenartefakten überquellenden Industriegebäude, sondern besonders auch unsere intellektuelle Weise, sich die Welt anzueignen. Der rationale Ausdruck des Normalbewußtseins ist auf Besitzenwollen hin orientiert, ist der Versuch, die Welt in griffige Päckchen einzuwickeln und sie auf mechanische Art und Weise handhabbar zu machen. Der Abendländer analysiert das Sein, aber im gleichen Augenblick zerstört er es damit, denn seine Form der Analyse ist beschränkt und reduziert den unendlichen Verbindungsreichtum des Daseins auf bloße Formeln und künstliche Begriffe. Dennoch führte uns die Analyse getreu zum Punkt ihrer eigenen Selbstauflösung und Transzendenz, wo sie sich von einer Raupe in einen Schmetterling verwandelte – einen Schmetterling, den wir im Begriff sind, das Fliegen zu lehren.

Mit dem Omegapunkt der Analyse meine ich das physikalische Vordringen in Bereiche, in denen sich Materie in Energie umformt und in denen sich einzelne Teilchen eher als »Ereignisse«, denn als feste Strukturen enthüllen, die miteinander untrennbar verbunden sind und nicht mehr isoliert analysiert werden können. Das erfordert aber eine neue Erkenntnismethode. Und diese neue Methode hängt irgendwie mit dem eigenen Bewußtsein des Forschers zusammen, denn Bewußtsein und Forschungsgegenstand bilden eine, wenn auch noch nicht genau definierbare Einheit. Und Einheit ist jenes Zauberwort, das die Zukunft unserer wissenschaftlichen Forschung begründen wird. Transpersonale Erfahrungen und alternative Bewußtseinszustände bewegen sich auf einem ganzheitlicheren integrativeren Erkenntnisniveau als die Ratio des Forschers, weshalb ich sage »der schwarze Mann ist«, denn Naturvölker erforschen keine alternativen Bewußtseinszustände, diese sind vielmehr Teil ihrer Zeremonien, Teil ihrer religiös-magischen Welterfahrung.

Anhang

Verzeichnis zur Lokalisierung der Stämme

Agiarmiut-Eskimo – Kanada, Nordwest-Territorien
Ainu – Nordjapan (Hokkaido, südl. Sachalin, Kurilen)
Algonkin – Nordamerika, nordöstl. der großen Seen
Arunta – Zentralaustralien, bei Alice Springs
Bantu – Afrika, Zentral- und Südafrika (Sammelname für viele Völker)
Batak – Indonesien, nördl. Sumatra, Toba-See
Biraren – nordöstl. Sibirien (Nordgruppe der Tungusen)
Blackfoot – Nordamerika, zw. oberem Saskatchewan und Missouri (Montana)
Bunan – Formosa
Burjäten – Sibirien, um den Baikal-See
Chanten – s. Ostjaken
Copper-Eskimo – Kanada, Nordwest-Territorien, Victoria Island
Crow – Nordamerika, Montana
Dakota – Nordamerika, Nord- und Süd-Dakota und Montana
Dajak – Indonesien, Borneo
Desana – Südamerika, nordöstl. Peru und südöstl. Kolumbien (Untergruppe der Tukano)
Dunne-za – Nordamerika, Kalifornien
Ewenken – nordöstl. Sibirien (Nordgruppe der Tungusen)
Forrest-River-Stämme (Yeidji) – nördl. West-Australien, am Forrest River
Gitksan – Kanada, Nordwestküste
Gros Ventre – Nordamerika, Montana
Hain//om – Südwestafrika
Halakwulup – Südamerika, Feuerland
Hawaiianer – Hawaii-Inseln, Polynesien
Hidatsa – Nordamerika, nordwestl. Montana und Nord-Dakota
Hopi – Nordamerika, Arizona
Hunza – Nordpakistan
Huronen – Nordamerika, nördl. der Ontario- und Huron-Seen
Iglulik-Eskimo – Kanada, Nordwest-Territorien, Baffinland
Jukagiren – nordöstl. Sibirien
Kakadu – Australien, Nord-Territorium, Arnhem Land
Komantschen – Nordamerika, nordwestl. Texas
Kulin – Australien, Neu-Süd-Wales, Victoria, Küste
!Kung – Afrika, Kalahari-Wüste, Botswana
Kurnai – Australien, Neu-Süd-Wales, Victoria, Küste
Lakota – Nordamerika, Nord- und Süd-Dakota
Lappen – Europa, Nordskandinavien
Luiseño – Nordamerika, südl. Kalifornien und mexikanische Grenze

Madagassen – Afrika, Madagaskar
Mandan – Nordamerika, nordwestl. Montana und Nord-Dakota
Mansen (oder Wogulen) – Sibirien, nördl. Ural
Maori – Neuseeland
Massai – Afrika, südl. Kenia und nördl. Tansania
Menomini – Nordamerika, nördl. des Michigan-Sees
Mentawai – Inseln vor der Westküste Sumatras
Micmac – Nordamerika, Nova Scotia, Neufundland und Neu Brunswick
Mahave – Nordamerika, südwestl. Arizona (Untergruppe der Yuma)
Montagnais – Nordamerika, nördl. des St.-Lorenz-Stroms bis Labrador
Mossi – Afrika, Sudan
Navajo – Nordamerika, Arizona
Nez Percé – Nordamerika, Idaho
Niue – Insel in Polynesien (bei den Fidschi-Inseln)
Nunivak-Eskimo – Nordamerika, Beringmeer, Nunivak-Insel
Ojibwa – Nordamerika, nördl. der Großen Seen
Ostjaken – westl. Sibirien, unterer und mittlerer Ob
Papago – Nordamerika, Arizona und mexikanische Grenze
Passamaquoddy – Nordamerika, Maine
Paviotso – Nordamerika, Nevada
Pawnee – Nordamerika, Nebraska und nördl. Kansas
Penobscot – Nordamerika, Maine
Piegan – Nordamerika, zw. oberem Saskatchewan und Missouri (Montana) (Untergruppe der Blackfoot)
Pima – Nordamerika, südwestl. Arizona und mexikanische Grenze
Ponca – Nordamerika, östl. Montana
Pygmäen – Zentralafrika, Urwaldzone
Selknam – Südamerika, Feuerland
Seminolen – Nordamerika, Florida
Sotho – Afrika, Südafrika, Betschuanaland (Untergruppe der Bantu)
Shuswap – Kanada, British Columbia
Tenino – Nordamerika, Oregon
Thompson – Kanada, British Columbia
Tschuktschen – Sibirien, Tschuktschen-Halbinsel
Tsimsyan – Kanada, Nordwestküste
Tukano – Südamerika, nordöstl. Peru und südöstl. Kolumbien
Tungusen – nordöstl. Sibirien
Unambal – nördl. West-Australien
Ungarinyin – nördl.West-Australien, Walcott Inlet
Wahaerama-Tanabaru-Gruppe – Indonesien
Washo – Nordamerika, Kalifornien, Pyramid Lake
Winnebago – Nordamerika, Westseite des Michigan-Sees
Wintu – Nordamerika, nördl. Kalifornien
Wuradjeri – Australien, Neu-Süd-Wales, Victoria, bei Melbourne
Yahi – Nordamerika, nördl. Kalifornien
Yamana – Südamerika, Feuerland
Zulu – Südafrika, Provinz Natal
Zuni – Nordamerika, Arizona

Literatur

Abt, Paul: Im Banne des Zauberers. Unheimliche Erlebnisse in der Südsee, Stuttgart 1927.

Ackerknecht, Erwin H.: Medicine and Anthropology, Bern 1971.

Agapitow, N. N., und Changalow, M. N.: »Das Schamanenthum unter den Burjäten«, Globus, Nr. 52 (1887), S. 286–288, 299–301, 316–318.

Akerman, K.: »Contemporary Aboriginal Healers in the South Kimberley«, Oceania, 50 (1979), S. 23–30.

Amiotte, A.: »Eagles Fly Over«, Parabola, 1, No. 3 (1976), S. 28–41.

Angoff, Allan, und Barth, Diana: »Parapsychology and Anthropology«, Proceedings of the International Conference 1973, Parapsychology Foundation, New York 1974.

Anisimov, A. F.: »The Shaman's Tent of the Evenks and the Origin of the Shamanistic Rite«, in: Michael 1963.

Arbman, Ernst: Ecstasy and Religious Trance, Uppsala 1963–70, 3 Bde.

Bäckman, Louise, und Hultkrantz, Åke: »Studies in Lapp Shamanism«, Stockholm Studies in Comparative Religion, Nr. 16. Stockholm 1978.

Bahr, Donald, Gregoria, J. et. al.: Piman Shamanism and Staying Sickness (Ká:cim Múmkidag), Tucson 1974.

Balász, J.: »Über die Ekstase des ungarischen Schamanen«, in: Diószegi 1963.

Barbeau, Marius: »Medicine Men of the Pacific Coast«, National Museum of Canada, Bulletin 152 (Anthroplogical Series No. 42), Ottawa 1958.

Barnouw, V.: »Siberian Shamanism and Western Spiritualism«, Journal of the American Society for Psychical Research, No. 36 (1942), S. 140–168.

Beattie, J. H. M.: »Rainmaking in Bunyoro«, Man, Nr. 64 (1964), S. 140–141.

–: »The Ghost Cult in Bunyoro«, in: J. Middleton (Hrsg.): Gods and Rituals, Austin 1967.

Belo, Jane: Trance in Bali, New York 1960.

Benedict, Ruth: »The Vision in Plains Culture«, American Anthropologist, Nr. 24 (1922), S. 1–23.

–: »Anthropology and the Abnormal«, Journal of General Psychology, Nr. 10 (1934), S. 59–79.

Berglie, Per-Arne: »Preliminary Remarks on some Tibetan ›Spirit-Mediums‹ in Nepal«, Kailash, A Journal of Himalayan Studies, 4, Nr. 1 (1976), S. 85–108.

–: »On the Question of Tibetan Shamanism«, in: M. Brauen und P. Kvaerne (Hrsg.): Tibetan Studies, Völkerkundemuseum Zürich 1978.

Bergman, Robert L.: »A School für Medicine-Men«, American Journal of Psychiatry, 130, Nr. 6 (1973), S. 663–666.

Berndt, R. M.: »Wuradjeri Magic and ›Clever Men‹«, Oceania, Nr. 17 (1946–47), S. 327–365 und Nr. 18 (1947–48), S. 60–86.

Black, A. K.: »Shaking the Wigwam«, The Beaver, (December 1934).

Blacker, Carmen: The Catalpa Bow. A Study of Shamanistic Practices in Japan, London 1975.
Bleibtreu-Ehrenberg, Gisela: Der Weibermann, Frankfurt 1983.
Boas, Franz: »The Central Eskimo«, 6th Annual Report of the Bureau of Ethnology, 1884–1885, S. 399–669, Washington, D. C., 1888 (1964).
Bogoras, Waldemar: »The Chukchee«, The Jesup North Pacific Expedition, 1904–1909, Bd. 7, Nr. 2. Memoir of the American Museum of Natural History, Leiden 1907.
–: Asia, 29, Nr. 4 (April 1929).
–: »Schilderungen zweier schamanischer Séancen der Küsten-Tschuktschen (Nordsibirien)«, Abhandlungen und Aufsätze aus dem Institut für Menschen- und Menschheitskunde, Augsburg 1956.
Boisen, Anton: The Exploration of the Inner World, New York 1936.
Boshier, Adrian K.: »African Apprenticeship«. Parapsychology Review, 5, Nr. 4 (1974), S. 1–3 und 25–27.
Bourguignon, Erika: »Hallucination and Trance: An Anthropologist's Perspective«, in: W. Keup (Hrsg.) Origin and Mechanism of Hallucinations, New York 1970.
Bowers, Malcom B., und Freedman, Daniel X.: »›Psychedelic‹ Experiences in Acute Psychosis«, in: S. Dean (Hrsg.): Psychiatry and Mysticism, Chicago 1975.
Boyer, L. B.: »Notes on the Personality Structure of a North American Indian Shaman«, Journal of the Hillside Hospital, Nr. 10 (1961), S. 14–33.
Boyle, John Andrew: »Turkish and Mongol Shamanism in the Middle Ages«, Folklore, Nr. 83 (1972), S. 177–193.
Bozzano, Ernesto: Übersinnliche Erscheinungen bei Naturvölkern, Freiburg 1975.
Bramly, Serge: Macumba. Die magische Religion Brasiliens, Freiburg i. Br. 1978.
Brown, Joseph Epes: »The Unlikely Associates. A Study of Ogalala Sioux Magic and Metaphysic«, Ethnos Nr. 1–4 (1970), S. 5–15.
–: »The Roots of Renewal«, in: W. H. Capps (Hrsg.): Seeing with a Native Eye, New York 1976.
–: »The Wisdom of the Contrary. A Conversation with Joseph Epes Brown«, Parabola, 4, Nr. 1 (1979), S. 54–165.
–: »The Question of ›Mysticism‹ within Native American Traditions«, in: R. Woods (Hrsg.): Understanding Mysticism, New York 1980.
Brown, Vinson: Voices of Earth and Sky. Vision Search of the Native Americans. Happy Camp, Cal., 1974.
–: »Ein Regenbogen im Morgengrauen«, in: Schenk/Kalweit 1987.
Browning, Norma Lee: The Psychic World of Peter Hurkos, New York 1970.
Buck, Peter H.: Regional Diversity in the Elaboration of Sorcery in Polynesia, New Haven 1970.
Bunzel, Ruth: »Introduction to Zuñi Ceremonialism«, 47th Annual Report of the Bureau of American Ethnology, 1929–30.
Burgesse, J. A.: »The Spirit Wigwam as Described by Tommie Moar, Point Bleue«, Primitive Man, 17, Nr. 3–4 (1944), S. 50–53.
Burney, C.: Solitary Confinement, London 1952.

Burr, Harold Saxon: Blueprint for Immortality. The Electric Patterns of Life, London 1972.
Butt, A., Wavell, S., und Epton, N.: Trances, London 1967.

Campbell, Joseph: Lebendiger Mythos. München 1985.
Carroll, Lewis: Alice im Wunderland, Frankfurt 1963.
–: Alice im Spiegelland, München 1981.
Cartwright, Sarah: »Magnetism Clairvoyantly Discussed«, Human Dimensions, 5, Nr. 1 und 2 (1884).
Cerutti, Edwina: Mystic with the Healing Hands. The Life Story of Olga Worrall, New York 1975.
Chadwick, Nora K.: »Shamanism Among the Tatars of Central Asia«, The Journal of the Royal Anthropological Institute of Great Britain and Ireland, Nr. 66 (1936), S. 75–112.
Chaumeil, Jean-Pierre: Voir, Savoir, Pouvoir. Le Chamanisme chez les Yagua du Nord-Est péruvien, Paris 1983.
Chesi, Gert: Voodoo. Afrikas geheime Mächte, Wörgl 1974.
Clements, Forrest E.: Primitive Concepts of Disease, Berkely 1932.
Coe, Mayne Reid: »Fire-Walking and Related Behaviors«, The Psychological Record, Nr. 7 (1957), S. 101–110.
Coe, Michael D.: »Shamanism in the Bunan Tribe, Central Formosa«, Ethnos, 20, Nr. 4 (1955), S. 181–198.
Cooper, David: Die Sprache der Verrücktheit, Berlin 1978.
Cooper, John M.: »The Shaking Tent Rite Among Plains and Forrest Algonquians«, Primitive Man, 17, Nr. 3–4 (1944), S. 60–84.
Counts, D. A.: »Near-Death and Out-of-the-Body Experiences in Melanesian Society«, Anabiosis. The Journal for Near-Death Studies, 3, Nr. 2 (1983), S. 115–137.
Csikszentmihalyi, M.: »Play and Intrinsic Rewards«, Journal of Humanistic Psychology, 15, Nr. 3 (1975), S 41–63.
Curtis, Natalie: The Indian's Book, New York 1907.
Cutten, G. B.: Speaking with Tongues: Historically and Psychologically considered, New Haven 1927.

David-Néel, Alexandra: Heilige und Hexer, Leipzig 1931.
Davis, E. Wade: »The Ethnobiology of the Haitian Zombi«, Journal of Ethnopharmacology, Nr. 9 (1983), S. 85–104.
Dean, Stanley R.: »Shamanism versus Psychiatry in Bali, ›Island of the Gods‹«, American Journal of Psychiatry, Nr. 129 (1972), S. 59–62.
Dean, S. R., und Thong, Denny: »Transcultural Aspects of Metapsychiatry: Focus on Shamanism in Bali«, in: S. R. Dean: Psychiatry and Mysticism, Chicago 1975.
Densmore, F.: »Teton Sioux Music«, Bureau of American Ethnology, Bulletin, Nr. 61 (1918).
Deren, Maya: The Voodoo Gods, St. Albans 1975.
Derlon, Pierre: Unter Hexern und Zauberern. Die geheimen Traditionen der Zigeuner, Basel 1976.

–: Die geheime Heilkunst der Zigeuner, Basel 1981.
Devereux, George: »The Origin of Shamanistic Powers as reflected in a Neurosis«, Revue Internationale d'Ethnopsychologie Normale et Pathologique, Nr. 1 (1945), S. 19–28.
–: »Shamans as Neurotics«, American Anthropologist, 63, Nr 5 (1961), S. 1088–1090.
–: Angst und Methode in den Verhaltenswissenschaften, München 1967.
–: Normal und Anormal, Frankfurt 1974.
–: Ethnopsychoanalyse, Frankfurt 1978.
Diószegi, Vilmos: »Problems of Mongolian Shamanism«, Acta Ethnographica, Nr. 10 (1961), S. 195–206.
–, (Hrsg.): Glaubenswelt und Folklore der sibirischen Völker, Budapest 1963 (a).
–: »Zum Problem der ethnischen Homogenität des tofischen (karagassischen) Schamanismus«, (b), in: Diószegi 1963 (a).
–: Tracing Shamans in Siberia. Oosterhout 1968 (a).
–: »The Origin of the Evenki Shamanic Instruments (Stick, Knout) of Transbaikalia«, Acta Ethnographica 17, Nr. 4–5 (1968) (b), S. 265–311.
Dobkin de Rios, Marlene: »A Psi Approach to Love Magic, Witchcraft and Psychedelics in the Peruvian Amazon«, Phoenix. Journal for Transpersonal Anthropology, 2, Nr. 1 (1978), S. 22–28.
Donner, Kai: Among the Samojeds in Siberia, New Haven 1954.
Dorsey, J. Owen: »A Study of Siouan Cults«, 11th Annual Report of the Bureau of Ethnology, 1889–1890, S. 361–549, Washington, D. C., 1894.
Drury, Nevill: The Shaman and the Magican. Journey between the Worlds, London 1982.
DuBois, Cora: The Religion of the Luiseño Indians of Southern California, Berkeley 1908.
Dusen, Wilson van: The Natural Depth in Man, New York 1971.
–: The Presence of Other Worlds. New York 1974.
Dusenberry, Verne: »The Significance of the Sacred Pipes to the Gros Ventre of Montana«, Ethnos, 26, Nr. 1–2 (1961), S. 12–29.

Eliade, Mircea: Zalmoxis. The Vanishing God, Chicago 1970.
Eaton, Evelyn: The Shaman and the Medicine Wheel, London 1982.
Eccles, John C.: Gehirn und Geist, München 1980.
Eder, Matthias: »Schamanismus in Japan«, Paideuma, Nr. 7 (1958), S. 367–380.
Edsman, Carl-Martin (Hrsg.): Studies in Shamanism, Stockholm 1967.
Elkin, A. P.: The Australian Aborigines, London 1938.
–: Aboriginal Men of High Degree, New York 1977.
Elwin, Verrier: The Religion of an Indian Tribe, Oxford 1955.
Endicott, K. M.: An Analysis of Malay Magic, Oxford 1970.
Erdoes, Richard: The Sun Dance People, New York 1972.

Fabrega, Horacio, und Silver, Daniel B.: Illness and Shamanic Curing in Zinacantan, Stanford, Cal., 1973.

Feraca, S. E.: »The Yuwipi Cult of the Ogalala and Sicangu Teton Sioux«, Plains Anthropos, 6, Nr. 13 (1961).
Fichte, Hubert: Xango. Die afroamerikanischen Religionen in Bahia, Haiti, Trinidad, Frankfurt 1976.
–: »Ketzerische Bemerkungen für eine neue Wissenschaft vom Menschen«, Ethnomedizin, 4, Nr. 1/2 (1976/77), S. 171–181.
Findeisen, Hans: »Schamanentum im tungusischen Kinderspiel«, Zeitschrift für Ethnologie, 78, H. 2 (1953), S. 307–308.
–: »Der Adler als Kulturbringer im nordasiatischen Raum und in der amerikanischen Arktis«, Zeitschrift für Ethnologie (Sonderdruck), (1956), S. 1–13.
–: »Die vier Visionen des Schamanen Kinggät«, (unveröff. Manuskript).
Flannery, Regina: »The Shaking-Tent Rite Among the Montagnais of James Bay«, Primitive Man, Nr. 7 (1939), S. 11–16.
–: »The Gros Ventre Shaking Tent«, Primitive Man, Nr. 17 (1944), S. 54–59.
Fletscher, Alice C.: »The Shadow or Ghost Lodge: A Ceremony of the Ogalala Sioux«, Reports of the Peabody Museum of American Archaeology and Ethnology, Cambridge, Mass., 1884.
–, and La Flesche, Francis: »The Omaha Tribe«, 27th Annual Report of the Bureau of American Ethnology, 1905–1906, Washington, D. C., 1911.
Forde, C. Daryll: Ethnography of the Yuma Indians, Berkeley, Cal., 1931.
Fornander, Abraham, and Thrum, Thomas G.: Fornander Collection of Hawaiian Antiquities and Folk-lore, Honolulu 1919.
Frank, Walter A.: »Paranormal Healing in Africa and Asia«, Journal of Transpersonal Anthropology, 4 (1980). S. 54–60.
Frazer, James G.: The Golden Bough, London 1966.
Freuchen, Peter: Book of the Eskimo, Greenwich, Conn.: 1961.
Frick, Johannes, und Eichinger, Franz (Hrsg.): Schamanismus in Nordwest-China. Aufzeichnungen von Steyler-Missionaren in Tsinghai und Kansu, St. Augustin, Bonn 1985.
Friedl, Erika: »Träger medialer Begabung im Hindukush und Karakorum«, Acta Ethnologica et Linguistica, Nr. 8 (1965).
Friedrich, Adolf: Afrikanische Priestertümer, Stuttgart 1939.
–: »Das Bewußtsein eines Naturvolkes. Von Haushalt und Ursprung des Lebens«, Paideuma, 6, H. 2 (1955), S. 47–53.
Friedrich, Adolf, und Buddruss, G.: Schamanengeschichten aus Sibirien (von Ksenofontov, 1930), München 1955.
Fuller, John G.: Arigo: Surgeon of the Rusty Knife, Bungay, Suffolk 1975.
Funke, Friedrich W.: Religiöses Leben der Sherpa, Innsbruck 1969.
Furst, Peter T.: »An Indian Journey to Life's Sources«, Natural History, 82, Nr. 4 (1973), S. 34–43.
Furst, Peter T., und Anguiano, Marina: »›To Fly as Birds‹: Myth and Ritual as Agents of Enculturation Among Huichol Indians of Mexico«, in: Wilbert, Johannes (Hrsg.): Enculturation in Latin America. An Anthology, Los Angeles 1976.

Galanti, Geri-Ann: »Psychic Consciousness: Inside Views«, Vortrag gehalten 1982 auf dem Kongreß der Southwestern Anthropological Association, Sacramento, Calif.

Gallagher, H. G.: Etok: A Story of Eskimo Power, New York 1974
–: »Over Easy: A Cultural Anthropologist's Near-Death Experience«, Anabiosis. The Journal for Near-Death Studies, 2, Nr. 2 (1982), S. 140 bis 149.
Garfield, Charles A.: »Ego functioning, Fear of Death, and Altered States of Consciousness«, in: Garfield, A.: Rediscovery of the Body, New York 1977.
Garett, Eileen J.: Adventures in the Supernormal, New York 1968.
–: Many Voices: The Autobiography of a Medium, New York 1968.
Gatheru, R. Mugo: »The Medicine-Man as Psychotherapist«, in: Goldschmidt, Walter: Exploring the Ways of Mankind, New York 1960.
Gellhorn, Ernst, und Kiely, W. F.: »Mystical States of Consciousness: Neurophysiological and Clinical Aspects«, The Journal of Nervous and Mental Disease, 154, Nr. 6 (1972), S. 339–405.
Goldstein, Kurt: »Concerning the Concept of ›Primitivity‹«, in: Diamond, Stanley: Primitive Views of the World, New York 1960.
Goodman, Felicitas D.: Speaking in Tongues, Chicago 1972.
Greenlee, Robert F.: »Medicine and Curing Practices of Modern Florida Seminoles«, American Anthropologist, Nr. 46 (1944), S. 317–328.
Greschat, Hans-Jürgen: Mana und Tap. Die Religion der Maori auf Neuseeland, Berlin 1980.
Grey, George: »The Two Sorcerers«, in: W. A. Lessa/E. Z. Vogt (Hrsg.): Reader in Comparative Religion, New York 1979.
Grinnell, George Bird: »A Buffalo Sweatlodge«, American Anthropologist, Nr. 21 (1919), S. 361–375.
Grof, Stanislav: Topographie des Unbewußten. LSD im Dienst der tiefenpsychologischen Forschung. Stuttgart 1978.
Grof, Stanislav, und Halifax, J.: Die Begegnung mit dem Tod, Stuttgart 1980.
Grof, Stanislav und Grof, Christiana: Jenseits des Todes. An den Toren des Bewußtseins. München [2]1986.
Gushiken, José: El Curandero, Lima 1977.
Gusinde, Martin: Die Feuerlandindianer, Wien 1931–74, 3 Bde.
Gutmanis, June: Kahuna La'au Lapa'au, Honolulu 1976.

Haaf, E.: »Heilende Kirchen in Ghana«, Curare, 1, Nr. 2 (1978), S. 73–84.
Halifax-Grof, Joan: »Hex Death«, in: N. M. Regush: Frontiers of Healing, New York 1977.
–: »The Sacred Way of the Wounded Healer«, Laughing Man, 2, Nr. 4 (1981), S. 8–12.
–: Shaman. The Wounded Healer, London 1982.
Hallowell, A. Irving: »The Passing of the Midewiwin in the Lake Winnipeg Region«, American Anthropologist, Nr. 38 (1936), S. 32–51.
–: The Role of Conjuring in Salteaux Society, Philadelphia 1942.
Hammond, Sally: We are all Healers, New York 1973.
Harner, Michael (Hrsg.): Hallucinogens and Shamanism, Oxford 1973 (a).
–: »The Sound of Rushing Water«, in: M. Harner 1973 (a).
Harrer, Heinrich: Sieben Jahre in Tibet, Frankfurt 1966.

Harva, Uno: »Die religiösen Vorstellungen der altaischen Völker«, Folklore Fellows Communications, 52, Nr. 125, Helsinki 1938.
–: »Finno-Ugric, Siberian«, Bd. 1, in: C. J. A. MacCulloch (Hrsg.): The Mythology of all Races, New York 1964.
Hecht, Elisabeth-Dorothea: »Krankheit und Heilkunde bei den Somali«, Saeculum, Nr. 28 (1977) (a), S. 169–190.
–: »Krankheit und Heilkunde bei den Amhara«, Saeculum, Nr. 28 (1977) (b), S. 191–222.
Heim, Albert: »Notizen über den Tod durch Absturz«, Jahrbuch des Schweizer Alpenclub, Nr. 27 (1892), S. 192–327.
Hermanns, Matthias: »Eine Mythe über den Ursprung der Bhil-Zauberei (Indien)«, Anthropos, Nr. 51 (1956).
–: Schamanen – Pseudoschamanen, Erlöser und Heilbringer, 3 Bde., Wiesbaden 1970.
Hoffman, W. J.: »The Midewiwin or ›Grand Medicine Society‹ of the Ojibway«, 7th Annual Report of the Bureau of Ethnology, Washington, D. C., 1891.
Holm, Gustav: »Ethnological Sketch of the Angmagsalik Eskimo«, in: W. Thalbitzer (Hrsg.): The Ammasalik Eskimo, Kopenhagen 1941.
Holmberg, Uno: »Finno-Ugric, Siberian«, Bd. 1 in: C. J. A. MacCulloch (Hrsg.): The Mythology of all Races, New York 1964.
Holmer, N. M., und Wassén, S. H. (Hrsg.): The Complete Muu-Igala in Picture-Writing, Etnologiska Studier 21, Göteborg 1958.
Honko, Lauri: »Krankheitsprojektile. Untersuchung über eine urtümliche Krankheitserklärung«, Folklore Fellows Communications, Nr. 178, Helsinki 1959.
Hoppal, Mihály (Hrsg.): Shamanism in Eurasia, 2 Bde., Göttingen 1985.
Horse Capture, G. (Hrsg.): The Seven Visions of Bull Lodge. Ann Arbor, Mich. 1980
Howitt, Alfred W.: »On Australian Medicine Men or Doctors and Wizards of some Australian Tribes«, The Journal of the Anthropological Institute of Great Britain and Ireland, Nr. 16 (1887), S. 23–59.
Huard, Pierre: »Western Medicine and Afro-Asien Ethnic Medicine«, in: F. N. L. Poynter: Medicine and Culture, London 1969.
Huhm, Halla Pai: Kut: Korean Shamanist Rituals, Seoul 1980.
Hultkrantz, Åke: »Spirit Lodge, a North American Shamanistic Séance«, in: Carl-Martin Edsman, Stockholm 1967.
–: »Geistige Verwandtschaft«, in: Kalweit/Schenk 1987.
–: Ritual und Geheimnis: »Über die Kunst der Medizinmänner, oder Was der Professor nicht gesagt hat«, in: H. P. Duerr, Der Wissenschaftler und das Irrationale, Bd. 1, Frankfurt/M. 1981, S. 73–97.
Hungry Wolf, Adolf: The Blood People, New York 1977.
Hung-Youn, Cho: Koreanischer Schamanismus, Hamburgisches Museum für Völkerkunde, 1982.
Huxley, Aldous: The Devils of Loundun, London 1952.
–: Die Pforten der Wahrnehmung, München 1970.
–: Moksha. Writings on Psychedelics and the Visionary Experience (1931–1963), Hrsg. von M. Horowitz und C. Palmer, New York 1977.

Itkonen, T. I.: »Der ›Zweikampf‹ der lappischen Zauberer (Noai'di) um eine Wildrentierherde«, Journal de la Société Finno-Ougrienne, Nr. 62 (1960), S. 27–76.

James, William: Die religiöse Erfahrung in ihrer Mannigfaltigkeit, Leipzig 1907.
–: Essays on Faith and Morals, New York 1962.
Jensen, G.: The Doctor-Patient Relationship in an African Tribal Society, Assen 1973.
Jay, Robert: »Personal and Extrapersonal Vision in Anthropology«, in: Dell Hymes (Hrsg.): Reinventing Anthropology, New York 1969.
Jilek, W. G., und Todd, N.: »Witchdoctors succeed where Doctors fail: Psychotherapy among Coast Salish Indians«, Canadian Journal of Psychiatry, 19, Nr. 4 (1974), S. 351–356.
Jilek. W. G.: »From Crazy Witch-Doctor to Auxilary Psychotherapist«, Psychiatric Clinic, Nr. 4 (1971), S. 200–220.
Jilek, W. G., und Jilek-Aall, Louise: »The Psychiatrist and his Shaman Colleague: »Cross Cultural Collaboration with Traditional Amerindian Therapists«, Journal of Operational Psychiatry, 9, Nr. 2 (1978), S. 32–39.
Jochelson, Waldemar: »The Yukaghir and the Yukaghirized Tungus«, The Jesup North Pacific Expedition, Nr. 9, Memoir of the Museum of Natural History, Leiden 1926.
Johnson, Frederick: »Notes on Micmac Shamanism«, Primitive Man, 16, Nr. 3 und 4 (1943), S. 53–80.
Johnston, Basil: Und Manitu erschuf die Welt, Köln 1979.
Jones, David Earle: Sanapia: Comanche Medicine Woman, New York 1972.
–: »Face the Ghost«, Phoenix, The Journal of Transpersonal Anthropology, 4, Nr. 1 und 2 (1980), S. 53–57.
–: »Die Lehrer«, in: Schenk/Kalweit 1987.

Kalweit, Holger: »Alles ist eins«, Esotera, Nr. 5 (1981), S. 402–409.
–: »Transpersonal Anthropology and the Comparison of Cultures«, Phoenix. Journal of Transpersonal Anthropology, 5, Nr. 2 (1981), S.97–105.
–: »Die Entfesselung des Bewußtseins«, Psychologie heute, Nr. 7 (1982), S. 54–60.
–: »Das Paradox ist unser Barometer für Erleuchtung«, Psychologie heute, Nr. 8 (1982), S. 46–53.
–: »Der Trickster. Ein Nachwort zu ›Castaneda‹«, Curare, Nr. 6 (1983), S. 91–92.
–: »Gewiß, es gehört immer zum Wesen der Anthropologie, die Dinge von außen zu betrachten«, Curare, Nr. 7 (1983), S. 203–208.
–: (Hrsg.): Frank Hamilton Cushing. Ein weißer Indianer. Mein Leben mit den Zuni, Olten 1983.
–: »Formen transpersonaler Psychotherapie bei nicht-westlichen Kulturen«, Integrative Therapie, 3, Jg. 10 (1985), S. 253–262.
–: Traumzeit und innerer Raum. Die Welt der Schamanen, München 1984.

Kalweit, Holger: Himalaya-Orakel, in: Schenk/Kalweit 1987.

Karajalainen, K. F.: »Die Religionen der Jugra-Völker«, FF Communications. Nr. 63, Helsinki 1927.

Katz, Richard: »Education for Transcendence: Lessons from the !Kung Zhũ/twãsi«, The Journal of Transpersonal Psychology, 5, Nr. 2 (1973), S. 136–155.

–: »Education for Transcendence: !Kia-healing with the Kalahari !Kung«, in: R. Lee und I. DeVore (Hrsg.): Kalahari Hunter-Gatherers, Cambridge, Mass., 1976.

–: »Heiler sprechen«, in: Schenk/Kalweit 1987.

–: Boiling Energy: Community Healing among the Kalahari !Kung, Cambridge, Mass., 1982.

Katz, Richard, und Biesele, Megan: »Male and Female Approaches to Healing among the !Kung, Paper delivered at the second International Conference on Hunting and Gathering Societies, Quebec, September 1980.

Keen, Sam: Voices and Visions, New York 1970.

Kelly, Isabel T.: »Chemehuevi Shamanism«, in: Essays in Anthropology, Presented to A. L. Kroeber, Berkeley 1936, S. 129–142.

Kelsey, Theodore: »Flying ›Gods of Hawaii‹«, Full Moon, 1, Nr. 3/4 (1980), 1.

Kemnitzer, Luis S.: »The Cultural Provenience of Objects Used in Yuwipi: A Modern Teton Dakota Healing Ritual«, Ethnos, Nr. 1–4 (1970), S. 40–75.

Kiev, Ari: Curanderismo: Mexican-American Folk Psychiatry, New York 1968.

Kilson, Marion: »A Note on Trance Possession Among the Ga of Western Ghana«, Transcultural Psychiatric Research, Nr. 5, April (1968).

Kim, Kwang-Iel: »Shamanist Healing Ceremonies in Korea«, Korea Journal, Nr. 13 (1973), S. 41–47.

Kippenberg, Hans G., und Luchesi, B.: Magie. Die sozialwissenschaftliche Kontroverse über das Verstehen fremden Denkens, Frankfurt 1978.

Kluckhohn, Clyde, und Wyman, L. C.: »An Introduction to Navaho Chant Practice«, Memoirs of the American Anthropological Association, Nr. 53 (1940).

Knudtson, Peter H.: »Flora, Medizinfrau der Wintu«, in: Schenk/Kalweit 1987.

Kohl, J. G.: Kitschi-Gami oder Erzählungen vom Oberen See, Bremen 1859, Bd. II.

Krader, Lawrence: »The Shamanist Tradition of the Buryats (Siberia)«, Anthropos, Nr. 70 (1975), S. 105–144.

Krippner, Stanley: Song of the Siren. A Parapsychological Odyssey, New York 1975.

Krippner, Stanley, und Villoldo, Alberto: The Realms of Healing, Millbrae, Calif., 1976.

Krippner, Stanley, und Winkelman, Michael: »Ein Besuch bei Maria Sabina« (unveröff. Manuskript).

Kroeber, A. L.: »Walapai Ethnography«, Memoirs of the American Anthropological Association, Nr. 42 (1935).

–: »Psychotic Factors in Shamanism«, in: Character and Personality, Nr. 8 (1940), S. 204–215.
–: The Nature of Culture, London 1965.
Kroeber, Theodora: Ishi in Two Worlds, Berkeley 1961.
Kruger, Helen: Other Healers, Other Cures. A Guide to Alternative Medicine, New York 1974.
Kuhlenbeck, Ludwig: »Der Okkultismus der nordamerikanischen Indianer«, in: Kiesewetter, Karl: Geschichte des neueren Okkultismus, Leipzig 1909.
Kuhn, Thomas S.: Die Struktur der wissenschaftlichen Revolution, Frankfurt 1967.
Kunze, Gerhard: Ihr baut die Windmühlen – den Wind rufen wir, München 1982.
–: »Die kleine Geisterfrau«, in: Schenk/Kalweit 1987.

La Barre, Weston: The Ghost Dance: The Origins of Religion, New York 1970.
Lambert, R. S.: »The Shaking Tent«, Tomorrow, 4, Nr. 3 (1956), S. 113–128.
Lame Deer, und Erdoes, Richard: Tahca Ushte, Medizinmann der Sioux, Frankfurt 1981.
Lamp, Bruce F.: Wizard of the Upper Amazon as Ethnography, Current Anthropology, 22, Nr. 5 (1981), S. 577–580.
Lang, A.: The Making of Religion, London 1900.
Lantis, Margaret: »The Social Culture of the Nunivak Eskimo«, Transactions of the American Philosophical Society, Nr. 35, III. (1946).
Larsen, Stephen: »Shamanism and Psychotherapy«, Vortrag gehalten auf dem Symposium für Indigenous Healing Practices, Toronto 1978.
–: Swedenborg und die visionäre Überlieferung«, Offene Tore, Nr. 3 (1984).
Larson, T. J.: »Sorcery and Witchcraft of the Hambukushu of Ngamiland (Südwestafrika)«, Anthropos, 75, Nr. 3–4 (1980), S. 416–432.
Laski, Vera: Seeking Life, Austin 1959.
Laubscher, B. J. F.: The Pagan Soul, London 1975.
Lechner-Knecht, Sigrid: »Reisenotizen über Zauberhandlungen in Mexiko«, Zeitschrift für Ethnologie, Nr. 90 (1965), S. 247–259.
Leclerc, Gérard: Anthropologie und Kolonialismus, München 1973.
Lee, Richard B.: »The Sociology of !Kung Bushman Trance Performances«, in: R. Prince (Hrsg.): Trance and Possession States, Montreal 1968.
Leh, L. L.: »The Shaman in Aboriginal American Society«, University of Colorado Studies, Nr. 20 (1934).
Lehtisalo, Toivo V.: »Entwurf einer Mythologie der Jurak-Samojeden«, Mémoires de la Société Finno-Ougrienne, Nur 53, Helsinki 1924.
Leighton, A. H., und Leighton, D. C.: »Gregorio, the Hand-trembler: A Psychobiological Personality Study of a Navaho Indian«, Papers of the Peabody Museum of American Archaeology and Ethnology, Nr. 40 (1949).
Leiris, Michel: Die eigene und die fremde Kultur, Frankfurt 1977.
LeShan, Lawrence: Alternate Realities, New York 1976.

Lavett, Carl: Crossings, a Transpersonal Approach, Ridgefield, Conn., 1974.
Lévi-Strauss, Claude: »›Primitive‹ und ›Zivilisierte‹. Nach Gesprächen aufgezeichnet von Georges Charbonnier«, Zürich 1972.
–: Rasse und Geschichte, Frankfurt 1972.
–: Traurige Tropen, Köln 1974.
Lewis, T. H.: »Therapeutic Techniques of Huichol Curanderos with a Case Report of Cross Cultural Psychotherapy (Mexico)«, Anthropos, Nr. 72 (1977), S. 709–716.
Lindig, Wolfgang: Geheimbünde und Männerbünde der Prärie- und der Waldlandindianer Nordamerikas, Studien zur Kulturkunde 23, Wiesbaden 1970.
Lindig, W., und Münzel, Mark: Die Indianer, München 1976.
Loeb, E. M.: »Shaman and Seer«, American Anthropologist, Nr. 31 (1929), S. 60–84.
Lommel, Andreas: »Traum und Bild bei den Primitiven in Nordwest-Australien«, Psyche, 5, Nr. 3 (1951), S. 187–209.
–: Die Unambal. Ein Stamm in Nordwest-Australien, Monographien zur Völkerkunde, Nr. 11, Hamburgisches Museum für Völkerkunde, Hamburg 1952.
–: »Shamanism in Australia«, Festschrift für T. G. H. Strehlow, Adelaide 1980.
Long, Joseph K.: »Medical Anthropology, Dance and Trance in Jamaica«, Bulletin of the International Committee on urgent Anthropological and Ethnological Research, Nr. 14 (1972), S. 17–23.
Long Lance Buffalo Child: Long Lance. The Autobiography of a Blackfoot Indian Chief. New York 1976 (1928).
Lopatin, Ivan A.: »A Shamanistic Performance for a Sick Boy«, Anthropos, Nr. 41–44 (1946–49), S. 365–368.
Lowenstein, Tom: The Shaman Aningatchaq. An Eskimo Story from Tikiraq, Alaska, London o. J.
Lowie, Robert H.: »Beiträge zur Völkerkunde Nordamerikas«, Mitteilungen aus dem Museum für Völkerkunde in Hamburg, Nr. 23, Hamburg 1951.
–: »Shamans and Priests Among the Plains Indians«, in: Lessa, W. A., und Vogt, E. Z. (Hrsg.): Reader in Comparative Religion, New York 1979.
Luckert, Karl W.: Coyoteway a Navajo Holyway Healing Ceremonial, Tucson 1979.
Luna, Luis Eduardo: »The Concepts of Plants as Teachers among four Mestizo Shamans of Iquitos, Northeast Peru«, Vortrag gehalten auf dem 11. Internationalen Kongreß für »Anthropological and Ethnological Sciences«, Vancouver 1983.
–: »The Healing Practices of a Peruvian Shaman«, Journal of Ethnopharmacology (1985).
–: »Erfahrungen mit den Mestizen-Schamanen von Iquitos«, in: Schenk/Kalweit 1987

Madsen, William: »Shamanism in Mexico«, Southwestern Journal of Anthropology, Nr. 11 (1955), S. 48–57.
Mails, Thomas: Fools Crow, New York 1979.

Marshall, Lorna: »The Medicine Dance of the !Kung Bushmen«, Africa, Nr. 39 (1969), S. 347–380.
Maslow, Abraham H.: Religions, Values, and Peak-Experiences, New York 1964.
–: The Farther Reaches of Human Nature, New York 1971.
–: Psychologie des Seins, München 1973.
–: Die Psychologie der Wissenschaft, München 1977.
McElroy, W. A.: »Psi Testing in Arnhem Land«, Oceania, Nr. 26 (1955–56), S. 118–126.
Meek, George W. (Hrsg.): Healers and the Healing Process, Wheaton, Ill. 1977.
Melville, Leinani: Children of the Rainbow, Wheaton, Ill. 1969
Mendelson, E. Michael: »Los Escándalos de Macimón«, Seminario de Integración Social Guatemalteca, Nr. 19, Guatemala City 1965.
Messner, Reinhold: Grenzbereich Todeszone, Köln 1978.
Métreaux, Alfred: »Le Shamanisme chez les Indiens de L'Amérique du Sud Tropicale«, Acta Americana, 2, Nr. 3, S. 197–219 und 2, Nr. 4, S. 320–341 (1944).
Michael, Henry M. (Hrsg.): Studies in Shamanism, Toronto 1963.
Mikhailovskii, V. M.: »Shamanism in Siberia and European Russia«, The Journal of the Anthropological Institute of Great Britain and Ireland, Nr. 24 (1895), S. 62–100, 126–158.
Middelton, John (Hrsg.): Magic, Witchcraft and Curing, London 1967.
Miller, Kaspar: Faith-Healers in the Himalayas, Center of Nepal and Asian Studies, Kritipur 1979.
Monmouth, Geoffrey von: Das Leben des Zauberers Merlin, Amsterdam o. J.
Moray, Ann: »The Celtic Heritage in Ireland«, Horizon, (Spring) 7, 2, (1965), S. 33–39.
Morgan, William: »Navaho Treatment of Sickness: Diagnosticians«, American Anthropologist, Nr. 33 (1931), S. 390–402.
Mühlmann, Wilhelm E.: Rassen, Ethnien, Kulturen. Moderne Ethnologie, Berlin 1964.
Moisés, Rosalio, und Holden, Jane et. al.: A Yaqui Life. The Personal Chronicle of a Yaqui Indian, Lincoln 1971.
Münzel, Mark: Schrumpfkopfmacher? Jibaro-Indianer in Südamerika, Museum für Völkerkunde, Frankfurt am Main 1977.
Murdock, G. P.: »Tenino Shamanism«, Ethnology, Nr. 4 (1965), S. 165–171.
Murphy, Jane M.: »Psychotherapeutic Aspects of Shamanism on St. Lawrence Island, Alaska«, in: Ari Kiev (Hrsg.): Magic, Faith, and Healing, New York 1964.
Myerhoff, Barbara G.: »The Doctor as Cultural Hero: The Shaman of Rincon«, Anthropological Quarterly, Nr. 39 (1966), S. 60–72.

Neal, James H.: Ju-Ju in my Life, London 1966.
Nebesky-Wojkowitz, René de: »Das tibetische Staatsorakel«, Archiv für Völkerkunde, Nr. 3 (1948), S. 135–155.
–: Oracles and Demons of Tibet, The Hague 1956.

Neumann, Erich: Kulturentwicklung und Religion, Frankfurt 1978.
Newcomb, Franc J.: Hosteen Klah, Navaho Medicine Man and Sand Painter, Norman, Oklahoma 1964.
Nioradze, G.: Der Schamanismus bei den sibirischen Völkern, Stuttgart 1925.
Noyes, Russell, und Kletti, R.: »Depersonalisation in the Face of Life-threatening Danger: A Description«, Psychiatry, Nr. 39 (1976), S. 19–27.

Ohnuki-Tierney, Emiko: »The Shamanism of the Ainu of the Northwest Coast of Southern Sakhalin«, Ethnology, Nr. 12 (1973), S. 15–29.
–: Illness and Healing among the Sakhalin Ainu: A Symbolic Interpretation, Cambridge 1981.
Oppitz, Michael: Schamanen im blinden Land, Frankfurt 1981.
Ott, Theo: Der magische Pfeil, Zürich 1979.
–: »Der Medizinmann als Arzt und Priester«, in: Rocque Lobo (Hrsg.): Prana, Jahrbuch für Yoga, München 1981.

Park, Willard: Shamanism in Western North America, Chicago 1938.
–: »Paviotso Shamanism«, American Anthropologist, Nr. 36 (1934), S. 98–113.
Pelletier, Kenneth R., und Peper, Erik: »The Chutzpah Factor in Alteres States of Consciousness«, The Journal of Humanistic Psychology, 17, Nr. 1 (1977), S. 63–73.
Peper, Erik: »Voluntary Pain Control: Physiological and Psychological Correlates«, in: T. X. Barber (Hrsg.): Alterations in Awareness and Human Potentialities, New York 1974.
Peter, Prince of Greece and Denmark: »The Trances of a Tibetan Oracle«, Folk, Nr. 3 (1961).
–: »Tibetan Oracles«, in: A Bharati (Hrsg.): The Realm of the Extra-Human, Agents and Audiences, The Hague 1976.
Peters, Larry: »Psychotherapy in Tamang Shamanism«, Ethos, 6, Nr. 2 (1978), S. 63–91.
–: »An experimental Study of Nepalese Shamanism«, The Journal of Transpersonal Psychology, 13, Nr. 1 (1981) (a), S. 1–26.
–: Ecstasy and Healing in Nepal, Los Angeles 1981 (b).
Petri, Helmut: »Der australische Medizinmann«, Annali Lateranensi, Nr. 16 (1952), S. 159–317, und Nr. 17 (1953), S. 157–227.
–: »Australische ›Medizinmänner‹ am Rande der technischen Zivilisation«, Die Umschau in Wissenschaft und Technik, Nr. 62 (1962), S. 171–174.
–: »Traum und Trance bei den Australiern«, in: Naturvölker unserer Zeit (DVA), Stuttgart 1971.
–: unveröffentl. Manuskript. 1984.
Pfeiffer, Wolfgang M.: »Versenkungs- und Trancezustände bei indonesischen Volksstämmen«, Der Nervenarzt, Nr. 37 (1966), S. 7–18.
–: »Besessenheit, normalpsychologisch und pathologisch«, in: J. Zutt (Hrsg.): Ergriffenheit und Besessenheit, Bern 1972.
Pfund, Kurt: Ich, Waibadi, Regenmacher, Zauberer und König, München 1984.

Powers, W. K.: Yuwipi. Vision and Experience in Ogalala Ritual, London 1982.
Prem Das: »Initiation by a Huichol Shaman«, in: Harry, N. Abrams (Hrsg.): Art of the Huichol Indians. The Fine Arts Museum of San Francisco, New York 1978.
–: »Die singende Erde«, in: Schenk/Kalweit 1987.
Prince, Raymond H.: »Psychotherapy as the Manipulation of endogenous Healing Mechanisms: A Transcultural Survey«, Transcultural Psychiatric Research, Nr. 8 (1976), S. 115–133.
– (Hrsg.): »Shamans and Endorphins«, Ethos, 10, Nr. 4 (1982).
Puharich, Andrija: Beyond Telepathy, New York 1973.

Radin, Paul: The Road of Life and Death, New York 1945.
Rasmussen, Knud: Neue Menschen. Ein Jahr bei den Nachbarn des Nordpols, Bern 1907.
–: The People of the Polar North. A Record, hrsg. von G. Herring, Philadelphia 1908.
–: Across Arctic America. Narrative of the Fifth Thule Expedition, Kopenhagen 1925; deutsch: Die große Schlittenreise, Essen 1946.
–: Rasmussens Thulefahrt: Zwei Jahre im Schlitten durch unerforschtes Eskimoland, hrsg. von F. Sieburg, Frankfurt 1926.
–: Intellectual Culture of the Hudson Bay Eskimos. Report of the Fifth Thule Expedition, 1921–1924, Bd. VII, Kopenhagen 1930.
–: Intellectual Culture of the Iglulik Eskimos. Report of the Fifth Thule Expedition, 1921–1924, Bd. VII, 1, Kopenhagen 1930.
–: Observations on the Intellectual Culture of the Caribou Eskimos. Report of the Fifth Thule Expedition, 1921–1924, Bd. VII, 2, Kopenhagen 1930.
–: The Netsilik Eskimos: Social Life and Spiritual Culture. Report of the Fifth Thule Expedition, 1921–1924, Bd. VIII, Kopenhagen 1931.
–: Intellectual Culture of the Copper Eskimos. Report of the Fifth Thule Expedition, 1921–1924, Bd. IX, Kopenhagen 1932.
Reichel-Dolmatoff, Gerado: The Shaman and the Jaguar, Philadelphia 1975.
–: »Training for the Priesthood among the Kogi of Columbia«, in: Johannes Wilbert (Hrsg.): Enculturation in Latin America. An Anthology, Los Angeles 1976.
Ridington, Robin: Swan People: A Study of the Dunne-za Prophet Dance, National Museum of Canada, Ottawa 1978.
–: und Ridington, Tonia: »Das innere Gesicht von Schamanismus und Totemismus«, in: D. und B. Tedlock (Hrsg.): Über den Rand des tiefen Canyon. Lehren indianischer Schamanen, Köln 1978.
Ring, Kenneth: Den Tod erfahren – das Leben gewinnen. München 1985.
Rock, Joseph F.: »Sungmas, the living Oracles of the Tibetan Church«, The National Geographic Magazine, October (1935), S. 4475–4485.
–: »Contributions to Shamanism of the Tibetan-Chinese Borderland«, Anthropos, Nr. 54 (1959), S. 796–818.
Rodman, Julius S.: The Kahuna, Sorcerers of Hawaii, Past and Present, Hicksville, N. Y. 1979.

Röder, J.: Alahatala: Die Religion der Inlandstämme Mittelcerams, Bamberg 1948.
Rogers, Spencer L.: The Shaman: His Symbols and his Healing, Springfield, Ill. 1982 (1905).
Rose, Lyndon: »Psi Patterns Amongst the Australien Aborigines«, Journal of the American Society for Psychical Research, 45, Nr. 2 (1951), S. 71–75.
Rose, Ronald: »Experiments with ESP and PK with aboriginal Subjects«, Journal of Parapsychology, Nr. 16 (1952) (a), S. 219–220.
–: »Psi and Australian Aborigines«, Journal of the American Society of Psychical Research, 46, Nr. 1 (1952) (b), S. 17–28.
–: Living Magic, London 1957.
Rosen, D.: »Suicide Survivers. A Follow-up Study of Persons who Survived Jumping from the Golden Gate and San Francisco-Oakland Bay Bridges«, Western Journal for Medicine, Nr. 122 (1975), S. 289.
Russell, Frank: »The Pima Indians«, Bureau of American Ethnology, 26th Annual Report, 1904–1905, Washington 1908.

Sandner, Donald F.: »Navaho Medicine«, Human Nature, Nr. 1 (July 1978), 54–62.
–: »Navaho Indian Medicine and Medicine Men«, in: David S. Sobel (Hrsg.): Ways of Health, New York 1979 (a).
–: Navaho Symbols of Healing, New York 1979 (b).
Schaeffer, Claude E.: »Blackfoot Shaking Tent«, Glenbow-Alberta Institute, Occasional Papers, Nr 5, Calgary, Alberta, 1969.
Schaefer, Hermann: Hunza, Ein Volk ohne Krankheit, Düsseldorf 1978.
Schebesta, Paul: »Eine Schamanenbeschwörung auf Sumatra«, Ciba Zeitschrift, 4, Nr. 38 (1936), 1313–1316.
Schefold, Reimar: Spielzeug für die Seelen, Museum Rietberg Zürich 1980.
Schenk, Amelie: »JuJu, tödlicher Zauber in Afrika«, Esotera, Nr. 8 (1980) S. 713–721.
–: »Ein Medizinmann erzählt«, in: Schenk/Kalweit 1987.
–, und Kalweit, H.: Heilung des Wissens. München 1987.
Schlesier, Karl H.: »Action Anthropology and the Southern Cheyenne«, Current Anthropology, 15, Nr. 3 (1974), S. 277–238.
Schultz, James W.: Sucht mich in der Prärie. Mein Leben als Indianer, München 1983.
Schuster, Meinhard: »Die Schamanen und ihr Ritual«, in: B. Freudenfeld (Hrsg.): Völkerkunde, München 1960.
Schüttler, Günter: Die letzten tibetischen Orakelpriester, Wiesbaden 1971.
Seabrook, W. B.: Geheimnisvolles Haiti. Rätsel und Symbolik des Wodu-Kultes, Berlin 1931.
Sharon, Douglas: »Becoming a Curandero in Peru«, in: J. Wilbert (Hrsg.): Enculturation in Latin America, Los Angeles 1976.
–: Zauberer der vier Winde, Freiburg 1980 (1978).
–: »Der gescheiterte Schamanenschüler«, in: Schenk/Kalweit 1986.
Shirokogoroff, S. M.: Psychomental Complex of the Tungus, London 1935 (a).

–: »Versuch einer Erforschung der Grundlagen des Schamanentums bei den Tungusen«, Baessler Archiv, Nr. 18 (1935) (b), S. 41–96.
Siiger, Halfdan: »Shamanism Among the Kalash Kafirs of Chitral«, Folk, Nr. 5 (1963), S. 295–303.
Siikala, Anna-Leena: The Rite Technique of the Siberian Shaman. FF Communications No. 220, Helsinki 1978.
Simmons, Leo W.: Sun Chief, The Autobiography of a Hopi Indian, New Haven 1976.
Singer, Philip, und Ankerbrandt, Kate, W.: »The Ethnography of the Paranormal«, Phoenix. Journal of Transpersonal Anthropology, 4, Nr. 1 (1980), S. 19–34.
Silverman, Julian: »Shamans and Acute Schizophrenia«, American Anthropologist, Nr. 69 (1967), S. 21–31.
–: »On the Sensory Bases of Transcendental States of Consciousness«, in: S. R. Dean (Hrsg.): Psychiatry and Mysticism, Chicago 1975.
Speck, Frank: »Penobscot Shamanism«, Memoirs of the American Anthropological Association, 6, Nr. 4 (1919), Menasha, Wis.
Spencer, Baldwin, und Gillen, F. J.: The Native Tribes of Central Australia, London 1899.
–: The Northern Tribes of Central Australia, Oosterhout 1969.
Spranz, Bodo: »Zauberei und Krankenheilung im Brauchtum der Gegenwart bei Otomi-Indianern in Mexiko«, Zeitschrift für Ethnologie, 86, Nr. 1 (1961), S. 51–67.
Standing Bear, Luther: Land of the Spotted Eagle, Lincoln 1978 (1933).
Stefansson, V.: My Life with the Eskimo, New York 1913.
Steiger, Brad: Medicine Power, New York 1974.
Sternberg, Leo: »Die Auserwählung im sibirischen Schamanismus«, Zeitschrift für Missionskunde und Religionswissenschaft, Nr. 50 (1935), S. 229–252 und 261–274.
Stevenson, M. C.: »The Zuni Indians«, 23rd Annual Report of the Bureau of American Ethnology, 1901–1902, Washington, D. C., 1904.
Stewart, H.: »A Pilot Study of the Afro-American Healer«, Psychoenergetic Systems, Nr. 1 (1976), S. 131–134.
Stöcklin, Werner: »Archaische Zauberdoktoren im Gesundheitsdienst?« Ciba-Geigy Magazin, Nr. 1 (1978), S. 33–35.
Stone, R. B., und Stone, L.: »Hawaiian and Polynesian Miracle Health Secrets, New York 1980.
Storl, Wolf-Dieter: Shamanism Among Americans of European Origin: A Case Study in Diffusion and Convergence, (Selbstverlag) Bern 1974.
Sturtevant, William C.: »A Seminole Medicine Maker«, in: J. B. Casagrande (Hrsg.): In the Company of Man, New York 1960.
Swanson, Guy E.: »The Search for the Guardian Spirit: A Process of Empowerment in Simpler Societies«, Ethnology, Nr. 12 (1973), S. 359–378.
Swanton, John R.: »Social Condition, Beliefs, and Linguistic Relationship of the Tlingit Indians«, 26th Annual Report of the Bureau of American Ethnology, 1904–1905, Washington, D. C., 1908.

Taksami, C. M.: »The Story of a Nivkhi Shamaness as told by herself«, in: V. Diószegi und M. Hoppál (Hrsg.): Shamanism in Siberia, Budapest 1978.
Taube, Erika, und Taube, Manfred: Schamanen und Rhapsoden. Die geistige Kultur der alten Mongolei, Leipzig 1983.
Tedlock, Dennis: »In Search of the Miraculous in Zuni«, in: A. Bharati (Hrsg.): The Realm of the Extra-Human, Ideas and Actions, The Hague 1976.
Teit, James: »The Shuswap«, The Jesup North Pacific Expedition, 1900–1908, Bd. 2, Nr. 7, Memoir of the American Museum of Natural History, Leiden.
Temple, Robert K. G.: Götter, Orakel und Visionen, Frankfurt 1982.
Thalbitzer, William: »The Heathen Priest of East Greenland (Angakut)«, Proceedings of the 16th International Congress of Americanists, Wien 1908.
Torrey, E. F.: »The Case for the Indigenous Therapist«, Archiv of General Psychiatry, Nr. 20 (1969), S. 365–373.

Underhill, Ruth M.: Papago Indian Religion, New York 1969.

Villaseñor, David: Mandalas im Sand. Vom Wesen indianischer Sandmalerei, Obernhain 1974.

Wagner-Robertz, Dagmar: »Schamanismus bei den Hain//om in Südwestafrika«, Anthropos, Nr. 71 (1976), S. 533–554.
Walker, Steward E.: »Nez Percé Sorcery«, Ethnology, Nr. 6 (1967), S. 66–96.
Walter, V. J., und Walter, W. Grey: »The Central Effects of Rhythmic Sensory Stimulation«, Electroencephalography and Clinical Neurophysiology, Nr. 1 (1949), S. 57–86.
Wapnick, Kenneth: »Mysticism and Schizophrenia«, The Journal of Transpersonal Psychology, Fall (1969), S. 49–68.
Warner, W. Lloyd: A Black Civilization, New York 1958.
Wassilyewitsch, G. M.: »Erwerbung der Schamanenfähigkeiten bei den Ewenken (Tungusen)«, in: V. Diószegi (Hrsg.): Glaubenswelt und Folklore der sibirischen Völker, Budapest 1963.
Waters, Frank: Book of the Hopi, New York 1963.
–: Pumpkin Seed Point, Chicago 1969.
Watson, Lyall: Gifts of Unknown Things, Sevenoaks, Kent 1976.
–: Lightening Bird, London 1982.
Weil, Andrew: »The Marriage of Sun and Moon«, in: Zinberg (Hrsg.): Alternate States of Consciousness, New York 1977.
Weizsäcker, C. F. v.: Die Einheit der Natur, München 1971.
White, John, und Krippner, Stanley (Hrsg.): Future Science, New York 1977.
White, Rhea A., und Murphy, Michael: Psi im Sport, München 1983.
Whiting, B. B.: »Paiute Sorcery«, Publications in Anthropology, Nr. 15, New York 1950.

Willoya, William, und Brown, Vinson: Im Zeichen des Regenbogens, Obernhain 1976.
Winnipeg Art Gallery: The Coming and Going of the Shaman. Eskimo Shamanism and Art, hrsg. von Jean Blodgett, Curator of Eskimo Art, 1978.
Worrall, Ambrose, und Worrall, Olga: The Gift of Healing, New York 1965.
Woskin, Kenneth J. De: Doctors, Diviners, and Magicans of Ancient China. Biographies of Fang-Shik, Columbia University Press 1984.
Wyman, Leland C.: »Navaho Diagnosticians«, American Anthropologist, Nr. 38 (1936), S. 236–246.

Zaretsky, Irving I. (Hrsg.): Trance, Healing and Hallucination, New York 1974.
Zerries, Otto: Waika, München 1964.
Zimmerly, David: »On being an Ascetic: Personal Document of a Sioux Medicine Man«. Pine Ridge Research Bulletin, Nr. 10 (1969), S. 46–71.
Zuccarelli, Hugo: Brain-Mind Bulletin, Oct. 24, 8, Nr 17 (1983).

HEYNE SACHBUCH

Magie und Mythos – Geheimnisvolle Verbindungen zwischen Vergangenheit, Gegenwart und Zukunft

19/51

19/56

19/38

19/72

19/81

19/132

19/54

19/139

Wilhelm Heyne Verlag München

HEYNE SACHBUCH

Neues Bewußtsein –
Neue Realitäten –
Neues Leben

19/173

19/49

19/83

19/1

19/95

19/70

19/19

19/63

Wilhelm Heyne Verlag München